KB239316

고전의 지혜

이경규

제이앤씨
Publishing Corporation

목 차

▌제Ⅰ부▌ 인품편

|제Ⅱ부| 간언諫言편

|제Ⅲ부| 처신편

‖제VI부‖ 교훈편

‖제VII부‖ 계략편

　『좌전(左传)』은 고대 중국에 관한 역사서로 유가경전의 하나이다. 『좌전』의 작가에 관하여 『사기(史记 · 十二诸侯年表序)』에서는 좌구명(左丘明)이라고 했고 당(唐)나라 조광(赵匡)이 처음으로 『좌전』의 작가가 좌구명이 아닐 수도 있다고 의심했다. 청(清)나라 요내(姚鼐)는 『좌전』이 한사람이 지은 것이 아니라고 말하며 『좌전』의 작가가 오기(吴起)일 수도 있다고 주장했다. 그러나 학자들은 일반적으로 『좌전』의 작가는 좌구명이라고 생각하며 『좌전』에 기록한 사실에 근거하여 작가의 생존 연대가 공자 보다 다소 늦다고 본다.

『좌전』의 내용은 춘추시대의 중요한 역사 사실을 기록하고 있다. 춘추시대에는 주(周) 왕조가 분열되어 수십 개의 크고 작은 나라가 있었다. 그들은 큰 고기가 작은 고기를 잡아먹듯 약육강식의 끊임없는 싸움을 벌였다. 그 중에서도 제(齐 : 환공)·진(晋 : 문공)·초(楚 : 장왕)·오(吳 : 부차) 월(越 : 구천) 등이 번갈아 가면서 강력한 영향력을 행사하여 당시에 '춘추오패(春秋五霸)'라는 말을 들었다. 그러나 그 어떤 나라의 군주도 패왕(霸王)의 자리를 오래 유지할 수는 없었다. 반면에 이들이 서로 교제하거나 교전하면서 각각 부강을 다툰 결과 각 지방의 개발로 문물의 발달을 초래하고 또 계급과 문벌을 타파하였으며 재능 있는 인물들을 등용하여 자유자재로 능력을 떨칠 수 있는 기회를 주었으므로 인물의 배출을 촉진시켰다.

『좌전』은 위와 같은 혼란의 시기에 전통도덕의 가치를 강조하며 복잡하고 다양한 사회배경 속에서 제후와 대부, 상인, 점쟁이, 자객, 악사, 처첩, 기술자 등 다양한 계층의 인물들을 깊이 있게 묘사하고 있다. 특히 제환공(齐桓公), 진문공(晋文公), 진목공(秦穆公), 초장왕(楚庄王) 등 패업의 흥망성쇠를 서술적으로 묘사하면서 당시 제후국들 사이에 미묘한 각축장을 잘 반영하였고 약소국의 경대부와 왕실의 모순, 정(郑)나라 자산(子产)의 개혁 등을 묘사하면서 사회내부의 개혁과 변화를 깊이 있게 보여준다.

『좌전』은 인물에 대한 평가의 기준에서 비교적 보수적인 윤리 관념을 갖고 있지만 전체적으로 볼 때, 작가의 역사관은 당시에는 여전히 진보적인 것이었다고 생각한다. 예를 들어 패주의 역사적인 공적을 긍정하면서 제(齊)나라 환공(桓公)이 자기편을 편애하고 공자 중이(重耳)의 탐욕과 안일함을 추구한 것을 비판하고 있다. 또 진(晉)나라 영공(靈公)이 임금의 자격이 부족함(宣公 2年)을 서술하였고 특징적인 묘사를 통하여 통치자들의 폭정과 음란함 추악한 면들을 폭로한다. 반면에 충성되고 기지에 찬 안영(晏嬰),강직하고 아첨을 할 줄 모르는 숙향(叔向),총명하고 앞날을 예측하는 자산(子產) 등에 대하여 국가의 안위를 결정하는 인물로 찬송하고 있다.

이밖에도 전쟁에 대한 서술이 『좌전』의 가장 큰 장점이다. 『좌전』은 모두 400여 차례의 전쟁을 서술하고 있다. 그중에 진(晉)나라와 초(楚)나라의 성복지전(城濮之战), 제(齊)나라와 초(楚)나라의 소릉지전(召陵之战), 진(晉)나라와 초(楚)나라의 언릉지전(鄢陵之战) 등의 전쟁이 매우 특징적이다. 이런 전쟁들은 천하 패업을 달성하려는 배경을 근거로 묘사되어 전쟁의 원인, 전쟁 이전의 음모, 전쟁 이후의 영향에 대하여 상세하게 묘사하며 전쟁의 승부와 전쟁에 참여한 나라들의 정치 형세, 민심의 향방, 장군의 품성 등의 요인들이 유기적으로 연결되어 역사적 필연성을 만들어 낸다고 본다.

『좌전』은 고대의 역사적 사건과 인물을 통하여 사람의 마음을 파악할 수 있게 해주는 지혜의 보고(宝库)이다. 현대를 사는 사람들이 사회의 혼란과 가치판단의 부재를 느낄 때 선인들의 지혜는 온고지신(温故知新)의 미덕을 알 수 있게 해준다. 본서의 저술에 있어 근대에 『좌전』에 주석을 단 양백준(杨伯峻)의 『춘추좌전주(春秋左传注)』와 여조겸(吕朝谦)의 『동래박의(东莱薄议)』를 주로 참고하였다.

‖제Ⅰ부‖ 인품편

이야기 하나.
정나라 장공庄公의 위선

🍀 사건배경

기원전 722년, 정(郑)나라 무공은 신(申) 나라로부터 무강(武姜)을 부인으로 맞이하여 맏아들 장공(庄公)과 둘째 아들 공숙단(公叔段)을 낳았다. 그런데 맏아들 장공은 태어날 때 난산으로 어머니 무강을 힘들게 했으므로 이름을 오생(寤生 : 태아가 거꾸로 나온다는 의미임)이라고 지었다. 그래서 무강은 맏아들 장공을 미워하고 동생인 공숙단을 편애하여 둘째 아들에게 왕위를 계승시키기를 원했다. 무강은 남편인 무공(武公)을 졸라 둘째 아들에게 왕위를 넘겨줄 것을 부탁했지만 무공은 이를 허락하지 않았다. 결국 형 장공이 왕위를 계승하게 되었고 동생 공숙단은 예법에 따라 더 이상 궁궐에 거주할 수 없었다. 어머니 무강은 둘째 아들 공숙단을 위하여 장공에게 제(制) 지방의 땅을 책봉해줄 것을 요청했다. 그러자 장공이 대답했다.

 "제란 지역은 군사적 요충지로서 옛날 괵숙(虢叔)이 그곳에서 죽었습니다. 다른 지역 같으면 어머님의 명령에 따르겠습니다."

 어머니는 할 수 없이 장공에게 경(京) 지방을 요청하여 동생 공숙단을 그곳에 제후로 책봉 하니 세상 사람들은 공숙단을 경성(京城)의 대숙(大叔)이라고 불렀다.

 대부 제중(祭仲)이 장공의 봉읍책정에 대하여 진언했다.

 "지방 성곽의 크기가 일백 치(雉 : 척도의 명칭)를 넘으면 나라에 해가 됩니다. 선왕의 제도에 따르면 지방의 제일 큰 성곽이라야 국토의 삼분의 일이고, 중간 크기면 오분의 일이며 작은 것은 구분의 일입니다. 그런데 지금 경(京)이란 성은 너무 커서 옛 제도에 맞지 않습니다. 동생 분의 압박을 앞으로 감당하실 수가 없을 것입니다."

 장공이 대답했다.

 "어머니가 동생을 위해 요구한 것이니 어찌 할 도리가 있겠는가?"

 대부 제중은 다시 장공에게 진언했다.

 "어머니께서 이 정도로 어찌 만족하시겠습니까? 문제가 더 커지기 전에 빨리 처리하는 것이 좋습니다. 풀을 자라게 놔두지 마십시오. 풀이 거세지면 처리하기가 어렵습니다. 뻗어나간 풀도 자르기 힘들거늘 하물며 임금님의 친 아우야 어떻겠습니까?"

 "누구든지 의롭지 못한 짓을 많이 행하면 반드시 스스로 망하는 법이니 대부는 조급하게 생각하지 말고 때가 올 때까지 기다리게."

 한편 장공의 동생 공숙단은 정나라의 서쪽 국경과 북쪽 국경 두 고을을 매수하여 자신에게 조공을 올리도록 했다. 이를 본 대부 공자려

(公子呂)가 장공에게 간언했다.

"국민들이 두 마음을 가지면 나라가 어지러워집니다. 임금님께서는 장차 어떻게 하시겠습니까? 동생 대숙에게 정권을 넘겨 주시고자하신 다면 저는 그분을 섬길 것이며 만일 넘겨주시지 않으시려면 원하건대 동생을 제거하십시오. 그래서 백성들의 마음을 더 이상 혼란하게 하지 마십시오."

그 뒤 공숙단이 또 서쪽 국경과 북쪽 국경의 두 고을을 거두어들여 자기의 영토로 만들고 다시 늠연(廩延)이란 곳까지 세력을 뻗쳐 왔다. 그래서 공자려는 다시 장공에게 간언했다.

"지금이야말로 대숙을 정벌할 때입니다. 대숙의 영토가 더 넓어지면 백성들의 신망을 얻게 될 것입니다."

그러나 장공은 공자려의 말을 부정하며 말했다.

"불의한 것에는 백성들이 동조하지 않는 법, 영토가 넓다고 할지라도 반드시 자멸할 것이다."

장공이 신하들의 간언에도 불구하고 동생에 대한 공격을 주저하는 동안 동생 공숙단은 성벽을 단단히 쌓고 자신의 군대를 위하여 군량미 를 준비하고, 갑옷과 무기를 갖추는 등 만반의 준비를 한 후 친형이 통치하는 정나라를 공격했다. 그리고 공숙단의 어머니 무강은 정나라에 서 둘째 아들의 군대를 위해 궁궐의 대문을 열어줄 계획을 세웠다.

장공은 동생이 쳐들어온다는 소식을 듣고 '지금이야말로 동생을 징 벌할 때다.'라고 하면서 공자려에게 명령하여 수레 이백 대를 이끌고 경(京) 지방을 정벌하게 했다. 경 지방의 백성들은 과연 장공이 예측한 것과 같이 동생 공숙단을 배반했다. 결국 전투에서 패한 공숙단은 언(鄢)이란 지방으로 도망쳤다. 장공은 그를 추격하여 언에서 공숙단을 공격하였고 5월에 공숙단은 다시 공(共) 지방으로 도망쳤다.

역사적 사실에 입각하여 『춘추(春秋)』는 이 전쟁에 관하여 다음과 같이 기록했다.

"정백(鄭伯 : 장공)이 단(段)을 언에서 '이겼다'고 기재했다. 그러나 단(段)이 아우이면서 그 도리를 다하지 않았으므로 동생이라고 하지 않았으며 형제간의 싸움이 마치 두 나라의 임금이 싸우듯 격렬했으므로 '이겼다'라고 했다. 또한 형이라고 하지 않고 정백(鄭伯)이라고 한 것은 형이 아우에 대한 교화를 잃었기 때문이다."

🌸 해 설

낚시하는 사람이 고기에게 미안한 마음을 갖는 것은 당연하다. 낚시 바늘에 미끼를 걸어 고기를 유혹한 것은 낚시꾼이기 때문이다. 마찬가지로 사냥을 하는 사람이 짐승에게 미안한 것이지 짐승이 사냥꾼에게 무슨 잘못한 것이 있는가? 땅속에 함정을 만들어 짐승을 유인한 것은 사냥꾼이 아닌가? 그런데 사람들은 오히려 낚시꾼을 나무라지 않고 고기가 미끼를 욕심냈다고 탓하고, 사냥꾼을 책망하지 않고 오히려 짐승이 함정에 빠진 것을 나무라는 것은 도대체 어떻게 된 일인가?

강한 군사와 튼튼한 전차는 장공이 낚시 바늘에 설치한 미끼이고 경(京)지방 삼백여장의 성곽 서쪽과 북쪽 양쪽의 토지는 장공이 동생을 잡기 위해 땅에 설치한 함정이다. 동생 공숙단은 어리석게도 이런 것을 깨닫지 못했으니 바로 불쌍한 물고기나 굶주린 짐승과 같다. 낚시 바늘에 걸린 미끼를 보고 삼키지 않는 물고기가 어디 있으며 지상의 함정을 걸어가면서 빠지지 않는 짐승이 과연 어디에 있는가? 장공은 공숙단으로 하여금 패역한 일을 하도록 침착하게 유도하고 오히려 대의명분에 의탁하여 공개적으로 떳떳하게 동생의 패역함을 처단했다. 장공은 고의로 틈을 보여 동생 공숙단이 반란을 일으키게 만들었고 대의명분이란 이름 아래 그의 반란을 처단한 것이다. 이런 그의 심계(心计)는 인류사에서도 가장 음험(陰險)하다고 할 수 있다.

정나라 장공의 성격은 교활하고 간사하여 자신의 친동생을 마치 도둑과 원수처럼 대하여 사지(死地)로 동생을 서서히 몰아넣었다. 그는 처음부터 동생을 살해하려는 마음을 깊이 감추고 동생 공숙단으로

하여금 혈연을 배반하고 충의를 무너뜨려 나라의 질서를 어지럽히도록 만들었다. 특히 임금으로서 동생을 교화하지 않고 자신의 욕망에 따라 행동하도록 만들었다. 결국 동생은 형이 만든 함정에 빠져 스스로 인륜과 사회 질서를 어지럽혀서 용서받을 수 없는 역적이 되었다. 장공이 진정으로 동생을 아꼈다면 그렇게 할 수 있겠는가? 그러므로 형 장공이 공숙단에게 잘못한 것이 동생 공숙단이 장공에게 잘못한 것 보다 더 크다.

장공은 공숙단을 빨리 처단해 버리면 동생의 죄악이 가벼워 중벌에 처할 수 없고 신하들과 백성들이 완전히 자신을 따르지 않을 것과 혈연을 무시하고 형이 친동생을 죽였다는 오명을 쓸 것을 염려하여 동생의 죄가 커지기를 천천히 기다렸다가 확실하게 공격했다. 결국 반역자 공숙단의 죄악이 이미 만천하에 밝혀져 동생을 편애하는 어머니 조차도 형이 동생을 중벌로 다스리는 것을 반대할 수 없었다.

그러므로 장공이 처음에 신하들의 간언에도 불구하고 공숙단의 잘못을 책망하지 않은 것은 공숙단을 사랑해서가 아니라 공숙단으로 하여금 죄에 더 깊게 빠지게 하여 그를 완전하게 처치하기 위한 명분을 찾기 위함이었다. 장공의 이런 심리상태를 보다 자세히 들여다보면 그가 천하에서 가장 음험한 사람임을 알 수 있다. 그의 신하 제중(祭仲)과 같은 사람들은 이런 장공의 심계를 모르고 오히려 장공에게 공숙단의 봉읍책정이 전통 제도를 무시한 처사라고 간언한다. 이는 제중은 공숙단이 전통적인 제도를 무시하여 죄를 짓는 것을 장공이 원하고 있음을 몰랐기 때문이다. 신하들은 또 다시 공숙단이 방대한 군사력을 갖추었다고 간언한다. 이렇듯 조정의 대소 관료들은 모두 장공의 계략에 빠져 친 동생을 죽이고자 하는 장공의 깊은 속내를 몰랐다.

결과적으로 사람들은 단지 장공이 공숙단을 대의명분에 의거하여 처단하는 것만을 볼뿐이지 그 과정의 흑막을 알지 못했다. 두려운 것은 부모와 형제라는 천륜을 사람들로 하여금 배반하도록 만드는 것 중의 하나가 바로 정치권력이라는 사실이다.

장공의 심계는 이것에 그치지 않았다. 노(魯)나라 은공(殷公) 16년(기원전 707년), 공숙단의 손자 공보정숙(公父定叔)이 큰 아버지 장공의 나라인 정나라를 도망쳐 위(卫)나라고 갔다. 이로부터 다시 3년이 지나서 장공은 그를 정나라로 돌아오도록 했다. 장공이 말했다.

"우리나라에서 내 동생 공숙단의 후손이 끊어져서는 안 된다."

장공이 이런 말을 한 것은 천하를 속이려는 것이다. 우리는 여기서 공숙단의 후손이 수년 동안 정나라에서 살지 못했다는 것을 알 수 있다. 그런데 장공이 지금 공숙단의 후손을 정나라로 불러들이려는 것은 바로 장공이 이를 이용하여 후세 사람들에게 자신이 저지른 악랄한 죄악을 영원히 묻어두려는 것이다. 장공은 이미 모든 조정 대신들과 백성들을 완전히 속였고 지금은 영원히 속이려는 것이다. 최근 칭기즈칸을 중국인이라고 주장하고 소위 동북공정을 통하여 고구려와 발해의 역사를 자국의 역사로 왜곡하는 중국학자들에게서 정나라 장공의 마음과 유사한 심계를 보는 듯하다.

이야기 둘.
진陳나라 환공桓公의 인품

🍀 사건배경

　기원전 717년, 정(郑)나라 장공이 진(陈)나라를 쳐서 큰 승리를 거두었다. 전에 정나라 장공(庄公)이 진나라에게 강화를 요청했으나 진나라 환공(桓公)이 이를 허락하지 않았기 때문이다. 그때 진나라 환공의 아우 오보(五父)가 말했다.

　"어진 사람을 사랑하고 이웃과 좋게 지내는 것은 나라의 보배입니다. 그러니 임금님께서는 정나라의 강화 요청을 수락해야 합니다."

　그러나 환공은 끝내 허락하지 않았다. 그래서 군자는 그것에 대하여 이렇게 평했다.

　"선을 잃어서는 안 되고 악은 길러서는 안 된다는 말은 바로 진나라 환공을 두고 하는 말이다. 악을 키우며 고치지 않으면 그 화가 자신에게 미칠 것이다. 그렇게 되면 도와주고자 해도 할 수가 없다.『상서(商书)』

에서도 '악한 일은 하기가 쉬워 마치 불이 들판을 활활 태우는데 그 불쪽으로 가까이 갈 수가 없는 것 같으니 그 불을 끌 수가 있겠는가?'하였고 또 주임(周任)도 말하기를 '국가를 통치하는 자가 나쁜 일을 보면 마치 농부가 풀을 힘써 뽑아 버리듯이 해야 한다. 잡초를 베어다가 그 뿌리를 없앰으로써 번식하지 못하게 한다면 작물은 잘 자랄 것이다.' 라고 했다.

🌸 해 설

과거 우리나라 국가대표 축구팀은 '강한 팀에게 강하고 약한 팀에게 약하다'는 평을 들었었다. 이 말은 강자가 약자를 소홀히 여기거나 경계하지 않기 때문에 자주 실패하는 것을 말한다. 세상의 모든 일은 경계와 두려움 때문에 성공하고 경솔함과 소홀함 때문에 실패한다. 그러므로 경계와 두려움이 성공과 행복의 근원이고 경솔함과 소홀함이 재난과 실패의 원인이다.

진(陳)나라 환공(桓公)은 송나라와 위나라가 강대국이어서 경계하고 두려워했고 정나라는 약소국이라 소홀히 했다. 그래서 환공은 '정나라는 걱정거리가 될 수 없다.'고 생각하고 정나라와의 우호조약 체결조차도 거절했다. 세월이 지나 전쟁이 터지자 환공이 경계하고 두려워하던 송나라나 위나라가 걱정거리가 된 것이 아니라 뜻밖에 그가 무시하던 정나라 때문에 재난이 발생했다. 그러므로 재난이 소홀함에서 온다고 말하는 것이다. 환공이 '정나라는 걱정거리가 될 수 없다.'라는 생각이 진나라를 멸망시키는 원인이 된 것은 바로 '말한 마디로 천 냥 빚 갚는다.'는 고인의 말과 같다.

이런 예들은 너무도 많다. 진시황은 흉노족을 두려워하여 백성의 역량을 소진시켜가면서 만리장성을 쌓아 북방의 흉노족을 방어했다. 그는 백성들을 무시하며 백성은 '걱정거리가 될 수 없다.'라고 소홀하게 생각했다. 그러나 진나라를 멸망시킨 것은 진시황이 두려워하던 흉노족이 아니라 진승·오광과 같은 백성들의 반란 때문이었다. 또 한나라 왕실은 계속 종실을 억압하고 외척을 신임했다. 그것은 종실을 경계하고 외척을 걱정거리로 여기지 않았기 때문이다. 그러나 한나라를 멸망 시킨 것은 결코 종실이 아니었다. 진(晋) 무제는 선비족을 보잘 것 없게 생각하여 그들을 다른 지역으로 이주시키지 않았지만 결국 오호 (五胡)의 난중에 멸망했다.

그러므로 '걱정거리가 되지 않는다.'는 말은 결코 소홀히 할 수 없다. 위정자는 걱정거리가 되지 않는 보잘 것 없는 백성들의 불만을 반드시 알아야 한다. 그래야 포악무도한 정치를 하지 않을 수 있기 때문이다. 위정자가 국고를 바닥내며 국가재정을 사용하는 것을 '걱정거리가 되지 않는다.'고 생각하면 사치와 부패가 극에 달하고, 충신의 간언을 '걱정거리가 되지 않는다.'라고 생각하면 충신을 멸시하게 되고, 군대를 사용하는 것을 '걱정거리가 되지 않는다.'라고 생각하면 다른 나라에 대한 침략을 멋대로 감행하게 된다. 과거 우리나라가 국가의 막대한 부채에 대하여 펀더멘털이 튼튼하여 '문제가 없다', '걱정거리가 아니다'라고 말하다가 IMF 때와 같이 호미로 막을 것을 가래로 막는 어리석음을 또 다시 범해서는 절대 안 된다. '문제가 없다', '걱정거리가 아니다'라는 말은 모든 실패의 근원이다.

이야기 셋.
초나라 문왕文王의 선악의 잣대

🍀 사건배경

기원전 654년, 신(申)나라 임금의 조카인 신후는 초나라 문왕에게 사랑을 받았다. 초나라 문왕(文王)이 임종을 앞두고 신후에게 보석을 주면서 말했다.

"오직 나만이 자네를 알지. 자네는 욕심이 많아서 거절할 줄을 몰라. 나에게서 가져갈 수 있는 만큼 가져갔고 요구할 만큼 요구했으나 나는 자네를 탓하지 않았네. 그러나 내 뒤를 이을 자가 자네의 행동이 예의에 맞는지를 심하게 꾸짖을 것이네. 그렇게 되면 자네는 화를 피할 수가 없네. 그러니 내가 죽으면 자네는 빨리 다른 나라로 가게. 그러나 작은 나라로는 가지 말게. 작은 나라에서는 자네를 받아들이지 않을 것이네."

문왕의 장례가 끝나자 신후는 문왕의 말을 좇아 정(郑)나라로 망명하여 정나라 여공(厉公)의 총애를 받고 살았다.

해 설

누군가를 좋아하면서 그 사람의 나쁜 점을 전부 안다는 것은 세상에서 가장 좋은 일이기도 하지만 세상에서 가장 나쁜 일이기도 하다. 사람의 마음은 자신이 사랑하거나 좋아하는 것에 대하여 잘 속는다. 그리고 속는 것이 있으면 소홀히 여기는 것도 있을 수 있다. 나쁜 것에 속지도 않고 좋아하는 사람을 소홀히 하지도 않고 깊이 사랑하면서 상대의 결점을 전부 아는 것은 세상에서 가장 공정하고 현명한 사람만이 할 수 있는 것인데 왜 나쁘다고 말 할까?

누군가를 좋아하면서 그 사람의 나쁜 점을 알게 되어 그를 멀리할 수 있다면 그 이상 좋은 것은 없다. 상대의 나쁜 점을 알면서도 그와 친근하게 지내는 것이 나쁜 것이다. 이것은 나에게 그 사람을 이용하려는 마음이 있기 때문이다. 그 예를 보면 당나라 현종과 이임보(李林甫), 당나라 덕종과 노기(盧杞)의 관계가 있다. 그들은 모두 다 소인들을 등용했고 소인 때문에 나라에 화를 불러온 예이다. 만약 두 임금 중에 누가 더 나은가를 나에게 묻는다면 덕종이 다소 낫다고 말할 수 있다. 왜냐하면 덕종은 다음과 같이 말한 적이 있기 때문이다.

"다른 사람들은 노기가 모두 간사한 소인이라고 생각한다. 그러나 나는 그렇게 생각하지 않는다."

덕종이 노기를 중용했던 것은 그의 단점을 몰라서 총애했던 것 같다. 신하의 단점을 모르고 그를 등용했다면 이것은 실수라고 할 수 있다. 하지만 당나라 현종은 이임보가 능력이 있는 사람을 시기한다는 것을 알면서도 그를 중용하고 20년 가까이 신임했다. 만약 이것을 인지상정이라고 말한다면 공과 사를 구분하지 못한 것이며 크게 잘못된 것이다. 그러므로 상대의 단점을 모르고 그의 능력을 중시하여 사람을 등용한 덕종은 판단착오를 범한 것이고 상대의 단점을 고려하지 않고 자신이 총애한다는 이유로 그를 등용한 현종은 고의적으로 범죄를 저지른 것이다. 오늘날도 이런 현상은 존재한다. 대통령이나 장관들은 모두 자기 사람을 요직에 심으려 한다. 이때 조심해야 할 것이 바로 위와 같은 상황이다. 역사는 엄격하게 공과 사를 구분할 것을 요구한다.

초나라 문왕은 현종이 이임보를 총애하듯이 신후를 총애했다. 현종이 이임보가 현자를 질투하는 것을 알았듯이 문왕도 신후가 권력을 이용하여 재산을 축적하는 것을 알았다. 하지만 그는 평생토록 신후를 중용하고 죽을 때까지 곁에 두었다.

옛말에 "곽공(郭公)이 악인을 싫어했으나 그들을 제거할 수 없었다." 라고 했다. 이것은 비록 모순이 되는 말이지만 곽공은 부하의 나쁜 점을 사랑했기 때문에 그를 제거하지 않은 것이 아니라 부하의 나쁜 점을 싫어했으나 두려워서 그를 제거할 수 없었다. 곽공은 여러 면에서 유약했지만 악행을 싫어하는 본심을 아직 상실하지 않았다. 이런 상황은 초나라 문왕이나 당나라 현종처럼 부하의 잘못을 알면서 여전히 그를 총애하던 것과는 다르다고 할 수 있다.

사람은 웃음소리와 울음소리를 동시에 낼 수는 없다. 분노와 기쁨의 표정을 동시에 나타 낼 수도 없다. 이를 표현할 수 있는 배우가 있다면 그 사람은 아마도 최고의 연기자일 것이다. 누군가를 사랑하려면 그 사람의 나쁜 점을 모르는 것이 좋다. 그 사람의 나쁜 점을 알게 되면 더 이상 그를 좋아할 수 없게 되기 때문이다. 하지만 이상한 것은 초나라 문왕과 당나라 현종은 부하의 잘못을 이미 잘 알면서도 여전히 그들을 좋아했다. 그들은 두 가지 상반된 것들이 동시에 마음속에 존재했다. 왜 그랬을까? 여기에는 이유가 있다. 좋은 일은 흡수력이 있다. 나쁜 일도 이와 유사한 힘이 있다. 좋아하는 것을 보지 못했을 때는 마음이 유혹되지 않고 좋은 것을 향하는 마음도 없다. 그러나 일단 자신이 좋아하는 것을 보게 되면 그것에 빠지지 않는다고 어떻게 장담할 수 있는가? 영웅호걸들도 미인에게 빠지지 않았던가? 반대로 누구나 사악한 것을 보지 않으면 화가 나지 않지만 일단 사악한 것을 보게 되면 마음속으로 화가 나게 된다. 그러므로 좋아하는 것을 보고도 마음이 미혹되지 않으면 그 사람의 마음은 선을 행하는 도리를 아는 것이고 선을 행하는 힘이 매우 강한 것이다. 반대로 사악한 일을 보고 화를 내지 않는다면 그것은 그 사람의 마음이 이미 악한 세력에 물들어 있는 것이다.

초나라 문왕과 당나라 현종이 두 신하의 부도덕하고 간사한 행위를 안 것은 그들의 양지(良智)가 아직 말살되지는 않았기 때문이다. 하지만 신하의 간사함을 알고도 여전히 그들을 중용한 것은 문왕과 현종의 마음이 이미 악한 세력에 의해 조정을 당하는 것이며 그 힘이 아주 강했기 때문이다. 그들은 비록 천부적인 양지가 있었으나 이를 사용하지 못했다. 그러므로 우리는 악한 것을 멀리하려는 마음으로 우리 마음의 선악의 상태를 파악하는 잣대로 삼을 수 있다.

이야기 넷.
진晉나라 회공懷公의 실수

🌸 사건배경

기원전 637년, 진(晉)나라 혜공(惠公)이 죽고 그의 아들 회공(懷公)이 즉위했다. 회공은 임금에 즉위하자마자 신하들에게 명령했다.

"다른 나라로 도망가 있는 중이(重耳)를 쫓아서는 안 된다. 정해진 기한까지 귀국하지 않는 자는 용서하지 않겠다."

그때 호돌(狐突)의 아들 모(毛)와 언(偃)은 중이를 따라가 진(秦)나라에 있었는데 호돌은 임금의 명령에도 불구하고 아들들을 귀국시키지 않았다. 그래서 회공은 신하 호돌을 체포한 후 말했다.

"그대의 아들들이 돌아오면 너를 용서할 것이다."

호돌이 회공에게 대답했다.

"자식이 벼슬할 나이가 되면 어버이가 자식에게 임금에 대한 충성을 가르치는 것이 예로부터의 제도입니다. 자신의 이름을 신하의 명부에 올리고 신하가 된 다음에는 임금에게 두 마음을 가져서는 안 됩니다. 지금 제 자식들은 중이의 신하로서 이름이 난지 오래 되었습니다. 제가 사면을 받기 위하여 이런 자식들을 불러온다면 자식에게 두 마음을 가르치는 것이 됩니다. 부모가 자식에게 두 마음을 갖도록 가르친다면 어떻게 임금님을 섬길 수가 있겠습니까? 형벌을 남용하지 않는 것은 임금의 정당한 도리요 신하의 소원입니다. 임금이 형벌을 남용해서 자기 멋대로 한다면 죄에 걸리지 않을 자가 누가 있겠습니까?"

이 말을 들은 회공은 신하 호돌을 죽였다. 이 소식을 전해들은 복언(卜偃)은 병을 핑계하고 출사하지 않으면서 말했다.

"『주서, 강고편(周書, 强誥篇)』에 '임금님이 명철하시면 백성들은 마음속으로 복종한다.'고 했다. 지금 회공은 죄도 없는 사람을 멋대로 죽이고 있다 그런 짓을 하면서 백성을 잘 다스리기란 어렵다. 백성들은 훌륭한 임금의 덕을 구경도 못하고 죄가 없는 사람이 처형당하는 소문만 듣는다. 앞으로 회공의 자손은 우리 진(晉)나라에서는 번성할 수가 없을 것이다."

🌸 해 설

사람은 누구나 타인의 단점을 정확하게 보고 나의 단점은 대충 살핀다. 이것은 모든 사람들이 공통적으로 가지고 있는 결점이다.

우리는 아주 작고 미세한 것까지도 잘 보는 사람이라도 자신의 눈썹은 볼 수 없고, 매우 무거운 물건을 들 수 있는 사람일지라도 자기 자신을 들 수는 없다. 우리는 모두 스스로를 관찰하기가 어렵다는 것을 이렇게 잘 알면서도 다른 사람이 자신을 쉽게 관찰한다는 것을 알지 못한다. 다른 사람의 장점 때문에 자신의 단점이 잘 드러나 보이고 다른 사람의 단점 때문에 자신의 장점이 잘 드러나 보인다. 이것보다 더 확실하게 자신을 알 수 있는 방법이 있는가? 진(晉)나라 회공은 자신이 사람을 등용할 줄 모른다는 것을 알지 못했다. 그는 단지 다른 사람들이 자신에게 복종하지 않는 것만을 책망했다. 그는 아마도 타인의 안목을 통하여 자신을 관찰하는 방법을 알지 못했던 것 같다.

회공은 진(晉)나라 군주이고 중이는 외국으로 도망친 진나라 왕자일 뿐이다. 호돌의 아들 호언(狐偃)이나 조쇠(趙衰)와 같은 사람은 중이를 따라 다니다가 적들의 손에 붙잡혀 위(衛)나라에 사로잡혀 있다가 탈출하여 제(齊)나라로 피했다가 다시 초(楚)나라로 도망갔다. 그들은 항상 도망을 다니고 넉넉한 음식이나 편안한 잠자리도 없었다. 일정한 주거지도 없이 떠돌아다니는 이런 생활에서 오는 궁핍함과 모욕을 그들은 견디기 어려웠다. 만약 호돌의 아들들이 중이를 따르는 것을 포기하고 회공에게로 돌아오면 친척과 이웃들이 그들을 뜨겁게 환영하고 화려한 옷을 입혀 장식한 말이 끄는 마차에 태워 거리를 활보하며 사람들의 주목을 받게 할 것이다. 그런데 그들은 이런 것들을 사양했다. 부귀와 명예와 안락함은 모든 사람들이 원하는 것이다. 호언(狐偃) 조쇠(趙衰) 등이 힘든 길을 중이와 같이 가는 것은 그들이 보통 사람들과 다른 기호나 감정을 가지고 있기 때문인가? 결코 그렇지 않다. 그들이 편안한 생활을 포기하고 고통을 참는 것은 자신의 선택에 대한 신념이 있었고 자신이 모시는 중이의 덕행이 그들이 당하는 모욕과 고통을 이기기에 충분하기 때문이다.

그런데 회공은 왜 다른 사람의 입장에서 자신을 살펴보지 않았을까? 중이를 따르는 사람들은 이처럼 근심과 고통 굴욕을 감수했다. 호언(狐偃) 조쇠(趙衰) 등은 이런 모욕과 고통을 당하면서도 중이를 따르는 것을 포기하지 않았다. 그들도 회공을 따르기만 하면 더없이 즐겁고 영광스럽고 편안할 것을 잘 안다. 그러나 호언(狐偃) 조쇠(趙衰) 등은 이런 향락을 아무 미련 없이 버렸다. 이것으로부터 우리는 두 가지를 알 수 있다. 과거 정치인들은 정치적인 도리가 있었다. 그러므로 호언과 조쇠는 자신의 정치적 신념에 따라 선택한 고통의 길을 끝까지 걸어갔다. 이것은 요새 정치를 하고자 하는 사람들이 배워야할 점이다. 다른 하나는 진나라 회공과 공자 중이의 도량과 인품의 차이이다. 회공은 이렇게 생각했다. 우리 진나라는 광대하다. 짐이 덕을 베풀면 사람들은 나를 따를 것이다. 그렇게 되면 육체적인 쾌락과 명예가 주는 쾌락도 있다. 중이가 없는 것을 나는 가지고 있다. 중이가 없는 것과 내가 있는 것을 비교하면 사람들은 내가 부르지 않아도 스스로 나를 찾아 올 것이다.

그러나 이것은 그의 생각일 뿐 모든 사람들이 동의한 것은 아니다.

그가 일개 도망자와 자신을 비교하는 것은 그의 도량이 너무 작았기 때문이다. 회공은 자신이 원하는 것을 얻지 못하자 사람을 죽여 자신의 행위를 정당화 했다. 이것은 그가 자신의 편협함만을 들어내고 반성을 하지 않은 결과였다. 이런 상황을 전해들은 외부에 있는 사람들은 그에게 돌아가려는 마음을 잘라버렸다. 실수도 이렇게 큰 실수는 들어본 적이 없다. 공자 중이는 비록 외지에서 임금이 될 기회를 노리며 구차하게 떠돌지만 그의 신하인 호언(狐偃)과 조쇠(趙衰)는 오히려 아버지를 죽인 불공대천의 원수를 가슴에 품게 되었고 더욱더 중이에게 충성을 다했다. 회공은 능력이 있는 사람을 자신의 편으로 만들기를 원했으나 오히려 그들을 원수로 만들었다. 그는 자신의 생각만을 주장할 뿐 사람들에게 자신의 의견에 대한 동의를 구하지도 않았고 행동의 결과를 생각하지 않았고 다른 사람의 마음을 읽을 줄도 몰랐다. 그야말로 독불장군이요 돈키호테이다.

모든 사람은 실수를 할 수 있다. 그러나 그 실수를 인정하고 피해를 본 사람의 입장에서 진정으로 위로와 보상을 해주어야 한다. 일본은 과거 제국주의 시대에 저지른 모든 만행을 있는 그대로 인정하고 정신대 문제를 풀어야한다. 그렇지 않으면 회공과 같은 길을 걷게 될 것이다. 회공은 임금이기에 자신의 말에 대한 권위만을 생각하고 죄가 없는 신하 호돌을 죽여 자신의 실수를 정당화 했다. 회공이 실수를 인정하지 않고 모든 방법을 동원하여 자신을 정당화했기 때문에 원하는 사람을 얻을 수 없었을 뿐만 아니라 옆에 있던 사람들조차도 그를 버렸다. 여기서 한 국가의 정치권력의 몰락을 본다. 진나라가 망한 것이다.

이야기 다섯.
아버지가 아들을 죽이다

🍀 사건배경

기원전 636년, 정(郑)나라 자화(子华)의 동생 자장(子臧)이 송(宋)나라에 도망가 있었는데 그는 까치 깃털로 만든 모자를 좋아했다. 자장의 아버지인 정나라 임금은 이 소식을 듣고 그를 미워한 나머지 사람을 시켜 그를 유혹하여 송나라 국경 근처로 오게 만들었고 그해 8월에 진(陈)나라와 송(宋)나라의 국경 근처에서 자장을 죽여 버렸다. 이 사건에 대하여 군자는 말했다.

"옷이 몸에 맞지 않은 것은 몸의 재앙이다. 『시경, 조풍 , 후인편(曹风, 侯人篇)』에서도 '저 소인들은 그 입은 옷이 맞지 않는다.'고 했는데 자장의 옷도 그와 같이 맞지 않았다. 또 『시경』에서 말하기를 '스스로 이런 근심을 남긴다.'고 했는데 이것도 자장에게 맞는 말이다."

🌸 해 설

모든 사건은 그 근원을 숨기고 있다가 어떤 일이 발생하게 되면 그것이 들어난다. 자화(子华)는 매국의 죄로 피살을 당했고 그의 동생 자장(子臧)은 송나라로 도망가서 살다가 죽음을 당했다. 겉으로 들어난 피살의 이유는 자장이 까치 털로 모자를 만들어 쓰는 것을 좋아했기 때문이다. 그러나 피살당한 이유치고는 너무나 이상하다.

자장이 피살당한 시기는 형 자화가 죽임을 당한지 10년이나 지난 뒤였고 송나라와 정나라의 국경은 거리가 수 백리 밖에 되지 않았다. 부친이 도망간 아들을 살해하려면 너무도 쉬운 일이었다. 게다가 새털로 모자를 만드는 것이 사치스럽다고는 하나 길거리에서 떠도는 소문이었다. 사실 이런 것들은 평상시에는 정나라 임금에게 아무런 영향도 주지 않았다. 그러므로 정나라 임금은 이런 소문을 듣고 아들을 살해할 필요까지는 없었다. 정말로 깃털로 모자를 만들었다는 소문을 듣고 그것 때문에 아들을 살해했다면 정나라 임금의 희로애락(喜怒哀乐)에 대한 기준이 문제가 된다. 임금답지 못한 것이다.

실제로 정나라 임금이 화를 낸 것은 모자 때문이 아니다. 단지 모자는 핑계일 뿐이다. 정나라 임금이 아들 자장을 살해한 원래 동기는 자장이 형 자화를 쫓아다닐 때부터 생겼다. 한 국가의 군주가 외국으로 망명한 왕자를 살해하는 것은 혼자 돌아다니는 돼지나 병든 쥐를 죽이는 것처럼 쉬운 일이다. 그런데 정나라 임금은 지난 10년 동안 왜 그렇게 하지 않았을까? 죽이고 싶은 마음을 참으면서 겉으로 들어 내지 않은 것인가? 그렇지 않다. 이미 10년이란 세월이 흘렀고 장소도 바뀌어서 정나라 임금은 이미 지난 일을 잊어버렸기 때문이다. 그러나 그는 일시적으로 화를 잊을 수는 있었지만 화가된 근본 원인을 완전히 제거하지를 못했다. 그래서 그 사건과 직접적인 접촉이 없을 때는 화가 숨겨져 있어서 잘 모르다가 까치 모자라는 말을 듣게 되자 갑자기 오래된 화가 일시에 폭발했나. 비록 죄는 작지만 아들을 죽이지 않으면 자신의 화를 조절할 수 없었기 때문이다.

만약 이런 상황이라면 계관(鸡冠)을 쓰고 허리에 검을 차고 다닌 자로(子路)가 어떻게 공자의 문하가 될 수 있었겠는가? 한나라에서는 담비 가죽으로 만든 옷도 부귀를 상징하는 것은 아니었다. 그런데 새털로 만든 모자 때문에 화를 낼만한 가치가 있는가?

자장도 개과천선하여 아버지 정백(郑伯)의 환심을 사려고 노력했고 정백도 자식에 대한 분노를 이미 10년 전에 강물에 흘려보냈었다. 정나라 임금이 아들을 죽인 것은 한 순간의 생각 때문이다. 비록 사건은 10여 년 전에 발생한 것이고 아들이 송나라로 망명하여 살고 있었음에도 불구하고 자장이 일신의 화를 피하지 못한 것은 분노의 뿌리가 사라지지 않고 아직 부친의 마음속에 숨겨져 있었기 때문이다.

이와 같이 사람의 마음이란 참으로 이해하기 어려울 때가 많다. 좋은 일보다는 나쁜 일 특히 가슴에 묻어둔 상처는 영원히 잊어버릴 수 없는 것 같다. 어린 자녀를 먼저 저 세상으로 보낸 부모들의 마음, 이미 사랑하는 자녀가 죽은 지 10여년이 지났지만 어린이날만 되면, 아이의 생일만 되면, 부모의 마음은 우울하고 불안해 진다. 6 · 25전쟁이 끝나고 남북이 분단 된지 벌써 50여년, 북한을 떠나온 칠순의 세대들은 평상시에는 북한에 사는 자녀와 부모 형제들을 잊고 살아왔지만 매스컴에서 이산가족 상봉이나 북한에 관한 뉴스를 듣게 되면 가슴속에 남아있던 가족에 대한 슬픈 추억과 공산당에 대한 분노가 마음속에서 터져 나온다. 정백은 아들을 죽여서 그 분노를 풀었다지만 이런 사람들은 어떻게 슬픔과 분노를 풀 것인가? 북한이 핵무기를 이미 소유한 상황에서 정부가 추진하는 개성공단 사업과 적십자사를 통한 인도적인 물자지원 등은 우리를 더욱 답답하게 만든다.

이야기 여섯.
위ㄲ나라 대부 예지(礼至)의 오명

🌸 사건배경

기원전 635년, 위(卫)나라 사람이 형(邢)나라를 정벌하려 하자 위나라 대부 예지(礼至)가 말했다.

"형나라 정경(正卿)인 국자(国子)를 제거하지 않는 한 형나라를 공략할 수는 없습니다. 이를 위해 우리 형제가 형나라로 가서 벼슬을 하게 하여 주십시오."

그는 곧 형나라로 들어가 사람들을 속이고 형나라의 관리가 되었다.

기원전 635년 봄, 위나라 사람이 형나라를 정벌했다. 위(卫)나라 사람 예지(礼至) 형제가 형나라의 정경(正卿)인 국자(国子)를 따라가 성을 순시하다가 양쪽에서 국자를 껴안아 성 밖으로 던져 죽였고 정월 21일에 위나라 임금 훼(毀)는 형나라를 공격하여 멸망시켰다. 형나라와 위나라는 같은 성씨인데 위나라가 같은 성씨의 형나라를 멸망시킨 것을

풍자하는 의미에서 『좌전』의 저자는 위나라 임금의 이름 홰(毁)를 『좌
전』의 경문에 기록했다. 그러나 예지는 스스로 명문(铭文)을 지어 다음
과 같이 기록을 남겼다.

  "우리들이 양쪽에서 형나라 정경인 국자를 껴안아 성 밖으로 던져서
죽였지만 그때 우리를 말리는 사람이 아무도 없었다."

🌸 해 설

세상 사람들은 보고 들은 것을 믿는다. 예지의 죄악은 자신이 새긴 명문에 의하여 전해졌고 심지어 사람들의 구전을 통해서도 전해졌다. 그러나 오랜 세월동안 돌은 가루가 되어 사라졌고 구전도 맥이 끊겨 버렸다.

위나라 예지는 하는 일마다 위험하고 사악했지만 운 좋게 성공했다. 그는 사악한 음모로 사람들을 죽이고 나라를 멸망시켰다. 그는 자신의 이런 행위에 대하여 수치스럽게 생각하지 않고 오히려 자신의 공로라고 자랑하며 그 내용을 돌에 새겨 후세에 전하려 했다. 물론 예지의 악행이 돌에 새겨져 그의 오명이 영원히 후세에 전해질 수 있었지만 사실 예지의 오명이 후세에 전해진 것은 금석의 명문 때문이 아니라 군자의 언론 때문이었다. 그가 후세에 전하기 위하여 만든 비석은 이미 없어졌고 『좌전』에 이 사건이 기록되면서 그의 오명은 유명해졌다. 예지의 오명이 만약 『좌전』에 기록되지 않았다면 비석이 없어졌을 때 그의 오명도 사라졌을 것이다. 그러면 오늘날 사람들이 당시 역사의 내용을 어떻게 알 수 있겠는가?

거리에서 사람들에게 당한 모욕은 하루가 지나면 잊혀진다. 그러나 군자에게 당한 모욕은 영원히 사라지지 않는다. 백락(伯乐 : 천리마를 알아보는 말의 명인)을 만난 것은 무능한 말의 불행이고, 장석(匠石 : 명인 목수)을 만난 것은 열등한 나무의 불행이며 『좌전』의 저자 좌구명을 만난 것은 예지의 불행이다. 왜냐하면 역사적으로 볼 때 위나라 사람이 예지를 비웃는 것보다 『좌전』에서 그를 비평한 말 한 마디가 더 수치스럽기 때문이다.

전국시대에는 이렇게 수치를 영광으로 생각하는 사람들이 많았다. 특히 권모술수와 용병술을 주장하는 유세가들 사이에 자신의 부귀와 공명을 위하여 상대를 속이거나 멸망시키는 염치를 모르는 사람들이 많았다. 거짓말로 상대를 속이고 이익을 취하거나 상대의 약점을 충동질 하는 행위는 예지와 같은 부류의 인간들이다. 이런 종류의 사람은 더 책망할 필요가 없다. 그들은 자신의 공로를 과장되게 선전한다. 그래서 심지어 역사를 기록하는 사람들까지도 덩달아 그들을 칭찬한다. 이는 대단히 잘못된 것이다. 미래의 후손들이 그들에게서 무엇을 배우겠는가? 이렇게 되면 나라의 풍속이 점점 더 쇠미해지고 타락하게 된다. 그 증거는 너무도 많다. 최근에는 자신이 몸담던 회사의 첨단 기술을 훔쳐서 경쟁회사로 들어가거나 외국기업으로 이전해가는 사람들 때문에 원래 회사는 막대한 손해를 보거나 심지어 망하기도 한다. 과거 조선시대의 사대부들은 현명했으나 그 현명함을 나라와 민족을 위하여 사용하지 못했고 파벌을 형성하여 나라를 동과 서로 나누고 자신들의 이익과 정파를 위한 정치를 펼쳤다. 조선조 말기에는 외척과 간신이 정권을 잡아 나라의 기강이 무너져 결국 조선은 일본에 먹히고 말았다. 최근에는 6·25전쟁, 5·16혁명 등이 있다. 어느 시대를 막론하고 정권을 잡고자 하는 사람들은 자신의 행동을 나라를 구하기 위한 결단이라는 말로 미화한다. 권력에 추종하는 예지와 같은 세력들도 이에 동조한다. 특히 예지의 '국자를 껴안아 성 밖으로 던져서 죽였지만 그때 우리를 말리는 사람이 아무도 없었다.'라는 말은 자신의 행위를 정당화하기 위한 이미 정의가 사라진 정말로 부끄러운 말이다.

이야기 일곱.

진秦나라 목공穆公의 경각심

🌸 사건배경

기원전 623년, 초나라 사람이 강(江)나라를 멸망시켰다. 진백(秦伯, 穆公)은 이것 때문에 소복을 입고 편히 누워 잠을 자는 것도 마다하고 집 밖에서 잠을 자며 진수성찬을 들지 않고 예의에 지나칠 정도로 애도의 뜻을 나타냈다. 대부들이 진언하자 목공이 말했다.

"우리와 동맹을 맺은 나라가 멸망했다. 비록 구해주지는 못할망정 슬퍼하지 않을 수가 있겠는가? 우리나라가 그렇게 되지 않을까 두려울 뿐이다."

군자는 진나라 목공에 대하여 다음과 같이 평했다.

『시경·대아·황의편』(诗经·大雅·皇矣篇)에 "하나라 은나라 두 나라는 폭정으로 망했다. 이에 사방의 나라들은 훌륭한 정치를 꾀하는 도다!"

🎴 해 설

세상에서 가장 두려운 것 중의 하나가 이해관계의 밖에 있는 것이다.
바람이 불고 파도가 칠 때 배 안에 있는 사람들은 두려움을 모르지만
배 밖에 있는 사람들은 오히려 그들을 대신해 두려움을 느낀다. 술에
취해서 화를 내며 욕을 하면 연회석에 있는 사람들은 두려움을 모르지
만 연회석 밖의 사람들은 오히려 그들 때문에 두려움을 느낀다. 몸이
길흉화복의 중심에 놓이고 마음이 이전투구(泥田斗狗)하는 싸움의 중심
에 있게 되면 당사자들은 두려움을 모르지만 이를 보는 사람의 마음속
에는 두려움이 생긴다. 우리나라 국회의원들이 정략적 이해득실의 소용
돌이 속에서 그들만의 이익을 위해 싸우는 모습이 텔레비전으로 방송되
면 싸움을 하는 국회의원 당사자들은 두려움을 모르지만 그것을 보는
국민들의 마음속에는 두려움이 생긴다.

　춘추시대에는 선왕의 유택(遺澤)들은 이미 폐허가 되었고 인의와
도덕이 변했고 윤리가 문란하게 되어 세상의 이치를 어기는 경우가
너무나 많았다. 특히 나라가 멸망당하는 재난은 모든 사람들에게 가장
비참하고 두려운 일이 아닌가! 한 국가의 건립과 발전은 그냥 이루어지
는 것이 아니다. 모든 나라들은 그 조상대에 한 지역에 뿌리를 내리고
국가의 기반을 튼튼히 하고 군대를 강성하게 한다. 이렇게 하여 맞이한
태평성세를 후손들은 더욱 윤택하게 발전시켰다. 묘당에 각 왕조의
권력을 상징하는 종과 솥들을 진열하고, 서고에는 백대의 전적(典籍)들
이 보관되어 있다. 조정에는 대를 이어온 신하들이 줄지어 있고, 들판에
는 대를 이어온 농부들이 있고, 상점에는 대를 이어온 기술자들이 있고,

거리에는 대를 이어온 상인들이 있다. 설사 아무리 작은 약소국이라고 할지라도 수많은 사람들이 노력과 세월을 투자하여 자국을 보호하고 대를 이어 발전시켜야 비로소 이런 경지에 이르게 된다. 그런데 갑자기 도적과 같은 무리들이 침략하여 임금과 신하들을 잡아가고, 궁궐을 불살라 버리고 문화재를 훼손하고, 큰 나무들을 잘라버리고 우물을 메워 망가트리고 하는 것이 어찌 작은 일이라고 할 수 있는가?

그러나 전국시대(战国时代)의 임금들은 한 국가의 멸망을 아무렇지도 않게 평화로운 일상사로 생각했다. 이것은 다른 이유 때문이 아니라 그들이 모두 위험한 혼돈의 시대에 살면서 전쟁이 사람을 얼마나 두렵게 만드는 것을 알지 못했기 때문이다. 그러나 진나라 목공은 강나라가 멸망할 때 혼자 놀라서 경계를 했다. 그는 강나라의 멸망을 보며 깊이 깨달은 것이 있어서 궁궐을 나와 거리에서 잠을 자고, 검소한 생활을 하면서 지냈다. 이것은 마음속의 걱정을 목공이 이길 수 없었기 때문인 것 같다. 특히 당시의 정치적 상황이 이런 위험하고 혼란한 상태를 더욱 부채질 하였고 자신도 이런 두려운 현실에 더 깊이 들어갈 수밖에 없었기 때문이다. 다행히도 진나라 목공은 자신의 두려운 심리를 다스릴 수 있었고 이웃의 제후들을 관찰하면서 강 나라의 멸망이 마음속에 주는 경각심을 깨달았다. 그는 정국을 개혁하여 나라를 멸망의 위기에서 구할 수 있었고 나라를 다스리는 기초를 더욱 튼튼히 하는 계기를 마련할 수 있었다.

전쟁의 폐단은 옛날이나 지금이나 같다. 지금 지구상에서 일어나는 대부분의 전쟁은 패권주의를 지향하는 국가들이 그 지역이나 세계의 평화를 위한다는 구호를 내걸고 대의명분 때문에 일으키는 전쟁이다. 그러나 평범한 이웃나라의 국민들은 무슨 죄인가? 과학과 문명이 최고로 발달한 현대에서 첨단의 무기들을 이용하여 전쟁을 일으켜 오히려 혼돈의 시대를 만들고 사람들을 두렵게 만든다는 것을 전쟁을 일으키는 사람들은 알아야 한다.

이야기 여덟.
송나라 장군 화원(华元)과 양짐(羊斟)

🍀 사건배경

　기원전 607년, 정(郑)나라의 공자(公子) 귀생(归生)은 초(楚)나라로부터 명령을 받고 송(宋)나라를 쳤다. 송나라의 장군 화원(华元)과 악려(恶吕)가 이들을 막았다. 그러나 송나라는 크게 패했다. 정나라는 화원을 사로잡고 악려를 죽였으며 또 전차와 포로를 상당수 노획했다. 이때 송나라의 대부 광교(匡狡)가 정나라 사람과 싸우는데 정나라 사람이 잘못하여 우물에 빠졌으므로 광교는 창을 거꾸로 내려 보내어 그 사람을 구했다. 그런데 그 사람은 구출된 후 오히려 광교를 죽여 버렸다. 군자는 다음과 같이 비평했다.

　"광교가 군례(军礼)를 어기고 명령을 위반했으니 그가 죽음을 당한 것은 당연하다. 싸움에서는 윗사람은 과감함을 분명히 하고 아랫사람은 그 명령을 듣는 것이 예(礼)이다. 적을 죽이는 것을 과(果)라고 하고 명령을 과감하게 수행하는 것을 의(毅)라고 한다. 광교는 이것을 거꾸로 행했으므로 그가 죽은 것은 당연하다."

전쟁이 시작되기 전에 송나라 장군 화원(华元)은 양을 잡아서 장병들에게 먹였다. 그런데 그의 수레를 모는 부하 양짐(羊斟)은 양고기를 한점도 얻어먹지 못했다. 전쟁이 시작되자 양짐은 속으로 생각했다.

'어제 저녁 양고기를 당신이 마음대로 처리했으나 오늘 일은 내 마음대로 처리하겠다.' 그는 화원을 전차에 실은 채 정(郑)나라 군대 속으로 돌진했다. 장군을 잃은 송나라 군대는 대패했다. 군자는 이 사건에 관하여 다음과 같이 말했다.

"양짐은 인간이 아니다. 자기의 개인적인 원한으로 나라를 패배하게 만들고 백성들을 전멸시켰다. 그보다 큰 죄가 어디 있는가? 『시(诗)』에 이른바 '사람으로서 올바르지 못한 자'라는 말은 양짐을 두고 한 말일 것이다. 그는 백성의 목숨을 해쳐서 자기의 원한을 풀었다."

초(楚)나라가 진(晋)나라를 공격하여 승리를 거두며 패권을 잡자 주변의 나라들이 모두 초나라로 귀의를 했다. 정나라도 진나라의 속국이었으나 초나라에 귀의를 했다. 이제 초나라의 다음 목표는 송나라였다. 정나라가 송나라를 공격한지 10여년 후, 초나라 왕자가 직접 군대를 통솔하여 다시 송나라를 공격했다. 송나라는 옛 패주 진(晋)나라에게 도움을 청했으나 진나라는 2년 전 초나라에게 당한 패배에서 아직 헤어나지 못하고 있었다. 송나라 수도 휴양(睢阳 : 河南 商丘)이 초나라 군대에 9개월간 포위되어 공격을 당하자 성안의 양식이 전부 동이 나고 백성들은 굶어죽기 시작했다. 송나라의 수도가 함락되기 직전 송나라 장군 화원은 춘추시대에 통용되던 방법으로 이 위기를 해결하기로 결정했다.

 그날 밤 화원은 초나라 병사로 위장하여 적장의 막사로 침입한다. 그는 초나라 왕자 귀생의 침대에 다가가 비수로 목을 겨누고 위협하며 만약 초나라 군대가 철수하면 송나라는 항복을 할 것이라고 약속한다. 초나라는 어쩔 수 없이 그 약속을 믿고 군대를 일단 철수 시킨다. 이후 송나라는 겉으로는 나라를 유지하면서 남이 보기에는 항복하는 것 같지 않았으나 실질적으로는 초나라에 항복을 하고 초나라의 속국이 된다. 화원은 이런 사람이다.

🌸 해 설

인정이란 것이 보기에는 매우 진한 것 같아도 사실은 매우 담백한 것이며 보기에 담백한 것 같아도 사실은 매우 진하다. 그렇다면 인정이란 무엇인가?

나는 자녀들과 이웃들이 함께 연회에 참석하면 좋은 술과 고기를 먼저 이웃들에게 권하고 그 다음에 자녀들에게 나누어 주어 먹인다. 이것은 인정이란 것이 소위 관계가 소원한 사람을 후대하고 친근한 사람을 박대한다는 말은 결코 아니다. 이렇게 하는 것은 나와 감정이 깊지 못한 사람은 나의 실수를 지적할 수 있고 나와 친근한 사람은 나의 실수를 용서할 수 있기 때문이다. 이웃을 먼저 관대하게 대접하는 것은 음식물은 나누어 주지만 인정을 나누어 준 것은 아니다. 이것은 겉보기에는 감정이 진한 것 같지만 사실은 담백한 것이다. 내가 나의 자녀들을 대하면서 비록 음식물을 나누어 주지 않았지만 인정을 주었다. 겉보기에는 나와 자녀의 감정이 담백한 것 같지만 사실은 진하다. 이런 사람들이 사소한 일 때문에 서로 싸우고 배반을 하겠는가?

화원(华元)은 양을 잡아 사병들에게 나누어 주고 자신을 위해 수레를 모는 양짐(羊斟)에게는 고기를 나누어 주지 못했다. 다른 사람들은 모두 화원이 양짐에게 박정하게 대우했다고 생각한다. 그러나 나는 화원이 양짐을 후대했다고 생각한다. 화원이 다음과 같이 생각했기 때문이다.

"양짐은 나를 위하여 수레를 몬지 이미 수년이나 되었다. 왼손에는 채찍을 잡고 오른손은 말 재갈을 잡고 매일 아침 일찍 나와 함께 외출했다가 저녁에 같이 들어온다. 위험하거나 안전한 곳, 춥거나 더운 날, 언덕길이나 내리막길, 수레를 빨리 몰거나 천천히 몰든 간에 그는 나와 같이 하지 않은 적이 없다. 우리는 서로를 안지 이미 오래되어 서로에 대한 믿음이 매우 깊다. 오늘 사병들에게 음식을 나누어 주는데 내 그림자와 같은 사람에게 어찌 양고기 한 그릇으로 표현할 수 있는 감정의 무게로 그를 대할 수 있는가? 양고기를 나와 다소 소원한 사람에게 나누어주는 것은 무방하다. 양짐은 비록 오늘 양고기를 나누어 받지 못했지만 내가 평소에 그에게 준 농후한 감정이 이미 백 그릇의 양고기보다 많다."

그러나 양짐은 이와 같은 진정한 화원의 감정을 이해하지 못하고 화가 나서 수레를 몰고 정나라 적진으로 돌격하여 화원을 위험에 이르게 했다. 화원은 군자의 마음으로 양짐을 대했으나 양짐은 소인의 행위로 화원에게 보복을 했다. 이것이야 말로 은혜를 원수로 갚은 것이다. 이 사건을 보는 사람들은 "화원이 부하를 대하는 데 온정이 부족했다. 그러므로 양짐의 원한을 사게 된 것이다."라고 말할 수도 있다. 그러나 화원의 사람됨은 화목하고 자상한 기운이 있어 사람들이 그와 친근하게 지낼 수 있었다. 그가 정나라 사람의 손에서 도망치다 양짐과 다시 마주쳤을 때 그는 넓은 마음으로 그를 위로했다. 양짐이 그를 배반한 후에도 양짐을 다시 용서한 것을 보면 화원이 정나라 사람과 전쟁을 하기 전에 양짐을 격려하지 않았을 리가 없다. 이것이 바로 우리가 화원이 양짐을 대하는데 감정이 원래 농후하고 결코 담백하지 않다고 말하는 이유이다.

그러나 화원도 잘못이 없다고는 말할 수 없다. 그에게는 세 가지 잘못이 있다. 첫째 잘못은 그가 매일 신하 양짐과 같이 하면서 양짐의

심성을 확실하게 알지 못했고 군자의 방식으로 그를 상대한 것이다. 둘째 잘못은 밥 한 그릇과 반찬 한 가지에 얼굴의 희로애락(喜怒哀乐)을 나타내는 사람과 함께 수레를 타고 다닌 것이다. 셋째 잘못은 서로의 감정이 이미 융합될 수 없으면 피차의 이해관계를 즉시 잊고 빈틈을 보이지 말아야 한다. 화원은 이것을 하지 못했다. 그러므로 화원의 총명함이 이런 간사함을 통찰하기에 부족했고 그의 성실함은 사물을 이해하지 못하여 가는 곳마다 환난을 만나지 않을 수 없었다. 사람이 좋은 것과 사람을 판단하고 상황에 대처하는 것은 별개의 문제이다. 윗사람은 항상 아랫사람에게 관대해야 하지만 화원과 같이 빈틈을 보여서는 안 된다. 화원은 군자의 자질을 갖추었으나 부하를 보는 안목이 부족했다.

이야기 아홉.
잠윤箴尹 극황克黄의 사면

🌸 사건배경

기원전 605년, 약오(若敖)는 운국(郧国)에서 부인을 맞아 투백비(斗佰比)를 낳았다. 약오가 죽자 투백비는 어머니를 따라가 운 나라에서 자랐다. 얼마 후 투백비는 운 나라의 공녀(公女)와 사통하여 자문(子文)을 낳았다. 운 나라의 부인은 자문을 운몽(云梦)이라는 연못에 버리게 했다. 그런데 호랑이가 그 아이를 데려다 젖을 먹여 길렀다.

운 나라 임금이 사냥을 나갔다가 그것을 보고 두려워하면서 돌아왔다. 부인은 아이에 관한 사실을 임금에게 말했으므로 마침내 그를 거두어들이게 했다. 초나라 사람들은 젖을 누[縠]라고 하고 호랑이를 오도[於兔]라고 불렀기 때문에 그에게 투누오도[斗縠於兔]라는 이름을 지어주고 공녀 백비(伯比)를 아내로 주었다 이 사람이 바로 지금 영윤(令尹) 자문(子文)이다.

자문(子文)의 손자인 극황(克黄)은 잠윤(箴尹)의 직책을 맡아 제나라에
사신으로 갔다가 돌아오는 도중에 송(宋)나라에 이르러 약오 씨의 난에
관한 소문을 들었다. 극황의 신하들이 그의 귀국을 말리면서 말했다.

"초나라에 들어가시면 안 됩니다."

극황은 대답했다.

"임금의 명령을 저버린다면 누가 그 사람을 신하로 쓰겠는가? 임금은
신하의 하늘이다. 하늘로부터 달아날 수가 있겠는가?"

극황은 귀국하여 임금에게 복명(复命)하고 스스로 관아로 가서 구속
을 당했다.

초나라 장왕은 자문이 영윤으로서 초나라를 잘 다스린 것을 생각하
여 "자문에게 후손이 없다면 무엇으로 신하에게 좋은 일을 하라고
전하겠는가?"라고 말하고 극황을 옛 관직에 복직 시키고 이름을 생(生)
으로 개명하도록 했다.

🌸 해 설

"의리를 지키고 이익을 포기하고 도리를 밝히고 공로를 따지지 않는다."

이것이 바로 고대 선비들의 종지(宗旨)이다. 그런데 이익을 도모하고 공훈을 따지는 말들이 창궐하면 설사 조상들이 남긴 업적이 아무리 숭고하고 탁월할 지라도 후손들은 세속적인 생각으로 서로를 계산한다. 이렇게 되어 생기는 재난이 결코 작지 않다.

초나라가 약오 씨를 멸할 때 잠윤의 관직을 맡고 있던 극황은 약오 씨의 유일한 후손이었다. 그는 장왕이 약오 씨를 멸할 때 마침 제나라에 사신으로 파견되어 운 좋게도 목숨을 구할 수 있었다. 약오 씨의 멸망 소식을 전해들은 극황은 귀국하지 않고 사신의 예물을 다른 나라의 임금에게 진상하면 살아날 수 있었다. 이것보다 더 좋은 계략은 없었다. 그러나 극황은 임금의 명령이 중요하다고 생각하여 귀국을 하면 죽을 것을 분명히 알면서도 주위의 권유를 뿌리치고 목숨을 걸고 귀국을 결정한 것이다. 만약 그가 의리와 임금의 명령을 중시하지 않았다면 어떻게 이렇게 할 수 있었겠는가? 그런데 이익과 명예를 추구하는 자들은 극황의 이런 행동에 대하여 다음과 같이 비평한다.

"죽을 곳이 곧 살아날 수 있는 곳이다. 죽음을 무릅쓰고 임금의 명령을 받들었기 때문에 임금은 극황이 자신의 생명 보다 임금의 명령을 더 중하게 여긴다고 생각하여 극황의 죄를 사면해 준 것이다. 이것은 표면상으로는 죽음을 무릅쓰고 임금의 명령을 이행했으나 사실 자신의 생명을 구하려는 수단에 불과했다."

이런 설명은 소인들의 얄팍한 계산이고 원래 극황의 생각과는 거리가 멀다. 극황은 분명히 이렇게 말했다.

 "임금의 명령을 저버린다면 누가 그런 사람을 신하로 쓰겠는가? 임금은 신하의 하늘이다. 하늘로부터 달아날 수가 있겠는가?"

 그가 한 말로부터 그의 마음을 살펴보면 매우 광명정대하고 순수하며 정직한 것을 알 수 있다. 정말 하늘을 우러러 한점 부끄러움이 없다. 만약 그가 약간의 운이라도 바라는 마음이 있었다면 그가 한 말 속에서 그런 마음이 반드시 드러나게 된다. 극황은 의리(義理)를 쫓았고 자신의 생명을 버렸다. 설사 죽음을 피할 수 없었다고 할지라도 그는 죽음을 행복하게 여겼을 것이다. 그에게는 생과 사는 이미 하나였기 때문이다. 그는 결코 장왕(庄王)의 사면을 기대하지 않았다. 장왕이 극황의 죄를 사면해 준 이유는 그가 자신이 명령한 임무를 완성하고 돌아왔기 때문도 아니고 임금의 명령을 자신의 생명보다 중하게 여겨서도 아니다. 그것은 극황의 조상 자문(子文)이 과거 초나라를 위하여 공로를 세웠고 훌륭한 정치를 했기 때문이다. 그러므로 어떤 상황에서도 의리를 지키고 이익을 포기하면 누구에게도 피해를 주지 않으며 떳떳하고 부끄러움이 없다. 이런 사람은 의인이다. 최근에는 이런 사람을 보기가 어렵다. 더구나 명분보다 눈앞의 이익을 추구하는 자들이 자신의 잣대로 잠윤의 행동을 평가하는 것은 정말로 꼴불견이다.

|제Ⅱ부| 간언谏言편

이야기 하나.
간언의 방법

🍀 사건배경

　기원전 718년, 노나라 은공은 낚시질을 구경하기 위해 당(棠) 지방으로 놀러 가려고 했다. 이때 장희백(臧僖伯 : 公子 彄)이 은공에게 말했다.

　"사냥을 하여 짐승 같은 동물을 잡는 것은 전쟁 같은 큰일을 생각하는 것만 못합니다. 사냥에서 얻은 동물이 전쟁이나 제사에 쓰는 제물이 되기에 부족하다면 임금님은 그런 행동을 하시지 않는 법입니다. 임금이란 백성을 법도와 사물에 맞도록 인도하는 것입니다. 따라서 그 행하는 바가 법도에 맞지 않고 그 기물의 효용이 제 구실을 못하는 것을 문란한 정치라고 합니다. 문란한 정치는 모든 것의 실패의 원인입니다. 그러므로 봄에는 수(搜)라는 사냥을 하고, 여름에는 묘(苗)라는 사냥을 하고, 가을에는 선(獮)이라는 사냥을 하고, 겨울에는 수(狩)라는 사냥을 합니다. 이것은 모두가 농한기를 이용하여 무술을 연습하기 위한 것이지 짐승을 잡고 즐기기 위한 것이 아닙니다.

3년마다 우리나라는 대대적인 군사훈련을 하고 훈련이 끝나면 서울로 돌아와 군대의 행장을 정리합니다. 그리고 종묘로 나아가 군사훈련을 한 사실을 조상에게 보고하고 연회를 베풀어 군대를 위로하고 문화수준을 높이고 귀천(貴賤)을 분명하게 하고 공로의 크기와 순서를 정합니다.

사냥한 짐승의 고기도 제기에 담아 제물로 사용하기에 부족하거나, 짐승의 가죽, 이빨, 뿔, 털이나 깃털들도 기물의 장식으로 쓸 수가 없는 것은 임금님이 사냥하지 않는 것이 옛날부터의 법도입니다. 그리고 산이나 강에서 실물(實物)이나 기물(器物)로 쓰이는 물자를 취하는 것은 종들이 하는 일이요, 임금님께서는 몸소 하실 바가 아닙니다."

그러나 은공은 "나는 국토를 순찰하려 한다."고 말하고, 여행을 떠나 어구(漁具)를 늘어놓고 고기를 잡는 것을 구경했다. 장희백은 병을 핑계 삼아 은공을 따라가지 않았다.

경문(經文)에 '은공이 당이란 지방에서 고기를 잡았다.'고 한 것은 예의에 맞지 않았기 때문에 그렇게 쓴 것이고 또 당이란 곳이 왕이 친히 가기에는 먼 곳임을 의미한다.

🌸 해 설

아래 사람이 윗사람에게 간언하는 방법에는 상중하의 세 가지 등급이 있다. 그 중에 제일 저급한 방법은 윗사람이 아랫사람의 말을 두렵게 생각하도록 만드는 것이다. 그 다음 중급의 방법은 윗사람이 아랫사람의 말을 믿도록 만드는 것이고 마지막 최상의 방법은 윗사람이 아랫사람의 말을 좋아하도록 만드는 것이다.

과거에 발생한 재난이나 재해로 임금을 설득하면 임금은 두려워한다. 재난은 사람을 두렵게 만들기 때문이다. 그러나 교만하고 두려움을 모르는 임금을 만나면 재난이나 재해에 관한 두려움도 아무런 소용이 없다. 그 다음으로 논리적으로 비유를 들어 설명하면 임금을 믿도록 만들 수 있다. 논리적인 것은 설득력이 있어 사람을 믿도록 만들기 때문이다. 그러나 정신과 마음이 어지러운 임금을 만나면 그런 논리적인 말은 아무런 소용이 없다. 마지막으로 진심 어린 말로 임금을 감동시키면 임금은 신하의 간언을 즐거이 받아들이고 실행한다.

당나라 천보(天宝) 연간의 안녹산의 난을 예로 들면, 신하들은 당(唐)나라 경종(敬宗)의 여산(骊山) 행을 막을 수 없었다. 그리고 양(梁)나라 무제(武帝)가 대성(台城)에서 포위당했던 예를 보면서 당나라 헌종(宪宗)이 불교의 힘을 믿는 마음을 없앨 수 없었다. 이것은 신하들이 재난을 예로 들어 임금을 설득했지만 임금들이 그 간언을 받아들이지 않은 예이다.

논리적으로 설득한 예는 조정에서 조회의 예절에 관하여 논평한 것으로는 노나라 장공이 제나라로 가서 사직의 제사를 보았던 예가 있고 또 신하들이 주나라 경왕에게 율려(律呂)의 근본을 설명했지만 주나라 경왕이 큰 종을 만드는 것을 막지 못한 예도 있다. 이것은 논리로 임금을 권면한 것이지만 성공하지 못한 예이다.

장희백(臧僖伯)이 노나라 은공에게 간언할 때 그는 먼저 예법에 맞지 않는 물건을 사용할 경우의 단점에 대하여 진언을 하고 다음에 사냥과 치병(治兵)의 도리를 설명했다. 그의 말이 깊이가 있고 설득력을 가질 때 듣는 사람들은 확실히 두려워하고 그의 말을 확신하게 된다. 그러나 끝내 은공이 낚시질을 구경하려는 발길을 돌리도록 하지는 못했다. 이것은 진심어린 말로 은공을 감동시키지 못했기 때문이다. 은공을 감동시키기 위해서는 은공이 진정으로 원하는 것이 무엇인가를 먼저 알아야만 했다.

노나라 은공의 마음은 이미 낚시질 하는 것을 보려는 즐거움에 빠져 있어 설사 재난이 확실하다고 해도 그것을 생각하기 싫었다. 아무리 훌륭한 논리로 은공에게 설명을 해도 은공을 믿게 만들지는 못했다. 장희백은 그저 한 두 마디 말로 은공의 마음을 돌리려했지만 오히려 은공의 흥미만을 빼앗았을 뿐이다. 장희백 정도 되면 은공이 기뻐할 만한 진심어린 간언을 하여 그가 낚시를 구경하려는 흥미를 대신할 수 있어야 했다. 그렇게 되면 은공의 마음이 변했을 것이다. 예를 들어, 천지에 산다고 하는 곤어나 용문의 잉어가 아무리 아름답고 설사 기적을 일으킨다고 할지라도 그가 마음속으로 느끼는 진정한 즐거움보다는 못하다. 이런 진정한 즐거움을 연못가의 낚시질과 비교할 수 있겠는가?

어떤 지도자가 외국의 유명한 오페라나 월드컵 축구 경기를 구경하러 외국으로 가려다가 타인의 비평이 두려워서 중지했다면 그것은 가지 않은 것이 아니라 가지 못한 것이다. 그 지도자는 당연히 하지 말아야 할 바를 알지 못했다. 만약 다른 사람의 말을 듣고 가지 않았다면 그것은 당연히 하지 말아야 하는 것을 아는 것이다. 그렇지만 그가 가서 구경할 가치가 없다는 것을 아는 것은 아니다. 만약 마음속으로 그러한 것들이 구경할 가치가 없다는 것을 스스로 알았다면 부하들이 자신에게 구경을 가라고 권유해도 가지 않았을 것이다.

이야기 둘.
수隨나라 계량季梁의 간언

🏵 사건배경

기원전 706년, 초나라 무왕은 수(隨)나라를 침략하려 했으나 여의치 않았다. 초나라 대부 투백비(斗伯比)가 무왕에게 간언을 했다.

"우리나라가 한수(汉水) 동쪽에서 위세를 떨치지 못하는 것은 우리 초나라의 잘못입니다. 우리가 삼군을 거느리고 무력으로 한수의 약소국들을 대하면 그들은 두려워서 일치단결하여 우리나라에 대항할 것이므로 그들을 이간시키기가 어렵습니다. 한수 동쪽의 여러 나라 중 수나라가 가장 강합니다. 만약 수나라가 으스대면 이웃의 작은 나라들이 질투하여 우리가 공격을 하여도 버려둘 것입니다. 그래서 작은 나라들이 떨어져 나가면 우리 초나라의 이익이 됩니다. 우리나라의 병력을 줄여 수나라로 하여금 안심하도록 만드는 것이 필요합니다."

다른 대부 웅율차비(熊率且比)가 무왕에게 말했다.

"수나라에는 계량(季梁)이라는 인물이 있어서 소용이 없습니다."

그러나 초나라 무왕은 투백비의 의견을 따랐다. 그는 군대를 줄이고 수나라의 관리를 초나라 군영으로 맞이해 군대의 약점을 보였다. 수나라 관리는 수나라로 돌아가 임금에게 초나라 군대를 공격할 것을 요청한다. 그러나 계량이 이를 말리면서 간언을 했다.

"하늘이 초나라를 도우려 합니다. 초나라 군대가 약하게 보이는 것은 우리 군대를 유혹하는 것입니다. 그런데 임금님께서는 왜 서두르십니까? 신이 듣건대 작은 나라가 큰 나라를 대적할 수 있는 것은 작은 나라는 도에 맞는 행동을 하고 큰 나라는 도에 벗어나는 행동을 하기 때문이라고 했습니다. 이른바 도(道)란 인군이 백성들에게 충실하고 신(神)에게 신용이 있는 것입니다. 그런데 지금 백성은 굶주리고 있고 제관은 멋대로 제사를 지냅니다."

"내가 바치는 희생은 살찌고 곡식도 풍성한데 어째서 신에게 믿음을 받지 못하는가?"

"백성은 신의 주인입니다. 그러므로 옛날 성왕은 먼저 백성을 위하고 나중에 신에게 정성을 다했습니다. 그런데 지금 백성들이 불안해하고 귀신들도 주인이 없습니다. 임금님만 홀로 풍족하시니 그 무슨 복이 있을 수 있습니까? 임금님께서는 정치에 힘쓰시고 형제의 나라를 친애해서 어려움을 면하시기 바랍니다."

결국 수나라 임금은 두려워 정치에 힘쓰고 초나라도 감히 수나라를 정벌하지 못했다.

🌸 해 설

모든 정치의 근본은 백성이다. 계량은 수천 년 전에 이미 민본사상에 입각한 생각을 갖고 있었던 것 같다. 그는 임금은 백성을 위한 정치를 해야 한다고 주장한다.

계량은 초나라 군대를 보지도 않고 그들이 수나라를 공격하기 위하여 유인책을 사용하고 있음을 알았다. 그런데 수나라 관리는 초나라 군대를 직접 보고도 그것을 알지 못했다. 이런 점이 계량의 가치를 더욱 빛나게 한다. 당시 초나라가 패권을 추구하는 상황에서 약소국들이 생존할 수 있는 방법은 자신의 도를 지키는 것이었다. 이 말은 자신의 능력을 파악하여 분수를 지켜야 한다는 말과 같다. 만약 수나라가 초나라의 빈틈을 이용하여 공격을 감행하였다면 이는 자신의 도를 넘어서는 행위이고 그 결과는 나라의 존재가 위태로웠을 것이다.

계량은 '윗사람들이 백성들을 이롭게 하는 것이 충(忠)이고 제관들이 제물을 바르게 고하는 것이 신(信)이다'고 주장한다. 그런데 지금 백성은 굶주리고 있고 제관들은 제멋대로 제물을 사용하여 제사를 지내고 있다. 이는 인간과 인간의 관계를 표현하는 충(忠)이 무너진 것이며 인간과 신의 관계를 표현하는 신(信)이 무너진 것이다.

그러므로 계량은 수나라 임금에게 임금이 신(神)의 주인이 아니라 백성이 신(神)의 주인이라고 경고한다. 그런데 이런 신의 주인이 지금 굶주리고 있다. 그는 성왕의 예를 들어 과거 성왕이 먼저 백성들을 위하고 후에 신에게 힘을 썼다고 간언한다. 이 말은 백성들이 평화롭게 살면 신은 복을 내린다는 의미이다. 그는 마지막으로 초나라를 공격하

는 것보다는 내정을 바로잡고 백성들을 위하여 내정에 힘쓸 것을 요구
한다. 계량은 이렇게 논리적인 방법으로 임금을 설득하였고 임금은
그의 말에 두려움을 느껴 초나라와의 전쟁을 포기했다.

이야기 셋.

초나라 죽권(鬻拳)의 목숨을 건 간언

🍀 사건배경

기원전 675년, 초나라 문왕이 파(巴) 지방 군대를 수비하다가 진(津)
지방에서 대패하고 돌아왔다. 그러자 그의 보좌이며 신하인 죽권(鬻拳)
이 전쟁에 패배한 문왕을 받아들이지 않았다. 결국 문왕은 황(黃) 지역을
정벌하여 적릉(迹陵)에서 승리하고 돌아왔다. 그러나 초나라 땅 추(湫)까
지 온 문왕은 병이 나서 죽고 말았다.

죽권은 문왕을 석실(夕室) 지방에다 장사지내고 자신도 자살했다.
사람들은 그를 질황(絰皇 : 묘 앞의 문 옆에 흑을 높이 쌓아두는 곳)에 묻었다.

죽권이 자살한 이유는 신하로서 임금을 강요했기 때문이다. 죽권은
문왕이 파 지방 군대에게 대패하고 돌아왔을 때 문왕에게 강력하게
다시 파 지방을 정벌할 것을 간언했다. 그러나 문왕은 이 말을 따르지
않았다. 급기야 죽권은 무기로 문왕을 협박했고 문왕은 죽권이 무서워

서 그 의견을 따랐었다. 나중에 죽권은 사람들에게 말했다.

"내가 무기를 들고 임금을 두렵게 만들었으니 이 죄 보다 더 큰 죄가 없다."

그래서 그는 스스로 발꿈치를 베어 자살했다.

초나라 사람들은 죽권이 사망한 후에 죽권을 수문장으로 삼아 태백(太白)이라고 부르고 그의 후손들로 하여금 그 직책을 계승하게 했다. 그래서 『좌전』은 이 사건에 대하여 다음과 같이 평했다.

"죽권은 정말로 임금을 사랑했다고 할 수 있다. 임금에게 간언하고 그 책임을 자신이 지고 스스로 자신을 처형했다. 자신을 처형하면서도 신하로서 오히려 임금을 훌륭하게 만드는 것을 잊지 않았다."

🌸 해 설

간언을 할 때 신하의 가장 큰 걱정은 자신의 간언하는 방법이 적당한가 안한가 하는 것이지 군주가 자신의 간언을 선택할 것인가 아닐 것인가 하는 것이 아니다. 그런데 간언하는 방법은 매우 어렵다. 간언하는 사람의 진심이 부족하면 상대를 완벽하게 권면할 수 없고, 이치에 밝지 않으면 완전한 간언이 되지 못한다. 또 간언하는 언어가 유창하지 않으면 훌륭하다고 볼 수 없고, 말투가 부드럽지 못하면 선하다고 할 수 없고, 간언하는 행위가 법도에 맞지 않아 군왕의 존중을 받지 못하면 역시 선하다고 할 수 없다. 아이디어가 군왕의 신임을 얻을 수 없으면 간언은 채택되지 않는다. 그러므로 신하된 자가 근심하는 것은 단지 최선을 다하여 간언을 하는 그 자체이지 군왕이 자신의 의견을 선택할 것인지 아닌지를 생각할 여유가 없다. 예를 들어 의사가 자신의 의술이 깊지 못한 것을 걱정하는 것은 당연하다. 그런데 의사가 단지 병을 고치는 것이 어렵고 힘든 것을 두려워한다면 그 의사는 이미 의사가 아니다. 또 군인이 스스로의 전략이 부족한 것을 걱정하지 않고 단지 적의 강함만을 걱정하는 군인은 이미 군인이 아니다.

신하가 자신이 간언한 의견이 채택되지 않았다고 군왕을 책망하고 스스로에게 엄격하게 요구하지 않는다면 앞으로도 군왕으로 하여금 자신의 간언을 따르도록 만들 수 없다. 군왕을 강제로 핍박하여 자신의 간언을 따르도록 만들면 이런 악습이 계속되어 결국에는 죽권처럼 무기를 사용하여 군왕을 위협하는 지경에까지 이르게 된다. 군왕도 인간이다. 총과 칼 앞에서 어쩔 수 없다.

죽권은 처음부터 군왕을 핍박하려던 것은 결코 아니었다. 그는 군왕에게 진심으로 권고를 했으나 그가 말을 듣지 않자 강압적인 방법을 사용했고 그래도 자신의 말에 따르지 않자 위협적인 수단을 동원했다. 죽권의 이런 위협적인 간언의 방식은 잘못이다. 간언을 하는 것은 신하의 책임이고 군왕이 그것을 받아들이는 것은 군왕의 권리이다. 죽권은 간언하는 데 최선을 다하지 못했을 뿐만 아니라 오히려 신분의 한계를 넘어서서 군주에게 반드시 자신의 의견에 따를 것을 요구했다. 신하가 군주에게 이렇게 요구할 수 있는가? 그는 무기를 사용하여 왕을 협박하면서도 오히려 왕이 자신의 간언을 받아들이지 않을 것을 두려워했다. 다행히 초나라 왕은 그의 위협적인 행동을 반역이라고 생각하지 않았다. 만약 초나라 왕이 협박을 당하는 상황에서도 그의 간언에 따르지 않았다면 죽권은 무슨 방법을 사용하여 계속 간언을 했을지 우리는 상상할 수 없다.

그런데 불행히도 죽권의 이런 행동을 초나라 왕이 오해하고 죽권을 살해했다고 할지라도 그는 반역죄를 벗어날 도리가 없다. 그렇게 되면 그의 진정한 속마음을 세상에 알릴 방법이 없다. 그는 당시에 이미 자신의 행동에 대한 심각성과 더 이상 간언할 방법이 없음을 알고 있었다. 그러므로 그는 자신의 발꿈치를 자르는 행동으로 자신의 진솔한 의지를 표현한 것이다.

죽권의 무력을 사용한 진언의 방법을 배우기를 원하는 사람들은 어째서 죽권의 발꿈치를 자르는 마음은 배우려 하지 않는가? 후자를 먼저 배우지 않으면 전자를 이룰 수 없다. 과거의 영웅호걸이나 현인들의 행동 방침은 오늘날에도 모두 통용된다. 그러나 후인들은 죽권의 간언하는 방법을 쉽게 배울 수가 없다. 그와 현인의 행동은 어떤 차이가 있는 것일까? 그는 끝내 무기를 사용하고 나중에는 자신의 발꿈치까지 잘랐다. 시작하면서 잘못된 일을 나중에 다시 수정하는 것은 한편으로는 잘못을 범하고 다른 한편으로는 잘못을 보상하는 것이다. 이런 방법은 사람으로 하여금 마음을 불안하고 걱정에 싸이게 만든다. 현인들의 행동 방침은 이렇게 사람을 괴롭히거나 번뇌하도록 만들지 않는다.

모든 일은 원칙이 가장 중요하다. 간언도 시기를 잘 살펴야 한다. 시동이 걸리면 자동차가 출발하고 배는 조타수를 돌리면 방향을 바꾼다. 이런 것을 하는 데 큰 힘이 드는 것은 결코 아니다. 마찬가지로 간언을 하면서 순리에 따르고 얼굴을 붉히지 않는 것이 상책이며 현명한 신하의 행동 방침이다.

죽권은 목숨을 걸고 간언을 했다. 그런데 『좌전』은 그의 간언의 방법이 잘못되었다고 했다. 무엇 때문인가? 그것은 만약 이런 강압적인 방법이 칭찬을 받게 되면 장차 진언의 방법이 왜곡될 것이고 목적을 달성만하면 된다는 가치관이 성립될 것이며 특히 후인들에게 간언이 정권탈취의 수단으로 역이용당할 것을 두려워했기 때문이다.

이야기 넷.
제나라 관중(管仲)의 간언

🌸 사건배경

기원전 654년 가을, 희공(僖公)이 제후들과 영무(甯毋)에서 동맹을 맺은 것은 정나라에 대한 조치를 상담하기 위해서였다. 관중(管仲)이 제나라 환공(桓公)에게 말했다.

"신이 듣건대 떨어져 있는 자를 예로써 부르고 멀리 있는 자를 덕으로써 감싼다고 했으니 그 덕과 예를 굳게 지켜 바꾸지 않으면 모든 사람들이 임금님을 따를 것입니다."

그래서 제나라 환공은 제후들에게 예를 행하고 제후의 신하들은 각국에서 천자에게 바칠 공물의 명목을 제나라 환공으로부터 받았다.

정나라 임금은 태자 화(華)로 하여금 회합 장소로부터 공물의 명목을 받아 오도록 시켰다. 태자 화는 제나라 환공에게 말했다.

"우리나라 대부로 있는 설씨(泄氏) 공씨(孔氏) 자인씨(子人氏)의 세

집안이 우리 임금의 명령을 거스르고 있습니다. 만약 당신께서 이들을 제거하고 정나라와 평화조약을 맺는다면 나는 정나라를 들어 제나라의 신하가 되겠습니다. 그렇게 되면 당신에게도 불리한 것은 없지 않습니까?"

제나라 환공은 이 말을 듣고 태자 화의 제안을 허락하려 했다. 이때 관중이 말했다.

"임금님께서는 예절과 신용으로써 제후들을 따르게 하고 있습니다. 그런데 간사한 방법으로 끝을 맺는 것은 매우 좋지 않습니다. 부자(父子)가 서로 간섭하지 않는 것을 예라고 하고 임금의 명령을 지켜 제때에 행하는 것을 신용이라고 합니다. 이 두 가지를 어기는 자는 간사한 자입니다."

이에 환공은 관중에게 말했다.

"제후들이 정나라를 토벌했으나 아직 이기지 못했다. 지금 정나라에 틈이 생겨 그 틈을 이용한다면 좋지 않겠는가?"

관중은 다시 환공에게 대답했다.

"임금님께서 만약 덕으로써 정나라를 편안하게 다스리고 주나라 왕실을 도와야 한다는 교훈을 더하시고 난 후에 제후들을 거느리고 정나라를 정벌하시면 정나라가 어찌 감히 두려워하지 않겠습니까? 그런데 만약 어버이의 명령을 배반한 태자 화를 앞세워 정나라를 정벌한다면 정나라에서는 태자의 반역이라는 명분이 있으니 우리 군대에 대항하고 두려워하지 않을 것입니다. 또 제후들을 모아놓은 자리에 태자 화와 같이 부친을 배반한 악인을 참석시킨다면 임금님의 후손들에게 무슨 덕을 나타내는 것이 되겠습니까? 제후들이 회합했을 경우에는 당시의 덕과 형벌, 예의 등을 모두 기록합니다. 그런데 어버이의 명령을 배반한 태자 화와 같은 악인이 회합에 참가한 것을 기록하게 되면 임금님께서 다른 나라와 맺은 동맹을 실패로 만들 수도 있습니다. 그러므로 임금님께서는 태자 화의 요청을 허락해서는 안 됩니다. 정나라는 틀림없이 항의를 할 것입니다. 태자 화는 정나라 태자임에도 불구하고 대국들 사이에 끼어서 자기 나라를 약하게 만들려고 하고 있습니다. 그러니 그는 반드시 화를 피하지 못할 것입니다. 정나라에는 숙첨(叔詹) 도숙(堵叔) 사숙(師叔)과 같은 유능한 신하들이 정치를 맡고 있으므로 틈이 날 수가 없습니다."

이 말을 들은 환공은 태자 화의 제안을 거절했고 태자 화는 이로 말미암아 자신의 나라인 정나라에게 죄를 지었다.

❀❀ 해 설

과거 선비들은 전적으로 자신을 위하여 수양을 했다. 그러므로 다른 사람에게 문제를 미루지 않았고 모든 세상의 문제들이 자신의 책임 범위에 속하지 않은 것이 없었다. 그래서 다른 사람의 행동을 별로 중요시 여기지 않았다. 예를 들어 일상생활 중의 언어생활 행동거지는 각자의 마음대로였다. 자신을 바로잡고 품행을 갈고 닦는 것은 출세를 하기 위한 것이 아니었다. 혐의를 변별하고 숨겨진 것을 잘 관찰하는 것은 타인의 비방을 피하기 위한 것이 아니었다. 세금을 줄이고 형벌을 약하게 하는 것은 자신의 명예를 얻기 위한 것이 아니었다. 깊이 사고하고 장기적으로 정책을 세우는 것은 화를 방지하기 위한 것이 아니었다. 이런 것들은 원래 목적하는 바가 있어서 행하는 것이 아니다. 또 어찌 목적하는 것 때문에 중간에 이것들을 포기할 수 있겠는가? 목적하는 바가 있어서 행동하는 사람은 일단 목적하는 것이 없어지면 그 행위도 중지된다. 거리끼는 바가 있어서 하던 행동을 중지한 사람은 일단 외부의 거리끼는 것이 없어지면 행동을 다시 시작한다. 이런 행위는 다 외적인 요인 때문이며 자신 때문은 아니다. 정말 이렇게 된다면 자신의 선한 행동은 이미 근본이 없게 된다. 근원이 없는 물은 아침에는 불어났다가 저녁에는 없어진다. 근본이 없는 선행은 아침에는 열심히 시작하지만 저녁에는 게을러진다. 이런 것들을 우리가 어떻게 의존할 수 있는가? 그런데 많은 사람들이 이런 근원이 없는 일시적인 것에 삶의 가치를 부여한다.

관중은 환공이 태자 화의 의견을 따르려는 것을 말리면서 말했다.

　"제후들 간의 약속은 형벌, 예의, 은원 등 모든 것을 기록합니다. 만약 태자 화의 간계를 역사가들이 기록한다면 임금님께서 맺은 다른 군주들과의 약속은 사라지게 될 것입니다. 그래서 제후들로 하여금 태자 화의 간계를 기록하지 못하게 한다면 임금님의 성덕을 회손 하기에 충분할 것입니다."

　이 말을 들은 환공은 자신의 의견을 철회하고 관중의 뜻을 따랐다. 그러나 이런 결과는 간언의 등급으로 볼 때 군주에게 겁을 주어 두려움을 느끼게 만드는 방법이다. 관중의 진언은 군주의 마음을 진리로써 감동시키지 못하고 역사적인 사건과 군주의 명예욕을 이용하여 환공이 잘못된 결정을 내리지 않도록 했다. 만약 선행이 외적인 요인에 의존하여야만 한다면, 과거 사관(史官)들의 역사책이 없었다면 환공이 임의대로 행동하고 선행을 하지 않아도 된단 말인가? 관중의 간언은 자신의 군주를 마음속으로부터 외부의 사물을 극복하게 한 것이 아니라 오히려 외부의 사물로 마음을 다스리게 했다. 이것은 외적인 요인으로 마음의 본성을 제어한 것이다. 다행히 환공은 명예를 소중히 생각했기 때문에 이익을 추구하는 마음을 포기하고 마지막에는 관중의 간언을 받아들였다. 만약 환공이 명예 보다 이익을 추구하는 마음이 강했더라면 관중의 충언은 소용이 없었다.

이야기 다섯.
관중(管仲)의 마지막 간언

🌸 사건배경

기원전 643년, 제나라 환공에게는 부인이 셋 있었다. 그들은 왕희(王姬) 서영(徐嬴) 채희(蔡姬)였는데 모두 아들이 없었다. 환공은 여색을 좋아하여 사랑하는 여자가 많았다. 부인과 같이 대우를 받는 애첩도 여섯이나 되었다. 그 애첩 중에 장위희(長卫姬)는 무맹(武孟)을 낳고, 소위희(少卫姬)는 혜공(惠公)을 낳고, 정희(郑姬)는 효공(孝公)을 낳고, 갈영(葛嬴)은 소공(昭公)을 낳고, 밀희(密姬)는 의공(懿公)을 낳고, 송나라 화씨(华氏)의 딸은 공자 옹(雍)을 낳았다.

환공은 관중의 협력으로 소공을 송나라 양공에게 의뢰하여 태자로 세웠다. 그러나 옹무는 위나라 공희에게 사랑을 받았으므로 환관 견조의 추천으로 요리를 만들어 환공에게 보내어 환공의 사랑을 받게 되었다. 환공은 역아(요리사)에게 공희의 아들 무맹을 세워도 좋다고 말했다.

겨울 10월, 관중이 죽자 오공자들은 모두가 자신들이 왕위를 잇겠다고 싸웠다. 역아가 궁중으로 들어가 환관 견조와 함께 위나라 공희를 위해서 여러 대부들을 죽이고 공자 무휴를 왕위에 올렸다. 그래서 효공은 송나라로 도망갔다.

다음 해인 희공 2년(기원전 642)에 송나라 양공이 제후들을 거느리고 제나라를 정벌했고 3월에 공자 무휴를 죽이고 송나라에 변명을 했다. 송나라는 제나라 군대를 언에서 격파하고 소공을 왕으로 세워 놓고 돌아왔다.

🌸 해 설

기원전 645년, 관중(管仲)이 임종할 때가 되어 제나라 환공에게 충심어린 간언을 했다. 임금님의 신하 견조(堅刁), 역아(易牙), 개방(开方)으로 하여금 절대 권력을 장악하지 못하게 하라는 것이었다.

견조는 환공이 가장 신임하는 환관이다. 그는 본래 환관이 아니었으나 환공을 보좌하기 위하여 스스로 자원하여 환관이 되었다.

역아(易牙)는 전문 요리사다. 하루는 환공이 그에게 말했다.

"나는 다 먹어보았으나 인육은 먹어보지 못했다."

그날 저녁 만찬에 삶은 고기 한 접시가 올라 왔다. 매우 맛이 좋았다. 환공은 역아를 크게 칭찬했다. 그러자 역아가 말했다.

"이것은 3살 된 아이의 고기입니다. 저는 충신은 자신의 가족을 애석해 하지 않고 주군에게 드린다고 들었습니다."

그는 자신의 자식을 죽여 그 고기를 환공에게 바쳤다. 개방은 위(卫)나라의 귀족으로 환공을 15년간 섬기며 자신의 집에는 한번도 돌아가지 않았다. 위 세 사람은 목숨을 걸고 환공에게 충성을 다한 사람으로 환공은 그들에게 감탄을 하였다. 그러나 관중은 세 사람이 권력을 잡아서는 안 되는 이유를 다음과 같이 설명했다.

"인간성이란 자신보다 다른 사람을 더 사랑할 수는 없습니다. 만약 자신의 신체에 위해를 가할 수 있다면 다른 사람에게는 더 심한 독수를 가할 것입니다. 자신의 자녀를 사랑하지 않는 사람은 없습니다. 만약 자신의 자녀조차 희생을 시킨다면 다른 사람에게는 어떻게 하겠습니까? 자신의 부모를 사랑하지 않는 사람은 없습니다. 만약 15년 동안 자신의 부모를 한번도 생각하지 않았다면 부모조차 머리에서 지운 것입니다. 그러니 다른 사람이 그의 머리 속에 있겠습니까?"

환공이 관중에게 물었다.

"이 세 사람은 내 곁에서 오랜 동안 있었는데 당신은 왜 전에는 한번도 나에게 그들에 관하여 말하지 않았는가?"

관중이 대답했다.

"임군은 사생활에서 자신만의 기호를 즐깁니다. 그렇지 않으면 임군은 아무런 재미를 느낄 수 없습니다. 그러나 이 기호는 반드시 국가 대사를 망치게 만듭니다. 내가 죽기 전에는 임금님 곁에서 그것들을 방지할 수 있었지만 내가 죽은 후에는 아마도 그것들이 홍수처럼 불어나 나라를 무너뜨릴 것입니다."

관중은 인간이 부귀영화를 추구하는 것에 대해 관통하고 있었다. 그러나 불행히도 환공은 그렇지 못했다. 환공은 일생을 모두 관중의 보호 아래 보냈다. 그러나 이번만큼은 그렇지 않다고 생각했다.

2년 후인 기원전 642년, 환공은 병이 위중하여 침상에서 일어나지 못했다. 견조, 역아가 환공은 이미 이용가치가 없음을 발견하고 자신들의 충성심이 더 이상 자신들에게 이익을 가져다주지 못한 다는 것을 알게 되자 태자 소공(昭公)을 살해하기로 결심한다. 그들은 환공의 다른 아들 무맹을 옹립하려고 했다. 이렇게만 되면 그들은 아주 쉽게 재상이란 자리를 차지할 수가 있었다. 그래서 그들은 아무도 황제의 침실에 들지 못하도록 명령했다.

3일 후에도 여전히 환공이 죽지 않고 살아있자 견조, 역아가 갑자기

화를 내며 환공의 좌우 시종들을 전부 내쫓았다. 그리고 사방에 벽을 쌓아 임금의 침실을 외부와 단절시켰다. 결국 환공은 병상에서 굶어죽었다. 그가 사망한 후 시체에 구더기가 생겨 그 구더기가 담장 밖으로 기어 나오자 사람들은 환공이 죽은 것을 알았다. 세상에서 오륜을 넘어서는 가치는 거짓이기 쉽다. 그것은 충성과 사랑이란 말로 위장되기도 하지만 피가 물보다 진하다는 속담을 반증하는 것이기도 하다.

부친이 사망하자 태자 소공은 송나라로 도망가고 견조, 역아가 무맹을 임금으로 옹립하였고 개방(开方)은 또 다른 공자 반(潘)을 옹립하였다. 이외에 다른 공자들도 모두 스스로 국왕이라고 자칭했고 제나라는 혼란스러워졌다. 제나라의 수도 임치(臨淄)는 혼전이 벌어졌다. 이듬해, 송나라 군대가 태자 소공을 호송하고 귀국하여 왕으로 세우고 돌아갔다. 그러나 제나라의 시대는 이미 끝났다. 다행이라면 관중이 세운 법치주의의 기본에 따라 제나라는 비록 군사력이 감퇴했으나 시종 정치대국이었다는 것이다. 그러므로 후에 진(晉)나라가 패권을 잡았을 때 제나라만을 자신과 대등한 동맹국으로 대우했다.

이야기 여섯.
진晉나라 선진先軫의 간언

🌸 사건배경

기원전 627년, 진(晉)나라 선진(先軫)이 말했다.

"진(秦)나라는 대부 건숙(蹇叔)의 의견을 따르지 않고 다른 나라를 침략하려는 탐욕 때문에 백성들을 괴롭히고 있습니다. 이는 하늘이 우리 진(晉)나라에게 은혜를 내리는 것입니다. 이런 기회를 놓쳐서는 안 됩니다. 적을 용서해서는 안 됩니다. 적을 용서하면 화가 생기고 하늘에 거역하는 것은 상서롭지 못합니다. 반드시 진(秦)나라 군대를 정벌합시다."

이 말을 들은 난지(欒枝)는 진(秦)나라에 대한 공격을 반대하면서 말했다.

"아직 진(秦)나라로부터 받은 은혜를 갚기도 전에 진(秦)나라를 치는 것은 우리 임금님을 죽이는 결과가 된다고 생각하지 않습니까?"

선진(先軫)이 다시 말했다.

"진(秦)나라가 우리 진(晉)나라의 국상(진나라 문공의 죽음)을 슬퍼하지 않고 우리와 같은 성인 활(滑)나라를 정벌했소. 그러니 진(秦)나라는 예의가 없는 나라요. 그런데 어째서 옛날에 받은 은혜를 언제까지나 은혜로만 생각할 필요가 있겠소? 듣건대 하루라도 적을 놓아두면 몇 세대가 지난 후손에까지 화가 된다고 했소. 지금 진(秦)나라를 정벌하는 것은 우리 후손들을 위해서지요."

그리고 그는 명령을 내려 강융(姜戎)에게 통고하고 출병을 재촉했다. 양공(襄公)은 상복을 검게 물들여 입고 흰 띠를 두르고 진격했다. 진(晉)나라는 효산에서 진(秦)나라 군대를 격파하고 적장 맹명시(孟明視) 서걸술(西乞術) 백을병(白乙兵)을 사로잡아 서울로 돌아왔다.

죽은 문공의 부인 문영(文嬴, 秦나라 공주)이 포로로 잡혀온 세 장군을 용서해 줄 것을 진(晉)나라 양공에게 요청하며 말했다.

"그들은 실수로 우리 진(晉)나라와 진(秦)나라를 싸우게 했습니다. 우리 아버지(진 목공)가 혹 그들을 생포해서 그 고기를 씹어도 시원치 않을지 모릅니다. 그런데 임금님께서 어찌 욕되게 그들을 죽이겠습니까? 그들을 진(秦)나라에 돌려보내어 처형을 받게 하여 아버지의 마음을 위로하는 것이 어떻겠습니까?"

양공은 부인의 말을 듣고 포로들을 용서하고 진(秦)나라에 돌려보내라고 명령했다. 이때 등청한 선진(先軫)은 양공에게 진(秦)나라 포로의 동정을 물었다. 양공이 선진에게 말했다.

"부인이 그들을 용서해 줄 것을 원하므로 내가 그들을 사면해 주었다."

선진은 이 말을 듣고 임금에게 화를 내면서 말했다.

"군사들이 목숨을 걸고 전쟁터에서 적장을 사로잡았는데 부인의 몇 마디 말로 죄인을 사면해 주고 포로를 도망치게 하여 적을 강하게 했으니 진(晋)나라가 망할 날도 얼마 남지 않았습니다."

그는 이렇게 말하고는 임금에게 침을 뱉고 뒤도 돌아보지 않고 나갔다. 양공은 곧 잘못을 깨닫고 양처보(阳处父)로 하여금 포로들을 뒤쫓게 했으나 그들은 이미 배를 타고 강을 건너고 있었다. 양처보는 자신이 타고 있던 수레를 끄는 말을 풀어 놓아 양공의 선물이라고 하고 말을 맹명시에게 보내면서 그를 잡으려고 했다. 그러자 맹명시는 배 안에서 양처보에게 머리를 조아리면서 말했다.

"진(晋)나라 임금님의 은혜로 이 몸을 죽여 북에 피를 바르지 않고 우리나라로 살려 돌려보내어 우리나라(秦)에서 처형당하게 하시니 감사드립니다. 우리 임금님이 우리를 손수 처형한다면 죽어도 이름은 썩지 않을 것입니다. 만일 우리 임금님이 양공 때문에 죽음을 사면해 준다면 3년 후에 당신의 임금에게 은혜를 갚겠습니다."

진(秦)나라 목공은 흰 상복을 입고 교외에 노숙을 하면서 돌아오는 병사들을 향하여 울면서 말했다.

"과인이 건숙의 말을 듣지 않다가 여러분을 욕되게 했으니 이는 과인의 잘못이다. 맹명시 그대에게 무슨 죄가 있겠는가? 또 나는 단 한 번의 잘못 때문에 지금까지의 큰 공을 저버리는 일은 하지 않겠다."

그러므로 진나라 목공은 포로로 잡혔던 맹명시의 직책을 바꾸지 않았다. 여름에 적(狄)이 진(晋)나라를 정벌하여 진나라의 기(箕) 지방까지 쳐들어 왔다. 8월에 진나라 양공은 적의 군대를 기에서 격파했다. 그때 극결은 백적의 임금을 사로잡았다. 진나라 선진이 말했다.

"천한 제가 임금님께 버릇없이 굴었는데도 임금님께서는 나의 죄를 묻지 않으셨다. 내가 나가서 적나라를 토벌하지 않을 수 없다."

그는 투구를 벗고 적의 군대 속으로 용감히 진격했다가 전사했다. 그래서 적나라 사람들이 선진의 머리를 진(晉)나라로 돌려보냈는데 그 얼굴이 산 사람과 같았다.

🍀 해 설

중이(重耳)가 사망한 이듬해인 기원전 627년, 진(秦)나라는 총사령관 맹명시(孟明視)에게 명령하여 진나라의 정예부대를 통솔해 정(郑)나라를 습격한다. 원래 진(秦)나라는 일부 군대가 정나라 근처에 주둔하고 있었다. 그들은 정나라가 진(晋)나라와 친근해지는 것을 보고 불안하여 자국 정부에 보고를 했다. 만약 자신들이 급습을 하면 정나라를 멸망시킬 수 있었다. 그러나 이 일은 지리적으로 상당히 곤란한 점이 있었다. 진(秦)나라 수도 옹읍(雍邑)과 정나라 수도 신영(新颖)은 600㎞정도 떨어져 있고 특히 지형이 험악하여 서둘러 행군을 해도 30일 이상 걸렸다. 그러므로 상대 국가를 공격하는 비밀을 유지하기가 매우 힘들었다.

이런 상황에서 진(秦)나라 군대가 공격을 감행하여 정나라에 80㎞정도 남았을 때 정나라 부근의 활국(滑国 : 河南 偃师 동남)에 이미 이 소식이 전해졌다. 정나라 상인 현고(弦高)는 소 떼를 끌고 낙양으로 팔러가는 중이었다. 그는 즉시 정나라의 사신으로 위장을 하고 소 떼를 진(秦)나라 군대로 몰고 가서 정나라 왕의 명령을 받들어 맹명시의 군대를 위문하러 왔다고 전했다. 맹명시는 너무 놀라 말을 더듬으며 현고에게 그가 온 목적은 정나라를 공격하려는 것이 아니라 활국을 공격하려는 것이라고 말했다. 그는 자신의 말이 거짓이 아님을 증명하기 위하여 정말로 엉뚱하게 활국을 공격하여 멸망시킨 후 후퇴를 했다. 이것은 분명히 맹명시의 실수였다. 활국이 망하는 것을 보면서 활국과 같은 성을 가진 진(晋)나라는 진(秦)나라를 공격해야 한다고 주장했다.

그런데 참극은 맹명시가 후퇴하는 도중에 일어난다. 낙양에서 서쪽으로 관중(关中) 지역에 동서로 연결된 180㎞에 달하는 효산산맥(崤山山脉 : 200년 후 기원전 5세기, 秦나라가 이 지역을 완전히 수중에 넣은 다음 서쪽 끝에 유명한 函谷关을 지어 秦나라 동쪽 대문으로 삼는다)이 있다. 효산산맥의 주봉은 1850미터로 기암절벽이 즐비하다. 이곳은 수레 한대만 겨우 지날 수 있는 좁은 길로 요새중의 요새이다. 진(秦)나라 군대가 몰래 공격할 때는 상대의 저지를 당하지 않았지만 지금은 진(晋)나라 대군이 매복을 하고 있는 상황이었다. 진(秦)나라 군대는 이곳에서 진(晋)나라에게 기습을 당하여 전차 300량과 3000여명의 군사들을 모두 잃고 맹명시를 비롯한 장군들이 진(晋)나라에 사로잡힌다. 진(晋)나라의 선왕이었던 중이는 과거 진(秦)나라의 도움으로 왕이 되었다. 그러므로 역사가들은 이 전쟁을 평가하면서 '세상에서 자신의 위급함을 매번 도와준 나라를 배반하고 위기에 처하게 만드는 나라가 있다면 그것은 바로 진(晋)나라다'고 말한다. 따라서 진(晋)나라가 이번에 진(秦)나라를 공격한 것은 은혜를 원수로 갚은 격이다. 이후 양국은 불공대천의 원수가 되었다. 그러므로 난지(栾枝)가 진(秦)나라에 대한 공격을 반대하면서 "아직 진(秦)나라로부터 받은 은혜를 갚기도 전에 진(秦)나라를 치는 것은 우리 임금님을 죽이는 결과가 된다."고 주장한 것이다.

　진(晋)나라 양공과 선진의 심정 변화를 보면서 사람에게 생기기 가장 어려운 것이 회개하는 마음이고 지키기가 가장 어려운 것도 회개하는 마음인 것을 알겠다. 그런데 보통 사람이나 흉악한 사람이나 다 회개를 한다. 심지어 위선자도 회개로 자신을 장식하고 어리석은 사람도, 욕심 많은 사람도, 거짓말을 잘 하는 사람도 모두 회개를 한다. 그러나 사람들은 회개를 한 후 이번에는 이 마음을 지키기가 어렵다고 고민을 한다. 회개하는 마음이 이제 막 생겼는데 후회도 되고 부끄럽고 잘못된 것 같고 자신을 탓하고 회개하는 마음을 유지하려는 고민 때문에 불안하여 하루도 편할 날이 없다. 만약 더 강한 방법을 사용하여 회개하는 마음을 유지하지 못하면 점점 마음이 풀어져서 자신을 방종 하는 지경에 이르 게 된다. 회개하는 마음을 지키지 못하여 과거로 돌아가 자신이 부끄러 운 사람은 마음이 더욱 위축되고 부끄러워 자포자기하는 지경에 빠져버 린다. 특히 자신이 혐오스러운 사람은 세상이 더 귀찮고 힘들어서 자신 에게 분노하는 지경에 빠진다. 그렇지 않으면 선진과 같이 자신이 잘못 했다고 생각하는 사람은 격동적으로 변하여 자신을 해치는 지경에 빠진다. 회개하는 마음은 확실히 사람들을 착하게 만들지만 이처럼 사람들을 더욱 나쁜 상황으로 만들 수도 있다. 나는 선진(先軫)의 죽음을 보면서 그의 회개하는 마음을 존경하지만 그가 자신을 끝까지 사랑하지 못한 것이 너무도 안타깝다.

선진(先軫)이 임금과 신하의 신분의 차이를 생각하지 않고 진나라 양공에게 침을 뱉으며 욕을 한 것은 예법에 어긋난 것이다. 그래서 선진은 과거 임금에게 범한 잘못을 깊이 회개하고 기(箕) 지방의 전투에 서 갑옷을 벗고 용감하게 싸우다 적(狄)나라 사람의 손에 허무하게 죽고 말았다. 그가 만약 회개하는 마음을 유지할 방법이 있었다면 하루 안에 이성(理性)으로 욕망을 극복하여 자신을 예법에 맞는 상황으로 되돌렸을 것이다. 그러나 그는 이렇게 할 방법을 알지 못했다. 그래서 대장군으로서 삼군을 통솔하는 중책을 맡고도 오히려 자신의 몸을 가볍게 여겨 전투에서 허무하게 사망하여 적들에게 비웃음을 사고 말았다. 선진의 이런 잘못된 행동은 회개한 것 때문이 아니라 회개하는 마음을 제대로 유지할 수 없었기 때문이다.

회개를 했으나 그것을 지킬 힘이 없는 사람은 자신의 행동을 좋은 쪽으로 고치기가 불가능하다. 사람은 회개를 하고 마음을 잘 다스려야 그 마음을 유지할 수 있다. 만약 선진이 정말로 자신의 회개한 마음을 유지해서 편안하고 즐거운 상황이었으면 자신의 생명을 그렇게 허무하게 버릴 필요는 없었다. 인간은 강한 것 같지만 너무 나약한 존재이다. 선진에게서 보듯이 회개하는 마음은 그 자체로 족하다. 이 마음을 상대가 알아주지 않는다고 고민할 필요는 없다. 회개는 나 자신과의 싸움이며 약속이기 때문이다. 선진은 이것을 몰랐다. 죄를 범한 사람이 처벌을 받고 회개한 후 재범을 하지 않으면 된다. 과거의 죄 때문에 선진처럼 고통을 받다가 더 큰 잘못을 범하는 경우를 본다. 정말로 슬프다.

이야기 일곱.
초나라 대부 범산范山의 간언

🏵 사건배경

기원전 618년, 초나라 대부 범산(范山)이 초나라 목왕(穆王)에게 말했다.

"진군(晋君)은 나이가 어려서 제후들을 통치할 생각을 하고 있지 않으니 북벌정책을 도모할 수 있습니다."

그래서 초나라 목공은 낭연(狼渊) 땅에 군대를 진격시켜 정(郑)나라를 치고 대부인 공자 견(坚) 공자 방(尨) 및 악이(乐耳)를 사로잡았다. 그리하여 정나라는 초나라와 마지못해 화평하게 된다.

이때 노나라의 공자 수(遂)는 진(晋)나라의 조순(赵盾), 송나라의 화우(华耦), 위나라의 공달(孔达), 허나라의 대부와 힘을 합쳐 정나라를 구원하려고 했으나 초나라 군대가 이미 정나라에서 물러났기 때문에 싸울 수가 없었다.

🌺 해 설

진(晋)나라 영공(灵公)이 처음으로 작위를 계승할 당시 그의 도덕적 결함이 아직 세간에 알려지지 않았었다. 국내에서는 신하 난(栾), 각(却), 서(胥) 등이 측근에서 영공을 보필했으나 『좌전』은 그들이 간언한 내용을 기록하고 있지 않다. 진(晋)나라와 가까운 송(宋) 위(卫) 진(陈) 정(郑)나라가 앞을 다투어 조공을 올렸으나 『좌전』에는 진(晋)나라에 대한 그들의 원한이나 비방하는 말을 기록하지 않았다.

그런데 초(楚)나라 대부 범산(范山)은 진나라와는 거리가 먼 방성(方城)과 한수(汉水) 근처에 살면서 도대체 어떻게 진나라 영공에 대하여 알 수 있었으며 북방정책을 수립할 수 있었을까? 우리는 범산이 영공을 평가한 말의 의미를 추측할 수는 있다. 왜냐하면 지리나 형세로 볼 때 사람들은 자연히 가까운 곳을 잘 알고 먼 곳은 소홀하게 된다. 그리고 인정이나 이치로 볼 때 당연히 가까운 곳은 정 때문에 가려져서 혼미하고 먼 곳은 그런 것이 없으므로 있는 그대로 명확히 드러난다. 예를 들어 장관을 옆에서 모시는 사람들에게 그 장관에 대한 능력을 알아보거나 가까운 관청의 내부 사정을 알아보면 갑은 그렇다하고 을은 아니라고 한다. 항상 일치하는 대답을 얻을 수 없다. 그런데 멀리 시골에 가서 글자도 모르는 농부를 만나 서로 땅에 그림을 그려가며 장관의 현명함과 능력에 대하여 알아보면 장관에 대하여 갑론을박하던 흑백이 명확하게 가려진다. 시골 사람들은 관청을 구경도 한 적이 없고 장관의 그림자도 본 적이 없다. 그런데 어떻게 장관에 대해 알 수 있을까? 이것은 장관 근처의 사람들은 장관에 대한 사랑과 미움 때문에 이미 눈과 귀가 가려졌고 장관과 이해관계가 없는 멀리 있는 사람들이 보다 객관적으로 분명하게 그들의 능력을 파악하기가 쉽기 때문이다. 그러므로 장관과 관료에 대한 객관적인 비방과 찬양은 황량한 들판이나 시골에서 더 잘 알 수 있다. 옛날 임금이 미복을 하고 신하들과 같이 고을을 다니며 일반 백성들에게 정치에 대한 생각을 들어본 것은 이런 연유이다.

진나라 영공은 임금이 될 그릇이 아니었다. 그는 사람을 함부로 도살했다. 이것을 세상은 몰랐으나 범산은 홀로 알고 있었다. 그렇다면 범산의 식견이 다른 사람보다 출중한 것인가? 아니면 신하들이 임금의 총애를 입어 모두 눈이 어두워진 것인가? 경대부(卿大夫)는 임금이 직접 정치명령을 하달하는 대상이다. 그는 임금을 존경해야한다는 사실에 눈이 가려서 영공의 진정한 능력을 몰랐다. 진나라와 같이 혈맹을 맺은 제후들은 영공의 군대가 보여주는 위엄과 권위에 눈이 가려 두려움 속에서 영공의 능력을 파악할 수 없었다. 단지 범산만이 멀리 초나라의 조정에서 초나라의 월급을 받으며 진나라 영공의 은총과 권위가 자신에게 미치지 않으므로 그것을 알 수 있었다.

과거 5·18 광주사태가 발생했을 때 국내에서는 광주의 상황을 자세히 알 수 없었지만 오히려 미국이나 독일에 사는 동포들이 국내의 상황을 상세히 알고 있었던 것과 같다. 지금도 북한의 핵개발 문제로 우리나라를 둘러싼 6자회담의 방향이 오리무중이다. 지금 우리는 범산과 같은 사람의 지혜가 절대로 필요하다.

이야기 여덟.
초나라 대부 신숙시申叔时의 간언

🍀 사건배경

기원전 600년, 진(陈)나라 영공(录公)은 경대부인 공녕(孔宁), 의행보 (仪行父)와 함께 하희(夏姬)와 정을 통했다. 세 사람은 모두 하희의 속옷 을 가슴에 품고 조정에서 희롱을 했다. 이를 본 대부 설야(泄冶)는 임금에게 간언을 했다.

"공과 경들이 음란한 행동을 보인다면 백성들이 본받지 않겠습니까? 또 외국에도 소문이 좋지 않을 것입니다. 임금님께서는 그 속옷을 거두 시옵소서."

그래서 공녕과 의행보는 자신들의 약점을 아는 설야를 임금에게 죽이라고 청탁을 했고 임금이 이것을 금하지 않았기 때문에 그들은 설야를 죽여 버렸다.

이듬해 진(陈)나라 영공(录公)은 공녕(孔宁), 의행보(仪行父)와 함께 하씨(夏氏)의 집에서 술을 마셨다. 영공이 행보에게 "징서(徵舒:夏姬의 아들)는 자네를 닮았네."라고 하자 행보는 "또한 임금님도 닮았습니다." 라고 말했다. 징서는 이 말을 듣고 가슴 아프게 생각했다. 영공이 연회석 에서 돌아가려고 할 때 그는 마구간에서 활을 쏘아 영공을 죽였다. 나미지 두 사람은 당황하여 초나라로 도망을 갔다.

초나라 장왕은 진나라 하징서의 난을 핑계 삼아 진(陈)나라를 쳤다. 그는 진나라에 들어가 하징서를 죽이고 성문인 율문(栗门)에서 시체를 찢었다. 그리고 진나라를 멸망시켜 초나라의 현으로 만들고 하희를 데리고 돌아왔다. 이즈음 초나라의 대부 신숙시(申叔时)는 제나라에 사신으로 갔다가 임금에게 귀국보고만 하고 물러났다. 장왕은 기분이 나빴다. 그는 사람을 보내어 신숙시를 책망했다.

"하징서가 무도한 짓을 하여 그의 임금을 죽였기 때문에 과인은 제후를 거느리고 토벌하여 그를 죽였다. 제후들은 모두 나에게 축하의 말을 하는데 그대는 홀로 과인에게 축하의 말을 하지 않는 것은 무슨 이유인가?"

신숙시는 장왕에게 대답을 했다.

"하징서가 자신의 임금을 죽인 것은 그 죄가 큽니다. 그를 토벌하여 죽이신 것은 임금님의 의로운 행동입니다. 그러나 속담에 '소를 끌고 남의 밭을 짓밟으면 사람들이 반드시 그 소를 빼앗는다.'고 하였습니다. 제후들이 초나라를 따른 것은 죄를 지은 자를 토벌한다는 명분 때문이 었습니다. 그런데 이제 진나라를 초나라의 일개 현으로 만들고 하희를 데려온 것은 임금님께서 남의 재산과 여인을 탐낸 것입니다. 타인의 죄악을 토벌한다고 제후들을 불러놓고 제후들에게 자신의 욕심만 보여 주고 돌아가게 한 것은 옳은 일이 아닙니다."

초나라 장왕은 대답했다.

"훌륭하다. 나는 아직까지 그런 말을 듣지 못했다. 진나라에게 그 땅을 되돌려주면 되겠는가?"

신숙시는 다시 말했다.

"좋습니다. 속언에 '남의 품속에서 빼앗은 것을 되돌려 준다.'고 하는 격입니다."

그래서 초나라 장왕은 진(陳)나라의 땅을 다시 돌려주었고 각 마을마다 한 사람씩을 데리고 와서 초나라에 거주시키고 그곳을 하주(夏州)라고 불렀다.

🌸 해 설

하희(夏姬)는 남편이 죽자 진(陈)나라 대신 공녕, 의행보 등과 사통하고 두 사람의 소개로 진나라 영공을 자신의 정부로 만든다. 그들은 자신들의 공통 아들이 된 하징서를 학대하는 것을 즐겼다.

기원전 599년, 하징서는 진나라 영공의 희롱을 참지 못하고 영공을 살해한다. 이에 놀란 공녕과 의행보는 초나라로 도망가 초나라 장왕에게 상황을 보고한다. 초나라 왕은 자신의 패권을 성취할 기회로 보고 '간신과 도적'을 토벌한다는 핑계로 전쟁을 일으켜 진(陈)나라를 토벌한다. 진나라는 초나라를 당하지 못하여 망하고 하징서는 잡혀 죽는다. 장왕은 그의 시체를 성문에서 찢었다. 그런데 하징서의 모친인 하희의 미모가 장왕의 마음을 흔들었다. 그는 하희를 궁궐로 데리고 왔다. 장왕의 신하 하숙시는 임금에게 경고를 한다.

"대왕께서 의리에 입각하여 군대를 일으켰고 모든 나라들이 다 대왕을 존경했습니다. 그런데 지금 전쟁의 원흉을 죽이고 그 어미를 처첩으로 거두신다면 사람들이 대왕을 호색한이라고 욕할 것이며 초나라의 패권에도 영향을 줄 것입니다."

초왕 장공도 그의 말이 매우 일리가 있다고 생각하며 감탄했다. 그런데 마침 왕자가 하희를 자신에게 줄 것을 요청했다. 하숙시는 왕자에게 말했다.

"저 여인은 불길한 여인입니다. 그녀를 위하여 이미 왕이 한명 죽고 한 나라가 망했습니다. 만약 그녀를 부인으로 취하시면 반드시 후회를 할 것입니다."

초나라 장왕이 말했다.

"과연 불길한 여인이다. 그녀를 건드리지 않는 것이 좋다."

그러자 왕자가 화를 내며 말했다.

"내가 그녀를 포기하는 것은 좋지만 하숙시도 그녀를 포기해야 합니다."

하숙시는 완곡한 어조로 말했다.

"그게 무슨 말씀이십니까? 제가 어찌 그렇게 사악한 마음을 품겠습니까? 저는 단지 국가를 위한 마음 뿐 입니다."

마침 그때 또 다른 대신 양노(襄老)의 처가 죽었다. 장왕은 하희를 양노에게 주었고 하희는 대신의 부인이 되어 전처의 아들과 사통했다.

진나라 대신 하어숙의 부인 하희는 정나라 왕의 딸로 하징서를 낳은 후 남편이 죽었다. 하희는 절세의 미녀였다. 그러나 그녀는 세 남편[陳의 夏御叔, 초의 양노, 신공 무신]과 한 임금[陳의 영공]과 한 아들[하징서]을 죽이고 한 나라[陳]와 두 경[공녕(孔宁), 의행보(仪行父)]을 망하게 했다. 아마도 하희는 당시 세상에서 가장 매력적인 여성이었지만 남자들에게 이용만 당한 희생자였을지 모른다. 그러므로 지도자는 이런 미녀 보다는 이런 미녀를 소개하는 사람을 더 경계해야만 한다.

이야기 아홉.
초나라 간신 비무극(費无极)의 간언

🌸 사건배경

　기원전 522년, 초나라 대부 비무극(費无极)이 초나라 평왕에게 말했다.

　"태자 건(建)과 오사(伍奢)가 방성(方城) 밖에서 반란을 일으키려 하는데 제나라와 진(晉)나라가 그들을 송나라나 정나라와 동급으로 보고 도우려 하니 장차 우리나라에게 해가 될 것입니다. 그들이 꾸미는 일이 거의 다 이루어져 갑니다."

　그래서 평왕은 그 말을 믿고 오사에게 물었다. 이에 오사는 대답했다.

　"임금님께서는 며느리 감을 아내로 취하신 그 한 번의 잘못도 크신데 어쩌자고 또 간신이 참소하는 말을 들으십니까?"

　이에 평왕은 자신을 비방한 오사를 체포하고 성보의 사마 분양(奮揚)에게 태자를 죽이라고 명령했다. 분양이 도착하기 전에 태자가 송나라로 도망을 갔다.

비무극은 평왕에게 또 참언을 한다.

"오사의 아들은 재주가 많습니다. 만일 오나라로 망명하면 반드시 우리 초나라에게 화근이 될 것입니다. 어째서 아비를 사면하여 준다는 구실로 그의 아들들을 부르시지 않습니까? 그의 아들들은 효성이 지극하여 반드시 올 것입니다. 그렇지 않으면 장차 초나라의 근심이 될 것입니다."

그래서 평왕은 오사의 죄를 사면해 준다는 핑계로 오사의 아들들을 불렀다. 당읍(棠邑)의 책임자로 있던 오사의 장남 오상(伍常)이 동생 오원(伍員: 伍子胥)에게 말했다.

"너는 오나라로 가거라. 나는 아버지와 함께 죽으러 간다. 나의 지혜가 너만 못하니 나는 죽을 것이지만 너는 우리를 위하여 원수를 갚아야한다. 아버지의 생명이 사면된다는 소식을 듣고 자식 된 도리로 안 갈 수도 없고 육친이 죽임을 당했는데 원수를 갚지 않을 수도 없다. 죽음을 무릅쓰고 아버지를 살리는 것은 효(孝)이고 성공할 것을 헤아려 행동하는 것은 인(仁)이다. 책임 맡은 바를 골라 가는 것은 지(知)이고 죽을 줄 알고 피하지 않는 것은 용(勇)이다. 아버지를 버릴 수도 없고 명예도 무시할 수 없다. 너는 우리의 복수를 하도록 해라. 둘이 같이 가서 죽는 것보다 났다."

오상은 아버지에게로 갔다. 아버지 오사는 오원이 오지 않았다는 소리를 듣고 '초나라 임금과 대부들이 마음을 놓고 식사를 할 수 있을까?'라고 했다. 초나라는 오사와 오상 부자를 죽여 버렸다. 오원은 오나라로 가서 오나라 왕 주우에게 초나라를 정벌해야 할 이유를 들어 그를 설득했다.

🌸 해 설

권력의 정점에 있는 사람보다는 그 밑에 있는 사람들이 야망을 갖고 항상 자신들의 권력을 유지하기 위하여 더 큰 모함과 정변을 일으킨다.

기원전 529년, 초나라 왕 위(圍)의 동생 기질(弃疾)이 정변을 일으켜 위는 스스로 자살을 한다. 위의 또 다른 동생인 비(比)가 왕위에 오르지만 역시 기질에게 몰려 자살을 한다. 기질은 결국 스스로 초나라 평왕이 되고 자신의 아들 건(建)을 태자로 임명한다. 초나라 평왕은 진(晉)나라를 제압하기 위하여 진(秦)나라와 연합한다. 그는 자신의 아들 건과 진(秦)나라 왕의 여동생 영(嬴)을 결혼시키려 했다. 영은 소설가들이 말하는 무상공주(无祥公主)이다.

기원전 526년, 평왕은 대신 비무극(費无极)을 진(秦)나라로 파견하여 공주 영을 영접하도록 한다. 비무극은 야심만만한 정치인이었다. 그는 영을 초나라 수도로 영접한 후 즉시 평왕에게 영이 절세가인이고 천하무쌍의 미녀이므로 왕께서 부인으로 맞이하는 것이 더 좋을듯하다고 말한다. 평왕은 그의 제안을 흔쾌히 받아들인다. 그러므로 영은 궁궐로 들어가서 왕의 첩이 된다. 비무극은 제나라에서 자란 소녀를 골라 공주 영이라고 속여 태자 건에게 시집을 보낸다. 일년이 지난 후 영은 평왕의 아들 진(轸)을 낳았고 이 추문은 점차 퍼져갔다. 평왕은 부인 영에게 미안한 마음이 있어 소문을 해결하려고 했으나 방법이 없었다. 여론이 점차 나빠져 가자 대신 비무극은 긴장을 했다. 만약 현재의 평왕이 사망한 후 지금 태자 건이 왕이 되면 자신의 정치적 야망은 고사하고 인생의 악몽과 같은 결말이 눈에 보이는 것 같았다. 그래서 그는 건을

살해하기로 결심한다. 자신의 앞날은 영과 그녀의 아들 진(軫)이 보장해
줄 것이라고 믿었기 때문이다. 그의 계략과 종용으로 부인 영에게 미안
한 마음을 가지고 있던 초나라 평왕은 태자 건을 궁궐에서 축출하여
북쪽 국경선을 지키게 했다. 그 다음 비무극은 건이 오사와 함께 역모를
꾀한다고 모략을 꾸미며 건을 살해하고 진(軫)을 태자로 옹립할 계획을
세운다.

비무극은 이런 면에서 천재였다. 그는 "모반"이라는 비밀무기를 개발
하여 정적들을 물리치는 데 사용하였다. 기원전 522년, 평왕은 태자
건의 스승 오사(伍奢)를 불렀다. 그는 마치 사실인 것처럼 물었다.

"태자가 모반을 했는데 너는 왜 도망가지 않았는가?"

오사는 왕과 직접 대면하여 말했다.

"왕께서 이미 며느리를 훔치셨는데 이제 아들까지 죽이려 하시다니
당신은 그토록 잔인합니까?"

이 말은 평왕을 거의 미치게 만들었다. 그는 오사를 감옥에 가두었다.
건은 국경 지방의 성보(城父)에서 자신의 스승인 오사가 투옥을 당했다
는 소식을 듣고 송나라로 도망갔다. 평왕은 마음먹은 대로 진(軫)을
태자로 세웠고 비무극을 태자의 사부로 임명했다. 관습상 태자로 등극
한 후 태자의 사부는 재상을 맡았다. 비무극의 오랜 숙원이 지금 그가
마음먹은 대로 실현되는 순간이었다.

그러나 오사는 반드시 사형시켜야 했다. 그의 장자 오상, 차자 오자서
는 모두 상당한 지혜가 있었다. 평왕은 후환을 없애려고 오사로 하여금
두 아들에게 편지를 쓸 것을 명령한다.

"너의 두 아들이 돌아오면 너희를 함께 사면해 주마."

오사는 아들에게 편지를 썼다. 형 오상은 죽을 것을 알면서도 귀국을 결심하자 동생 오자서가 형에게 경고를 한다.

"나는 폭군과 무능한 임군을 믿지 않는다."

그래서 형제는 헤어졌다. 오상은 사신을 따라 초나라 수도 영(郢)으로 가고 오자서는 망명을 한다. 오상이 영에 도착하자 부자는 동시에 참수를 당했다. 오자서는 송나라로 망명을 하여 태자 건과 합친다. 그때 공교롭게도 송나라에 정변이 일어나 두 사람은 다시 정나라로 망명을 한다. 그들이 정나라에 도착했지만 태자 건이 정나라의 실패한 정변에 연루되어 살해당하고 만다. 오자서는 태자 건이 제나라 소녀와의 사이에서 낳은 4살 된 아들 승(勝)을 업고 탈출에 성공한다. 그러나 그들은 갈 곳이 없었다. 그는 새로 생긴 오나라로 간다. 오나라는 초나라의 배후에서 초나라와 전투를 하고 있어 그를 흔쾌히 받아주었다. 이제 그의 복수는 시작된 것이다.

| 제Ⅲ부 | 처신편

아는 것을 묻는 이유는 ?
완전한 의리義理를 위하여
해야 할 일과 해서는 안 될 일
욕심과 인색함은 한가지이다
자신의 능력을 알고 처신하라
진晉나라 대부 이극里克의 중심
노魯나라 장문중臧文仲의 탐심
진晉나라 장군 낭심랑심狼瞫의 죽음
초楚나라 장군 무외无畏의 죽음

이야기 하나.
아는 것을 묻는 이유는?

🌸 사건배경

기원전 718년, 노나라 환공(桓公)의 어머니 중자(仲子)의 사당이 준공되어 준공식에서 만(万 : 文舞와 武舞의 총칭. 문무는 일명 龠舞라고도 하며 왼손에 피리를 오른손에 꿩의 깃을 장대에 맨 것을 쥐고 춤을 추며, 武舞는 일명 干舞라고도 하며 왼손에는 붉은 방패를 잡고 오른손에는 옥척을 잡고 춤을 추었음)이란 무악(舞乐)을 연주하게 되었다. 그래서 은공(殷公)이 꿩의 깃털을 잡고 춤출 사람의 수를 대부 중중(众仲)에게 물었다. 중중은 은공에게 대답했다.

"천자는 팔일무(八佾舞)로 64인, 제후(诸侯)는 육일무로 36인, 대부(大夫)는 32인, 사(士)는 16인의 무용수를 사용하여 춤을 춥니다. 춤이라는 것은 여덟 가지의 소리를 조화하여 팔방의 바람을 잘 통하게 하고 음양과 절기를 잘 조절하는 것입니다. 그러므로 제후는 64인 이하를 사용하는 것입니다."

　은공이 중중에게 춤추는 사람의 숫자를 몰라서 물은 것은 아니다. 은공은 이미 어떻게 할 것을 결정하고 그 근거가 필요했다. 이런 일이 있은 후 노나라는 처음에 팔일무를 추다가 은공 이후 제후의 신분과 계급에 맞는 육일무로 춤을 바꾸었다.

🌸 해 설

질문은 경우에 따라서 몰라서 묻는 것이 아니라 불안해서 묻는 경우도 있다. 우리가 외출을 하기 위하여 대문을 잠그고 집을 나올 때, 집안의 가스를 잘 잠갔는지 전기 불을 잘 껐는지를 스스로 이미 알고 있지만 옆의 사람들에게 다시 여러 번 확인을 한다. 사실 이것은 자신이 확실히 알고 있으면 그리고 불안하지 않으면 다른 사람에게 질문할 필요가 없다.

은공은 노나라에서 태어나 그곳에서 성장하여 노나라의 임금이 되었다. 그가 보아온 노나라의 무용음악은 춘하추동의 제례 때에 항상 사용한 것이었다. 그러므로 그는 이미 제사를 수도 없이 보아왔고 춤을 추는 동작에서 춤사위가 축소되거나 확장되는 악무(乐舞)의 위치가 몇 차례인지도 잘 안다. 그런데 그가 중자(仲子)의 사당에 올릴 제례를 위하여 춤추는 사람의 숫자를 중중에게 물었다. 그가 정말로 몰라서 그런 질문을 한 것인가? 그것이 아니라 그는 매우 불안했기 때문이다.

노나라는 주나라 성왕(成王) 때부터 천자의 음악을 사용하여 주공에게 제사를 드렸다. 이것은 노나라 은공에 이르기까지 수백 년 간 변함이 없었다. 주나라 성왕은 천자의 음악을 좋아했고 이 음악을 노나라에 전수했다. 또 백금(伯禽 : 주공의 아들로 노나라의 초대 임금)이 현명하게 이것을 받아들였다. 그러나 사람들은 이것이 잘못된 것을 몰랐고 이 제도는 여러 제후들의 제사에도 적용되었다. 그런데 은공은 수백 년 후에 출생하여 혼자서 지난 수백 년 간의 잘못에 대하여 회의를 품었다. 그래서 근심에 싸이고 불안하여 하던 중 이런 질문을 했다. 은공의 자질은 출중했다. 중중(众仲)이 그에게 선왕의 합리적인 예악제도에 관하여 설명을 했고 육일(六佾)의 무곡이 중자의 사묘에서 다시 연주된 것은 천자와 제후의 상하의 관계를 바로 잡은 것이었다.

그런데 은공의 질문은 단지 중자의 사당에 대하여만 언급한 것이 아니라 중자의 사당을 빌어 당시의 예악에 대한 현상을 질문한 것이다. 그러므로 중중은 은공에게 당연히 다음과 같이 대답했어야 했다.

"주공이 예악제도를 만들어 악무를 창작하자 천하가 태평하게 되었습니다. 천자는 팔일무(八佾舞)를 제후는 육일무를 사용합니다. 이것이 주공이 제정한 악무입니다. 주공은 자신이 창작한 악무의 숫자와 군신의 상하관계가 천하에 영원히 전해지기를 희망했습니다. 그런데 조상 주공을 제사하며 그의 후손인 제후들은 천자의 악무를 추어 군신의 관계를 어지럽혔습니다. 이것은 주공의 신위를 존경하는 것이 아니라 오히려 주공이 제정한 악무의 본의를 상하게 하는 것이 아닌지요? 주공은 천하에 예악(礼乐)이 실행되기를 원했지만 오히려 자신의 자손들이 이를 어지럽게 만들었습니다. 그는 자손들에게 자신이 정한 신분 계급에 맞는 악무제도가 영원히 전래되기를 원했습니다. 그러나 주공이 사망한 후 이미 그의 유지는 지켜지지 않았습니다. 만약 주공이 사망한 후에도 지각(知觉)이 있었다면 그가 노나라에서 받드는 제사를 받지 않으리라고 저는 확신합니다. 임금님은 어째서 이번에 과거의 잘못된 예악을 개정하여 제후의 예악을 신분에 맞게 회복하지 않는지요? 천자가 조정에서 명을 내려 주공의 사묘에서 제사를 지낸다면 천하는 다시 주공이 제정한 예악을 알게 됩니다. 그러므로 노나라는 주공이 둘이 있게 되는 것입니다. 현재 임금님은 육일무를 사용하여 중자의 사묘에 제사를 드립니다. 이것은 맞는 예법으로 중자를 모시는 것입니다. 그런데 어째서 주공은 정례로 모시지 않습니까?"

비록 논리적으로는 위와 같이 말할 수 있지만 성왕이 천자의 예악으로 주공을 제사한 것은 소공(召公) 필공(畢公)도 현명한 사람들이지만 이를 어쩌지 못했다. 그러므로 공자는 "노나라의 제사가 예악에 맞지 않는다. 주공의 예악이 쇄락했다."라고 했다.

모든 일이 그렇듯이 처음에 작은 잘못이 있으면 고치기 쉽지만 이 잘못이 일반화 되면 아무리 성인(聖人)이라고 하더라도 고치기 어렵게 된다. 그리고 관행이란 이름으로 잘못을 정당화한다. 잘못된 것을 고치는 것은 시기가 있다. 그 시기를 놓치면 설사 성인이라 하더라도 고치기가 어렵다. 그렇다면 그 시기는 언제인가? 그것은 스스로 잘못한 것을 알고 마음이 불안해 할 때이다. 이 시기가 지나가게 되면 설사 잘못한 것을 알았더라도 마음이 불안함을 느끼지 못하게 된다. 현대 의학으로 치료하기 힘든 암도 초기에 발견하면 완치가 가능하다고 한다. 모든 잘못된 것들은 일찍 발견하여 바로잡는 것이 개인이나 국가를 위하여 바람직하다. 이를 위해 우선 개개인이 진정으로 자신의 잘못을 인정해야 한다. 그러면 불안한 마음으로부터 벗어날 수 있고 그것이 바로잡는 것의 시작이다. 나의 마음은 지금 불안한 것이 없는가? 스스로에게 묻는다.

이야기 둘.
완전한 의리(義理)를 위하여

🌸 사건배경

기원전 712년, 예교를 자랑하던 노나라에도 정변이 발생한다. 은공은 선왕이 사망할 때 적자 윤(允)은 아직 어린 아이였다. 식시(息始)는 비록 서자였으나 이미 성년이었고 또 총기가 있었다. 귀족들은 그를 옹립하여 왕위를 계승시켰다. 이 임금이 바로 은공이다. 그는 매우 충직하여 항상 다음과 같이 말했다.

"이 보좌는 동생의 자리이다. 그가 성장하면 물려줄 것이다."

그런데 어느 날 노나라 공자 우보(羽父)는 태자의 지위에 있는 윤(允 : 桓公)을 죽일 것을 은공에게 은밀하게 요청했다. 이것은 그가 앞으로 재상의 지위를 요구하기 위해서였다. 은공이 우보에게 대답했다.

"내가 아직 왕위에 있는 것은 윤의 나이가 어리기 때문이다. 나는 장차 그에게 왕위를 넘겨주고 은퇴하여 토구(菟裘)에다 별장을 짓고 평생을 그 집에서 살려 한다."

우보는 자신이 큰 실수를 한 것을 알았다. 그는 일단 윤이 즉위하여 자신의 음모를 알게 되면 죽을 수밖에 없었다. 그래서 그는 더 악독한 음모를 세운다. 그는 야밤을 이용하여 태자 윤(환공)에게 은공을 참소하면서 말한다.

"주상께서 당신이 크는 것을 보시고 오늘 특별이 나를 불러 입궐하라고 하셨습니다. 주상은 나에게 당신을 죽이라고 했습니다. 물론 나는 그런 더러운 일을 절대 할 수 없습니다. 그러니 당신은 스스로 살 생각이 있으시면 선공이 최선입니다."

태자 윤은 눈물을 흘리면서 말했다.

"내가 다행히 죽지 않으면 당신을 반드시 재상으로 삼을 것 입니다."

우보는 너무 좋아 미칠 것만 같았다. 드디어 우보에게 기회가 온 것이다.

은공은 임금으로 즉위하기 전 왕자로 있을 때에 정나라 사람과 호양(狐壤)이란 곳에서 싸우다가 체포되었다. 정나라 사람은 그를 정나라 대부 윤씨(尹氏) 집에다 가두어 두었다. 그때 은공은 윤씨에게 뇌물을 주고 집을 지키는 신무(神武)인 종무(钟巫)에게 사죄하고 윤씨와 더불어 노나라로 돌아왔다. 그리고 종무의 사당을 노나라에 세웠다. 11월에 은공은 종무를 제사지내고자 사포(社圃)에서 목욕재계하고 위씨(蔿氏)의 집에서 묵었다.

노나라 공자 우보는 위씨의 집으로 자객을 보내어 은공을 죽이고 환공(태자 윤)을 세운 후 위씨를 토벌했다.

🌸 해 설

이익은 모든 사람들이 원하는 것이고 의리는 사람들이 두려워 피하는 것이다. 의로운 행동으로 재난이 없어진다고 해도 사람들은 행동하기를 원하지 않는데 하물며 큰 화를 불러온다면 누가 의로운 행동을 하겠는가? 그런데 의리를 지키는 사람의 마음을 짓밟는 것으로 노나라 은공이 시해된 사건이 있다. 은공은 넓은 땅을 가볍게 보고 동생 환공에게 주었다. 그런데 환공은 그의 마음을 정확하게 알지 못하고 오히려 은공을 살해했다. 은공은 의리를 지키려다가 잔혹한 재난을 당했다. 이렇게 되자 사람들은 은공을 매우 애석하게 생각하고 그의 죽음을 보면서 다시는 의리를 논하지 않게 되었다. 그러나 우리는 이 사건을 다르게도 생각해볼 수 있다.

사람들은 은공이 시해당한 것이 세상이 각박해지고 사람들이 의롭게 행동하는 마음이 없어졌기 때문이라고 생각한다. 그러나 나는 은공의 시해사건 이야말로 세상 사람들에게 의롭게 행동하라는 것을 권유하는 것이라고 생각한다. 왜 그런가? 은공의 피살은 은공이 정의를 행하려는 마음이 없었기 때문이 아니라 이미 행한 정의가 불완전했기 때문이다. 은공은 태자 윤(환공)에게 나라를 넘겨주려는 고상한 정신이 있었고 이와 같은 마음과 뜻이 매우 확실했다. 태자 윤이 아직 어리고 박약할 때 은공이 만약 다른 생각을 먹었다면 윤은 즉시 죽음을 면하지 못했을 것이다. 태자 윤은 은공에게 11년이나 보호를 받았다. 은공은 그를 양육하고 보호하며 하늘을 우러러 보고 땅을 굽어보아도 한점 부끄러움이 없었다.

애석한 것은 은공이 행한 의리가 완전하지 못했다는 점이다. 그는 권력을 몇 년 더 소유하기 위하여 보다 일찍 환공에게 임금의 자리를 양위하지 않았다. 그가 임금의 자리를 양위하지 않았기 때문에 권력에 대한 애착의 모습이 자신도 모르게 겉으로 들어났고 우보(羽父)가 이것을 발견하고 태자 윤으로 하여금 은공을 시해할 계책을 세우게 만들었다. 만약 은공이 일찍이 양위하려는 분위기를 여러 사람들에게 풍겼다면 악인이 그의 담장을 넘지 않았을 것이고 어찌 감히 그를 시해하려는 계획을 세워 짐승과 같은 행동으로 그를 모욕할 수 있었겠는가? 우보가 은공에게 환공을 시해하려는 이유를 명확하게 두려움 없이 말할 수 있었던 것은 바로 그가 은공의 권력에 대한 애착의 흔적을 보았기 때문이다.

은공은 우보에게 "환공이 나이가 어리기 때문이다! 나는 그에게 임금의 자리를 양위하고 사람을 시켜 장차 들판에 궁실을 짓고 그곳에서 여생을 보내려한다."라고 했다. 여기서 '장차'라는 말이 은공이 권력에 대한 사모하는 마음을 들어 낸 증거이다. 임금의 자리를 양위하려면 당연히 즉시 이루어져야 하는데 왜 장차 양위한다고 말했을까? 앞으로 자신이 거주할 집을 건축하는 것도 곧 시행해야하는데 어째서 장차 궁실을 건축한다고 말했을까? 기회를 이용하는 데는 한 순간도 지체할 여유가 없다. 그러므로 은공이 말한 '장차'라는 말은 우보에게 받아들여지지 않았다. 이것이 바로 우보의 유혹을 불렀고 태자 윤의 의심을 낳았으며 마침내는 살인의 원인이 되었다.

은공이 양위하려는 의로운 행동은 심리상으로 이렇게도 명백했고 그 행적도 뚜렷했지만 단지 다소 미진했던 것이 일신의 화를 불렀다. 즉 은공은 떠날 때를 정확하게 알지 못했다. 아니 알았더라도 권력에 대한 미련이 그를 죽음에 이르게 했다. 그의 말과 행동은 일치하지 못했다. 그렇다. 사람들이 의리를 행하는 것이 밤낮으로 계속되고 최고에 이를 수 없는 것은 의리를 위한 것이라기보다는 재난을 피하기 위한 것이기 때문이다. 만약 사람들이 은공이 살해를 당한 사건을 보고도 경계를 삼지 않는다면 의리를 행하는 사람들은 선한 일을 했다고 스스로 만족하고 더 이상 수양을 쌓지 않게 된다. 그러므로 '사람들에게 의롭게 행동하는 마음을 결단하는 데는 은공이 시해당한 사건이 최고다.'라고 하는 것이다.

아무리 자신이 결백하더라도 사람은 떠날 때를 정확하게 알아야 한다. 권력은 항상 이용하고 이용당하는 속성이 있으므로 말과 행동이 일치되기 힘들고 의리를 논하기가 매우 어렵다. 그리고 권력에서 은퇴한 후에는 다시 돌아와서는 안 된다. 자신이 원하지 않는 누군가에게 이용당하기 쉽기 때문이다. 특히 우리에게는 은공의 시해사건과 같은 대통령의 시해사건이란 아픈 역사가 있다. 정치인이나 백성들이 이런 참담한 역사적 사건을 직접 경험하고도 권력과 부정부패에 대해 경계를 삼지 않는다면 의리를 행하는 선한 사람들이 무엇이라 하겠는가?

이야기 셋.
해야 할 일과 해서는 안 될 일

🌼 사건배경

기원전 706년, 북융(北戎)이 제(齊)나라를 공격하자 제나라 임금은 정나라에게 지원군을 요청했다. 그래서 정나라 태자 홀(忽)은 군대를 거느리고 6월에 북융을 대파하여 제나라를 도왔다. 태자 홀은 북융의 장군 대량(大良)과 소량(小良) 그리고 무장한 군사 300명을 체포하여 제나라에 주었다. 그러나 이것은 잘못된 것이다. 포로는 당연히 주나라에 바쳐야 했다. 또 대부가 제나라를 지키고 있었으므로 제나라 사람들은 감사하여 제후들에게 전해달라며 노나라로 말과 쌀을 보냈다. 그런데 노나라가 그것을 나누어줄 때 주(周)나라에서 준 작위(爵位)의 순서에 따라 정나라를 뒤로 돌려놓았다. 그러자 정나라 태자 홀은 화를 내며 제나라에 지원군을 의뢰했다.

노나라 환공이 아직 제나라로 장가가지 않았을 때 제나라 임금은 딸 문강(文姜)을 정나라 태자 홀에게 시집보내려 했으나 정나라 태자 홀이 사양했다. 사람들이 그 이유를 묻자 태자 홀은 말했다.

"사람에게는 각기 짝이 있는 법이다. 지금 제나라는 강대하니 나의 짝이 아니다. 『시경(诗经)』에서도 '자기의 힘으로 행복을 구한다.'라고 했으니 행복은 자신이 구해야 한다. 큰 나라와 혼인을 하여 무엇을 하겠는가?"

그래서 군자는 이 혼사에 대하여 이렇게 평가했다.

"정나라 태자 홀은 스스로 잘 처리했다."

태자 홀이 북융의 군대를 격파하여 전공을 세우자 제나라 임금은 다시 문강을 태자 홀에게 시집보내려 했으나 그는 끝내 이 혼사를 사양했다. 그래서 사람들이 그 까닭을 물으니 태자는 이렇게 말했다.

"제나라에 위험이 없을 때에도 나는 감히 제나라 공주와의 결혼식을 바라지 않았다. 그리고 지금은 부친의 명령으로 제나라의 위급함을 구하려고 왔다. 그런데 만약 내가 부인을 얻어 돌아가면 이는 전공을 구실로써 결혼을 한 것이 된다. 그러면 우리 백성들이 나를 어떻게 생각하겠는가?"

이것만 보면 태자 홀의 인격은 매우 훌륭한 것 같다. 그러나 당연히 해야 할 일을 한 것뿐이다.

🌸 해 설

모든 일 중에서 옳은 것, 정당한 것, 좋은 것 등은 당연히 해야 한다.
그러나 잘못된 것, 부정한 것, 나쁜 것 등은 당연히 하지 말아야 한다.
모든 일마다 비록 각각의 차이가 있지만 이 두 종류의 범위를 넘어서는
것은 별로 없으며 사람들은 이런 것들의 차이를 구별할 줄 안다.

당연히 해야 할 일이란 것은 배가 고프면 음식을 먹고 목이 마르면
물을 마시는 것과 같다. 다른 사람에게 나를 포장할 이유가 무엇이
있는가? 순(舜)임금의 효순함, 하(夏)나라 우(禹)왕의 큰 홍수를 다스린
공로, 고도(皐陶 : 舜임금의 신하)의 재주와 계략, 백이(伯夷)와 숙제(叔齊)
의 청렴과 고상함, 공자와 맹자의 학식 등등 그들은 만대의 지존으로서
가장 걸출한 사람들이지만 사실 그들의 업적은 보통 사람들이 당연히
해야 하는 것이었다.

사람들은 누군가 좋은 일을 한 가지라도 하면 그가 타인보다 뛰어난
능력이 있다고 생각한다. 그들의 인격은 과거 성인들이 말한 것과 같다.
만약 누군가 스스로 타인보다 잘났다고 생각한다면 그는 그렇다고
날개가 달린 새가 될 수도 없고 말갈기가 있는 말이 될 수도 없다.
그런 생각은 너무도 지나치다.

고금을 통하여 지금까지 교만과 거짓은 인류의 재난이라고 여겨져
왔다. 혹자는 그렇게 생각하지 않을 수도 있겠지만 과거 자신의 행위를
돌이켜보면 정말 잘못된 것들이 없을 수 없다. 잘못된 것은 아무리
빨리 후회해도 이미 늦다. 그런데 어떻게 다른 사람들에게 잘못한 것을
자랑하겠는가?

　정나라 태자 홀(忽)이 제나라를 구원한 것은 큰 공을 세운 것이지만 재난을 구하고 이웃나라를 돕는 것은 제후들이 당연히 해야 하는 일이었다. 그런데 그 과정에서 그가 자신의 공로를 자랑하며 주나라 왕실의 작위와 봉록을 경시한 것은 그들을 무시한 것이다. 그의 생각이 옳다면 만약 작은 나라가 큰 공로를 세우면 강대국의 머리위에 있을 수 있고, 신하도 공로가 있으면 임금을 능욕할 수 있고, 아들도 공로가 있으면 부친의 지위를 초월할 수 있어야 된다. 우리는 처음에 태자 홀이 북융을 정벌할 때 그가 북융의 장군 대량과 소량을 감옥에 가두고 수많은 포로와 사망자의 귀를 전리품으로 진열하고 이것을 주나라가 아닌 제나라에 상납하는 것을 보았다. 당시 그의 기세는 제후의 나라를 합병할 수도 있었기 때문에 주나라 왕실을 경시했다. 그런데 노나라가 주왕실의 명에 따라 포획물을 나누어주고 공로를 치하할 때 작위의 순서에 따라 정나라 보다 다른 나라를 앞세웠기 때문에 그는 화를 냈다. 그러나 그가 정나라 임금이 되자 형편없이 유약하여져서 다시는 나라를 부흥시킬 수 없었다.

　문제는 그의 사람됨 때문이다. 원래 정나라 태자 홀의 위인 됨은 원하는 것을 얻게 되어 만족하면 스스로를 매우 위대하게 생각했다. 사람들이 약간만 그에게 소홀히 대하여도 그와 화목하지 못하고 불편을 느꼈다. 그러나 그가 정나라 임금이 되어 뜻을 얻지 못할 때는 의지가 쇠약해지고 자기 스스로 미약하다고 여기며 타인이 그를 경시하여도 오히려 따지려 들지도 않았다. 그의 마음속에는 본래 어떤 신념도 없었고 외부의 환경의 변화를 따를 뿐이었다. 그러므로 환경의 변화에 따라서 만족을 추구하고 마음도 변했다. 이것과 귀천에 처할 줄 아는 것과는 전혀 다르다. 그는 자신이 강하고 득세하면 교만하고 용맹스럽다가 형세가 곤경에 처하게 되자 갑자기 비겁해졌다. 그 자신도 스스로에 대하여 이해를 하지 못한다. 자기 자신도 스스로를 위하여 주장을 펼줄 모르는 사람이 어떻게 한 국가를 대신하여 임금이 될 수 있겠는가? 그는 준비 되지 않은 임금이었다.

위정자는 타인이 자신을 의존하도록 만들어야하고 자신이 타인을 의존해서는 안 된다. 이것은 당연히 해야 할 일이다. 이것이 어렵다면 타인을 이용하여 자신을 존중하도록 만들어야 하며 절대로 곤궁해서는 안 된다. 자신이 의존하는 사람도 때로는 쇠락하고 때로는 소멸한다. 만약 어느 날 갑자기 자신이 의존하는 대상이 사라지면 무엇에 기댈 것인가? 이것은 단지 내가 의존하는 사람이 영원히 믿을만하지 않다는 것을 토론하는 것에 불과하다. 이것보다 더 두려운 것이 있는가? 이것은 당연히 하지 말아야 하는 일이다.

진(晋)나라가 제후들의 맹주가 되었을 때 송나라는 매우 근엄하게 진나라를 받들었다. 약소국인 송나라는 마음속으로 충분히 의지할 만한 대상을 찾았다고 생각했기 때문이다. 그러나 이것은 임금으로써 당연히 하지 않아야 되는 행동인 것을 송나라 임금은 몰랐다. 송나라가 초나라 의 군대에 포위되었을 때 국민들은 배가 고파서 서로 아이들을 교환하 여 잡아먹었고 먹다 남은 뼈를 연료로 사용했다. 그러나 송나라가 믿었 던 진나라는 공교롭게도 당시 북적(北狄)의 공격을 받아 송나라가 곤경 에 처한 것을 구경만하면서 구해줄 수 없었다. 당시의 제후들 중에서 진나라 보다 더 강한 나라는 없었다. 그런데 진나라조차 의존할 수 없다면 다른 제후국들은 말할 필요도 없다.

위(魏)나라 효무제(孝武帝)는 고환(高欢)에게 심하게 핍박을 당하여 믿을 만한 사람이 우문태(宇文泰)밖에 없었다. 어느 날 그는 고환을 피해 탈출하여 말을 몰아 장안(长安)으로 도망쳐서 우문태에게로 왔다. 효무제는 이제부터는 안심하고 지낼 수 있을 것으로만 알았다. 그러나 효무제의 재난은 그가 두려워하던 고환에게서 생긴 것이 아니라 그가 믿던 우문태에게서 생겼다. 이 사건만을 놓고 볼 때 사람은 영원히 믿을 수 없을 뿐만 아니라 재난은 바로 믿는 사람에게서 생기는 것임을 알 수 있다. 외부 사물의 변화는 끝이 없다. 그러므로 외부 사물에 의존하여 자신의 안전이나 어떤 보장을 바라는 것은 일시적인 것이며 당연히 하지 말아야 한다.

세인들은 모두 태자 홀이 제나라와의 혼사를 사양한 것을 책망한다. 이는 제나라라는 강대국에 의존하여 자신의 나라를 안전하고 확고하게 지키려 했기 때문이다. 이것이 그가 잘못한 것인가? 만약 홀이 제나라의 혼사를 사양하지 않았다면 팽생(彭生 : 기원전 694년 노나라 환공을 팽생이 시해한 사건, 본서 「예법을 지키는 이유」 참조)의 재난은 노나라에서 발생하지 않고 정나라에서 발생했을 것이다. 이런 입장에서 보면 태자 홀이 혼사를 사양한 것은 그가 잘못한 것이라고 말하기가 어렵다. 후인들은 그가 정나라 임금이 된 후 실정 때문에 재난을 초래했다고 생각하고 혼인을 거절한 일로 그를 비웃는다. 그러나 이것은 잘못이다. 그가 훗날에 일을 잘못했다고 해서 전날에 잘한 일까지도 한목에 덮어버릴 수는 없다. 홀은 다음과 같이 말했다.

"자신에게만 의존하고 행복을 다방면으로 추구하라. 행복은 오직 자신에게만 의존할 수 있다! 대국에게 의존하여 무엇을 어떻게 하려는 가?"

이 말은 고대에서 현대에 이르기까지 조금도 틀림이 없는 말이다. 자신의 힘으로 행복을 추구하라는 것은 설사 요(尧)임금이 부친이라고 하여도 요임금도 그의 아들 단주(丹朱)에게 행복을 물려주지 못했고 주공(周公)도 마찬가지로 동생 관숙(管叔) 채숙(蔡叔)에게 행복을 주지 못했다.

이상에서 보듯이 강대국이 약소국에게 무슨 도움을 줄 수 있겠는가? 설사 도움을 줄 수 있다고 해도 반드시 대가가 따랐다. 행복은 자신이 스스로 추구하라는 홀의 말을 확대 해석한다면 『서경(书经) 홍범(洪范)』에서 말하는 '오복(五福)'이나 『시경(诗经)』에서 말하는 '백록(百禄)'을 모두 적용할 수 있다. 혹자들은 홀이 그 자신의 말을 확실하게 실천하지 않았다고 비평하며 오히려 그가 혼인을 사양한 것이 잘못이라고 비웃는다. 이는 정말로 사건을 명확하게 이해하지 못했기 때문이다. 후인들이 그의 사람됨 때문에 그의 말을 부정하여서는 안 된다. 마음속으로 확실히 이해가 되면 천하의 행복은 나 자신 이외에 얻을 수 있는 곳이 없다.

자고로 강대국과 약소국은 정략적 혼인을 통하여 서로의 우의를 확인하고 선린 외교관계를 유지했다. 그러나 이런 결혼은 사실 한쪽이 인질이 되어 하는 결혼이다. 약소국으로서는 선택의 여지가 없었다.

진시황의 부친인 자초도 처음에는 조나라에 인질로 왔다가 신변의 안전을 위하여 조나라 여인 주회와 결혼을 했다. 이런 현상은 오늘날에도 존재하는 것 같다. 작게는 상대의 신분이나 재력을 이용하기 위하여 하는 개인들의 결혼에서부터 크게는 국가간에 혼인이라는 형식 대신 보호조약, 평화협약, 불가침조약 등으로 미화되어 표현되는 근대의 국가간 협약들이 있다. 진정으로 두 국가간에 침략의 의사가 없다면 이런 조약이 무슨 필요가 있겠는가? 춘추전국시대의 약소국들의 생존 방법은 강대국의 횡포를 어느 정도 인내하고 겸손하며 스스로 약함을 인정해야 했다. 옛 성현은 생존을 위한 처세에서 자신이 강할 때 스스로가 최고라고 처음이라고 자랑하지도 나서지도 말라고 했다. 이는 당연히 하지 말아야 하는 것이다. 미래의 적을 만들기 때문이다. 귀담아 들을 말이다.

이야기 넷.
욕심과 인색함은 한가지이다

🌸 사건배경

기원전 702년, 동생 우숙(虞叔)이 보석을 가지고 있었다. 형 우공(虞公)이 그것을 원했으나 동생 우숙은 주지 않았다. 나중에 동생이 형에게 보석을 주지 않은 것을 후회하면서 말했다.

"주나라 속담에 '미천한 사람은 원래 죄가 없었으나 구슬을 가졌기 때문에 죄가 되었다.'는 말이 있다. 그러니 내게 이 보석이 왜 필요하겠는가? 도리어 나에게 화만 불러온다."

그래서 동생 우숙은 보석을 형에게 선물했다. 그런데 형이 또 다시 동생의 보검을 요구했다. 우숙이 말했다.

"나는 형의 욕망을 만족시킬 수가 없다. 형은 자신의 욕망을 만족시키지 못하면 아마도 나를 해칠 것이다."

우숙은 드디어 형 우공을 정벌했고 우공은 홍지(洪地)로 도망쳤다.

🌸 해 설

역사적으로 재물과 권력 여자는 인류의 질서를 해치는 3가지 원흉이었다. 본문에서도 재물 때문에 형제간에 전쟁이 발생했다. 형 우공은 작은 탐욕 때문에 나라를 잃었고 동생 우숙은 재물을 아끼는 마음 때문에 자신의 형인 임금을 축출했다. 형은 욕심을 부렸고 동생은 인색했다. 그들은 욕심과 인색함이 서로 다른 것이라고 생각했지만 사실 욕심과 인색함은 한가지이다. 불리는 이름은 다르지만 재물에 대한 애호와 탐욕 때문에 이 두 가지가 생겨난다.

만약 형 우공이 보검을 소유하고 싶은 마음으로 동생 우숙이 보검을 지키고자 하는 마음을 짐작할 수 있었다면 그는 '무리한 탐욕'을 부리지 않았을 것이다. 마찬가지로 동생 우숙이 보검을 지키려는 마음으로 형이 보검을 원하는 마음을 헤아릴 수 있었다면 결코 보검을 '아까워'하지는 않았을 것이다. 이렇게 역지사지(易地思之)하는 것은 말처럼 쉬운 것은 아닌 것 같다. 그들은 서로를 이해할 수 없었을 뿐만 아니라 서로를 책망했다. 이것이 바로 그들이 인류을 저버리고 형제간의 전쟁을 조성하게 된 원인이다. 재물 때문에 형제간의 우의가 무너졌다. 그렇다면 어떻게 해야 했는가? 탐심으로 탐심을 다스리고 인색한 마음으로 인색함을 다스릴 뿐이다. 동생이 원칙을 존중했다면 보석이나 보검 단 하나라도 포기할 필요가 없었다. 아니면 형에게 둘 다 선물했어야 했다.

사람의 마음은 모든 것을 포용할 수 있다고 한다. 탐욕과 인색함이 원래 없었던 것이라면 어디에서 생긴 것일까? 만약 원래부터 존재하는 것이라면 어떻게 하면 그것을 없앨 수 있을까? 탐욕과 인색함은 원래 억지로 없앨 수는 없다고 생각한다. 마치 얼어붙은 마음도 언젠가는 얼음이 물에 녹듯이 깨달을 때가 있듯이 때를 기다려야 한다. 탐욕이라고 부르는 것이나 인색함이라고 부르는 것이나 모두 한 가지 이치이기 때문이다.

영화 「포레스터 검프」에서 포레스터의 엄마가 아들에게 해준 말이 있다.

"사람에게 필요한 돈은 얼마 되지 않는다. 나머지는 모두 허세이다." 옳은 말이다.

이야기 다섯.
자신의 능력을 알고 처신하라

🌸 사건배경

기원전 682년, 송나라 사람 만(万)이 임금 민공을 송나라 몽택(蒙澤)에서 죽였다. 이 소식을 듣고 달려온 구목(九牧)을 성문에서 때려죽이고 다시 태재(大宰) 독(督)을 동궁 서쪽에서 죽인 후, 왕자 유(游)를 임금으로 세웠다.

이 사건으로 왕자들은 목숨을 구하기 위하여 소(蕭) 지방으로 도망가고 왕자 어열(御说)은 박(亳) 지방으로 달아났다. 남궁만의 아들 남궁우(南宫牛)와 한 패인 맹획(孟获)은 군사를 거느리고 왕자 어열이 사는 박 지방을 포위했다.

그 해 겨울 10월에 소 지방을 다스리던 대부 숙대심(叔大心)은 송나라의 전 임금 대공(戴公) 무공(武公) 선공(宣公) 목공(穆公) 장공(庄公)의 자손들과 힘을 합하여 조나라 군대를 이끌고 남궁우의 군대를 공격하여 그를 죽이고 또 임금이 된 왕자 유를 송나라에서 죽이고 왕자 어열을 새임금으로 세웠다.

그러자 맹획은 위나라로 도망가고 남궁만은 진나라로 도망갔다. 그때 남궁만은 어머니를 수레에 태우고 자신이 직접 수레를 끌고서 하루 만에 먼 진나라에 도착했다. 송나라 사람은 맹획을 인도해 달라고 위나라에 요구했으나 위나라는 그를 넘겨주지 않으려고 했다. 그런데 위나라 대부 석기자(石祁子)가 말했다.

"맹획을 보호하는 것은 안 됩니다. 세상의 악은 모두 같은 것입니다. 송나라에서 악한 짓을 한 자를 우리나라에서 보호하다니 그를 보호해서 우리나라에 무슨 이익이 되겠습니까? 악인을 한 명 감추어 두었다가 한 나라를 잃고 악인의 편의를 위해서 전통적인 우호관계를 저버리는 것은 좋은 계책이 아닙니다."

그래서 위나라 사람은 맹획을 송나라로 돌려보냈다. 송나라에서는 다시 진나라에게 뇌물을 써 가며 남궁만을 돌려줄 것을 요구했다. 진나라는 이 요구를 받아들여 남궁만에게 술을 먹여 취하게 하고 그를 물소 가죽 주머니에 싸서 송나라로 보냈다. 송나라에 도착했을 때 힘이 센 남궁만이 요동을 치는 바람에 자루 밖으로 손발이 모두 나오자 송나라 사람은 그를 처형하여 젓갈을 담갔다.

해 설

예나 지금이나 인간관계는 매우 중요하다. 인간관계란 자신과의 관계의 경중에 따라서 사람에게 처신하는 법이 달라지기 때문이다. 예를 들어, 공손술(公孫述)이 대장 마원(馬援)을 접대하는 방식은 계단 아래에 무기를 든 호위병들이 도열하여 서있고 누구도 절대 그 앞으로 다니지 못하게 했다. 그런데 광무제(光武帝)가 대장 마원을 대접하는 방식은 간소한 복장으로 머리를 묶은 두건 사이로 이마가 드러나 보이고 서로 웃음을 머금고 상대했다.

그런데 이상하게도 공손술은 마원에게 '우물 안의 개구리'라는 평을 받았고 광무제의 간단하고 편안함은 오히려 마원을 위축시키고 복종하게 만들었다. 그렇다면 평범한 예절로는 영웅을 접대할 수 없는 것인가? 과거 문왕과 무왕 주공이 영웅을 접대하던 방법을 보자. 문왕과 무왕 주공이 장군을 대접할 때는 진심을 보이고 성의를 표시한다. 그들은 형식적이고 구태의연한 예절로 장수를 대접한 적이 없으며 더욱이 후인들처럼 예의에 벗어난 방종으로 대접한 적도 없다. 자신의 가슴속에 있는 말을 상대방에게 하여 신하가 완전히 자신을 위하여 충성을 다하게 만든다. 영웅호걸은 포부가 크고 행동이 비범하여 예속을 초월했을 뿐만 아니라 임금이 된 사람도 평범한 예법이나 상식을 넘어선 방법으로 그를 대접한다. 엄숙한 태도를 버리고 의복과 행동에 구애받지 않고 등을 쓰다듬으며 악수하면서 진정으로 서로 인간적인 우정을 맺는다. 그들은 서로의 이익을 위하여 계산하지 않았다. 이것은 비단 영웅이나 호걸을 대접하는 데만 국한된 방법이 아니다.

　남궁만의 용감함은 제후들에게 잘 알려져 있었다. 그러므로 송나라 민공은 예절과 법도를 지켜서 그를 대접하지 않은 적이 없다. 그런데 송나라 민공은 오히려 남궁만의 원한을 사서 그에게 살해를 당했다. 이것은 무엇 때문인가? 대인관계에 있어서 자신의 능력을 스스로 알고 그 능력에 따라서 접대하는 방법을 선택해야한다. 민공이 남궁만을 위하여 베푼 예절과 법도가 남궁만을 감동시키지 못했기 때문이다. 이런 방면에 뛰어난 능력의 소유자로는 한 고조(高祖)가 최고라고 할 수 있다. 고조는 침상에 앉아 발을 씻으면서 경보(黥布)를 무시하는 척했지만 나중에 왕후를 대접하는 방식으로 그를 접대했다. 즉 미리 생각할 수 없는 방식으로 그 사람을 모욕한 다음 추측할 수 없는 은혜를 베풀면 폭염에 서리가 사라지는 것처럼 분노를 없앨 수 있다. 이것은 한 고조이기 때문에 가능했던 방법이고 그가 한 시대를 풍미할 수 있었던 이유이다.

　맨손으로 호랑이를 때려잡는 것을 보통사람은 할 수 없다. 풍부(馮婦 : 晋나라 사람으로 호랑이를 맨손으로 잘 잡았음)와 같은 능력이 있어야만 한다. 잘못하다가는 호랑이 밥이 되기 십상이다. 다른 사람이 하는 것을 보면 나도 할 수 있을 것 같고 모든 것이 쉬워 보이지만 실제로 해보면 생각보다 쉽지 않은 것을 알 수 있다. 남대문 시장에서 소리를 지르며 물건을 파는 것도 쉬운 것 같이 보이지만 막상 해보면 부끄러움 때문에 목소리가 밖으로 나오지 않는다. 이것이 내 능력임을 알 때 비로소 올바르게 처신할 수 있다. 그런데 공손술과 송나라 민공은 자신의 능력도 모르고 이것을 흉내 내다가 망했다.

이야기 여섯.

진晉나라 대부 이극里克의 중립

🍀 사건배경

기원전 660년, 진(晋)나라 임금 헌공은 태자 신생(申生)으로 하여금 동산(东山)의 고락씨(皐落氏)를 정벌하게 했다. 이에 대부 이극(里克)이 진나라 임금에게 말했다.

"태자의 직분은 종묘나 사직에 제물을 바치고 조석으로 임금님의 식사를 감시하는 것입니다. 그러므로 태자를 총자(冢子)라고 부릅니다. 임금님이 전쟁 때문에 서울을 비웠을 때는 태자는 서울을 지키고 서울을 지킬 사람이 있을 때는 임금님의 출정을 따라갑니다. 이렇게 출정했을 때를 무군(抚军)이라 하고 서울을 지키는 것을 감국(监国)이라고 하는데 이것이 옛날부터의 제도입니다. 직접 군대를 거느리고 전적으로 작전을 도모하거나 군대에게 명령을 내려 경계를 시키는 것은 임금이나 정경들이 할 일이고 태자가 할 일이 아닙니다. 군대란 명령권을 장악하면 그만입니다. 장군이 다른 사람의 명령을 받아 행동하면 위엄이 없고 태자가 군대를 이끌고 행동하면 불효입니다. 그러므로 임금님의 후계자는 군대를 거느려서는 안 됩니다. 태자에게 군대를 통솔하게 하는 것은 임금이 사람을 부리는 도를 잃은 것입니다. 태자가 군대를 통솔하면서 일일이 군명을 받는다면 장수로써의 위엄이 없으니 어찌 그런 짓을 할 필요가 있겠습니까? 또 신이 듣건대 고락씨는 결전을 치를 각오가 되어 있다고 들었습니다. 그러니 임금님께서는 태자를 시키지 마시고 내버려 두십시오."

진나라 임금이 대답했다.

"과인에게는 자식이 많으나 누구를 후계자로 세울지 아직 알 수 없다."

이극은 대답도 하지 않고 물러났다. 태자와 이극이 만나니 태자가 물었다.

"내가 태자의 지위에서 폐위되는 것인가?"

이극은 태자에게 대답했다.

"아닙니다. 임금님께서는 태자께서 곡옥(曲沃)의 주인이 되어 백성들을 어떻게 다스리는지, 또는 장수가 되어 군대를 어떻게 거느릴 것인가를 가르쳤습니다. 그러니 태자께서는 의무를 다하지나 못했나 하고 두려워하지 마십시오. 어찌 폐위될 까닭이 있겠습니까? 그리고 자식으로서 불효한 짓을 할까 두려워하시고 왕위에 못 오를까 걱정하지 마십시오. 자신을 수양하고 남을 탓하지 않는다면 화를 면할 수 있을 것입니다."

🌸 해 설

진나라 태자 신생을 폐위하기 위하여 헌공은 그를 동산의 전쟁터로 출전시켰다. 그래서 이극은 헌공을 만나 "임금의 적장자는 군대를 거느리고 출병해서는 안 된다."고 간언을 한다. 이극은 간언을 하고 나오는 도중에 태자를 만나서는 "아들 된 사람으로 효도를 다하지 못할 것을 두려워해야 한다."고 말했다. 이는 그가 헌공을 만나서 간언한 내용과는 무관한 말이다. 그는 왜 이렇게 태자 신생에게 말을 했을까? 사실 이때 이극이 태자 신생에게 당신이 폐위될 수도 있다고 솔직하게 말을 했으면 태자 신생은 동산의 전쟁터로 갈 군대를 이끌고 정변을 일으킬 수도 있었다. 그래서 예로부터 태자는 직접 군대를 통솔할 수 없도록 했다. 그러나 이극은 임금이나 태자 어느 누구에게도 피해를 보고 싶지 않았기 때문에 이 말을 할 수 없었다.

헌공의 첩 여희(驪姬)가 태자 신생을 살해하고 자신의 아들을 태자로 세울 계획을 처음 세웠을 때, 그녀는 이극이 두려워서 이 계획을 행동에 옮기지 못했다. 나중에 여희는 교묘한 계략과 언행으로 이극으로 하여금 자신을 반대하지 못하도록 만들었다. 이극은 태자 폐위문제에 대하여 다음과 같이 말했다.

"내가 임금의 명을 받들어 태자를 살해하러 가면, 마음이 매우 괴로울 것이다. 내가 사사로이 태자와 옛 정을 회복하는 것도 감히 할 수 없다. 나는 이러지도 저러지도 못하므로 중립을 지켜 일신의 화를 면해야겠다."

여희는 이극의 "중립"이라는 말을 듣고 비로소 거리낌 것 없이 자신의 계획을 실천에 옮겼다. 얼핏 보기에는 이극이 태자에게 한 말은 부자(父子)의 도리를 모두 충족시킨 말 같지만 그는 정(正)과 사(邪)는 두 가지가 병립할 수 없는 존재라는 것을 알지 못했다. 세상은 이것을 다 만족시키는 부드럽고 온유한 사람을 무시하기 때문이다. 사회에서 구조조정을 할 때도 능력보다는 착하고 온유한 사람을 먼저 자른다. 후환이 적기 때문이다. 호랑이 두 마리가 싸움을 하면 한 마리는 결국 죽게 된다. 여희와 신생의 중간에는 중립이란 존재하지 않는다. 그러므로 상황이 이미 변했음에도 여전히 과거의 사고방식을 고수하는 것은 이극의 잘못이다.

이극의 성격은 부드럽다는 장점이 있지만 강직함이 모자랐다. 그러므로 그는 태평성세일 때는 자신의 단점이 표면에 드러나지 않았다. 그가 태자가 바뀌는 난세를 만나자 아무런 행동도 할 수 없었다. 그러므로 그는 유사시에는 큰 재목이 될 수 없는 사람이다.

인류의 삶에는 한 가지 원칙이 있다. 한 가지를 놓고 둘이서 경쟁하면 반드시 다투게 되고, 피차 부족함을 느끼고 서로의 필요성을 느끼게 되면 부득불 협력하게 된다. 그중에 부자간의 관계는 하늘에 의해 정해지는 것이며 이들의 조화를 중간에서 이루도록 만드는 것을 지혜라 하고 이들을 중간에서 갈라지게 만드는 것을 간사함이라고 부른다. 부자간이라도 양자가 대립하게 되면 병존할 수 없으며 그 가운데서 중립이란 존재하지 않는다. 가정에서 부부의 관계도 이와 같다. 하나의 목표를 위하여 서로 부족함으로 힘을 합하고 나가게 되면 협력하여 아름다운 가정을 이루게 된다. 그러나 부부간에 일단 이견이 생겨 갈라지게 되면 그 사이에 중립이란 구역은 존재하지 않는다. 결국 부부는 이혼을 하게 되고 차라리 두 사람이 만나지 않았던 것만 못한 모습을 보게 된다. 헤어진 부부의 지나간 사랑은 무엇인가? 인간의 마음은 이렇게도 믿을 수 없이 간사한 것인가? 새로운 삶이 지금보다 낫다는 확신이 있는가? 여희는 자신의 뜻대로 태자 신생을 죽이고 자신의 아들 해자를 태자로 삼고 기뻐했으나 나중에 후회를 한다.

(Ⅶ.계략편5, 진나라 여희의 음모를 참조)

이야기 일곱.
노나라 장문중臧文仲의 탐심

🌸 사건배경

기원전 629년, 노나라가 제수(済水)의 서쪽 땅을 취한 것은 진나라 문공이 조(曹)나라의 영토를 나누어 준 것을 말한다. 당시 노나라에서는 장문중(臧文仲)을 시켜 그 땅을 받아 오게 했다. 장문중은 진나라로 가는 도중, 노나라의 중관(重馆)에 머물렀는데 중관 사람들이 장문중에게 말했다.

"진나라 문공은 새로 제후의 작위를 받았기 때문에 자기에 대해서 공손한 자를 친애합니다. 그러니 빨리 가지 않으면 땅을 나누어 주기 전에 도착하지 못할 것입니다."

장문중은 그 말을 듣자 갑자기 서둘러서 진나라를 향하여 떠났다. 그러므로 진나라가 조나라 영토를 나눌 때 노나라는 조(洮) 지방의 남쪽으로부터 동쪽으로 제수(済水)에 이르기까지 조(曹)나라의 넓은 땅을 모두 받았다.

🌸 해 설

이익이 생기게 되면 뒤로 물러나고, 재난을 당하게 되면 앞에 나서는 것이 군자가 이해관계에 대하여 처신하는 유일한 방식이다. 그러므로 이익을 보고 앞을 다투어 나가는 것을 탐욕(貪欲)이라 하고, 이익을 보고 오히려 뒤로 물러서는 것을 청렴(淸廉)이라 하고, 재난을 보고 앞에 나서는 것을 의리(義理)라고 하며, 재난을 보고 물러나 앞에 나서지 않는 것을 비겁(卑怯)하다고 한다.

진(晋) 문공은 개인적으로 약소국 조(曹)나라를 침략하여 점령한 토지를 주나라의 허락도 없이 마음대로 제후들에게 나누어 주었다. 제후국들도 조나라를 구할 수 없었으면 조나라 토지를 분배하는 것에 참여하지 말았어야 옳았다. 그런데 조나라의 불행을 틈타서 제후들은 서로 자신의 이익을 차지하려 들었다. 이것은 도대체 어떤 마음일까? 장문중(臧文仲)은 임금의 명령을 받고 처음에는 조나라로 가는 것을 서둘지 않았었다. 같은 성씨(姓氏)인 조나라의 영토를 받는 것을 부끄럽게 생각했기 때문에 마음이 불안했다.

그런데 이상한 일이 생겼다. 중관 사람들의 말을 전해들은 장문중은 지금까지와는 반대로 여정을 급히 서둔 것이다. 중관 사람은 단지 그에게 다음과 같이 말했을 뿐이다.

"진나라 문공은 새로 제후의 작위를 받았기 때문에 자기에 대해서 공손한 자를 친애합니다. 그러니 빨리 가지 않으면 땅을 나누어 주기 전에 도착하지 못할 것입니다."

중관 사람이 말한 공손함은 성인이 말한 공손함과는 완전히 다른 것이다. 정말 중관 사람이 말한 대로 행동한다면 이는 교활한 상인이나 부유한 장사꾼들처럼 이익을 위하여 재빠르게 행동을 하면서 입으로만 공손한 것이다.

과거 만장(万章)과 석현(昔显)은 우정이 매우 두터운 친구였다. 석현이 관직을 사직하고 큰 재산을 남겨 만장에게 주었다. 그러나 만장은 절대로 받을 수 없다고 하면서 말했다.

"나는 평민의 신분으로 자네의 우정을 받았다. 지금 자네 집이 망하여 내가 자네를 위로해도 부족한데 어떻게 재물을 받을 수 있겠는가? 이것은 자네의 불행인데 나더러 친구의 불행을 행운으로 생각하란 말인가?"

노(鲁)나라와 조(曹)나라는 모두 희씨(姬氏)로 성이 같은 제후국이다. 두 나라 사이의 역사와 감정은 매우 깊었지만 석현과 만장의 개인적인 우정만도 못했다. 노나라는 조나라가 망하는 것을 옆에서 보고만 있었을 뿐만 아니라 진나라가 분배해주는 조나라의 땅을 거절하지도 않았다. 이것은 누군가는 조나라의 불행을 노나라의 행운으로 생각했기 때문이다. 정말 장문중의 지혜가 만장보다 못하단 말인가? 만약 장문중이 말고삐를 늦추고 천천히 조나라로 가서 슬픈 마음을 표현하고 제후들과 약속한 시간에 조금 늦게 도착하여 땅을 받지 못하게 되었어도 노나라는 자신과 동족인 조나라의 멸망을 슬퍼하는 도의를 지킨 것이 된다. 물론 장문중이 서둘러 조나라로 가서 얻은 땅이 적지 않지만 아마도 장문중이 잃은 것이 그가 얻은 땅 보다 더 많을 것이다.

과거 노나라 희공이 위나라의 위기를 구하고 작위를 회복시키려

할 때 장문중은 핵심적 인물이었다. 그때 그는 "제후가 불행해지면 다른 제후들이 그를 불쌍하게 생각한다. 백성들을 교훈할 수 있기 때문이다. 그런데 당신들은 왜 위나라를 복위시키려 하지 않는가?"라는 말로 제후들과 친근함을 나타냈고 이 말은 강대국 진(晉)나라 임금을 감동시켰다. 진(晉)은 최근에 제후가 된 나라로 진나라도 노나라가 동성(同姓)의 우의를 져버리지 않았기 때문에 악의적으로 위나라를 공격할 수 없었고 그러므로 장문중은 위나라 임금의 위기를 구할 수 있었다.

장문중이 위나라의 위기를 구한 것이 진나라를 감동시켰다. 그렇다면 조나라의 땅을 사양하고 받지 않는 것이 오히려 진나라를 감동시킬 수 있지 않았을까? 장문중은 위나라에 대하여는 자신의 모든 것을 내어주며 전혀 아까워하지 않았다. 그런데 그는 조나라에 대하여 오히려 조나라의 땅을 취했다. 이는 결코 장문중이 위나라에게 은혜를 받고 조나라를 싫어해서가 아니라 과거의 의로운 본심을 이미 잃어버렸고 이익을 추구하는 마음이 그의 눈을 가렸기 때문이다. 이익은 친 형제간의 우정도 한 순간에 배반하게 만든다. 그러나 재물을 얻어 한순간 기쁜 것보다도 형제의 우의를 잃어버려 다투는 손해가 더 크다. 나중에 자신이 얻은 재물로 형제간의 벌어진 틈을 메울 수 없기 때문이다. 이익이라고 하는 것은 현명한 사람을 한 순간에 실수의 구렁텅이로 빠트린다. 인간은 그 본성이 악하기 때문이다. 그러므로 옛날의 군자는 불의한 이익을 보면 뒤로 한 걸음 물러나서 자신을 지켰다. 정말로 현명하다. 전통도덕의 가치를 다시한번 생각하게 한다.

이야기 여덟.

진晋나라 장군 낭심狼瞫의 죽음

🌸 사건배경

　기원전 625년, 진(晋)나라가 효(殽) 지방에서 싸울 때 양홍(梁弘)이 양공의 전차를 몰고 내구(萊駒)가 그 전차의 오른편을 맡았다. 전투가 있던 그 다음 날 진(晋) 양공이 진(秦)나라의 포로를 붙잡아 묶고 내구로 하여금 창으로 찔러 죽이라고 했다. 포로가 울부짖는 데 놀라서 내구가 창을 놓쳤는데 이때 낭심(狼瞫)이 그 창을 잡아서 포로를 죽였다. 그래서 양공은 내구를 불러 자신의 전차 뒤에 따라오게 하고 낭심에게 전차의 오른편을 맡게 했다. 그러나 기(箕) 지방에서 싸울 때(희공 33년)에 선진(先軫)은 그를 쫓아내고 속간백(續簡伯)을 등용하여 전차의 오른편을 맡게 했기 때문에 낭심은 선진에게 화를 냈다. 그래서 그의 친구가 낭심에게 말했다.

　"어째서 선진과 사생결단을 하지 않는가?"

낭심이 대답했다.

"나는 아직 죽을 만한 곳을 찾지 못했네."

그래서 그의 친구가 다시 말했다.

"나와 자네가 정변을 일으켜 선진을 죽여 버리세."

이 말을 듣고 낭심은 다음과 같이 말했다.

"『주지(周志)』에 '화가 난다고 용기를 내어 윗사람을 죽이는 자는 명당(明堂)에 오르지 못한다.'고 한 말이 있네. 죽어도 그것이 의롭지 못하다면 그것은 용기가 아니네. 나라를 위하여 죽는 것을 용기라고 하네. 나는 용기가 있다고 해서 전차의 오른 편을 맡게 되었지만 이제 자포자기하여 의롭지 못하게 죽는다면 도리어 용기가 없게 되는 것이니 내가 쫓겨나게 된 것도 당연한 것이 되네. 선진이 나를 몰라주지만 나를 쫓아내는 것이 마땅하다면 그것은 결국 나를 제대로 평가한 셈이 되네. 자네는 좀더 기다려 보게."

팽아(彭衙)의 싸움에서 진을 다 치게 되었을 때 낭심은 자기의 부하들을 이끌고 진(秦)나라 군대를 향하여 돌격하다 전사했으나 진(晉)나라 군대는 낭심의 뒤를 따라서 진격하여 큰 승리를 하게 되었다. 이에 대하여 군자는 다음과 같이 평을 했다.

"낭심은 화가 난다고 반란을 일으키지도 않았고 도리어 용기를 떨쳐 종군하여 목숨을 나라에 바쳤으니 군자라고 할 수 있다."

🌸 해 설

낭심의 죽음을 『좌전』은 칭찬한다. 그 이유는 그가 임금을 모욕한 혈기를 순국의 충정으로 사죄했기 때문이다. 이런 방법이 설사 법도에 맞지 않는다고 할지라도 평범한 사람이 할 수 있는 행동은 결코 아니다. 그러므로 낭심은 열사이다. 그는 자신의 죽음에 대하여 동정심을 구걸하며 이로써 속죄를 대신하는 것을 원하지 않았다. 낭심의 사건은 이미 지나간 과거지만 그는 자신이 저지른 과오에 대하여 진정으로 다른 사람의 책망을 받고자 했고 책망을 두려워하지도 않았다.

사람의 마음은 어떤 일이든 경계선을 알고 있어 자신의 본분을 지킬 수 있다. 이는 모든 것은 그 나름대로의 자리가 있기 때문이며 경계선을 넘어서는 것이 이미 죄악이기 때문이다. 그러므로 염유(冉有)가 창으로 제나라 병거를 공격한 것은 제나라 사람을 원수로 여기기 때문이 아니었고, 안회(顔回)가 공자 보다 광읍(匡邑)에 늦게 도착한 것은 그가 광읍 지역 사람들을 두려워했기 때문이 아니다. 또한 증자(曾子)가 월나라 군대를 피한 것은 월나라 군대를 두려워했기 때문이 아니다. 자사(子思)가 위(卫)나라 임금을 보호한 것은 위나라 임금에게 후하게 한 것이 아니다. 이런 것들은 모두 그들이 있어야 할 위치에서 마땅히 해야 할 것을 한 것에 불과하다.

낭심이 일찍이 병거의 오른편을 맡았을 때 적진에서 죽을 수도 있었다. 그리고 그가 병거의 오른편을 맡지 않게 되었을 때 그의 행동은 원래 거기서 멈추어야 했다. 그것이 바로 경계선이기 때문이다. 하지만 경계선을 넘어선 낭심은 당시 직위도 없이 남의 자리를 침범한 것이

염려되어 경솔하게 전투에 나갔다가 적의 손에 죽임을 당했다. 왜 이런 결과가 나왔을까? 이것은 바로 마음이 직무상에 머물지 않고 생각이 자신의 본분을 넘어섰기 때문이다. 비록 그가 성취한 공로는 위대하여 표면상으로는 사람들에게 칭찬을 받았지만 그러나 그의 속마음은 전차의 오른쪽을 맡지 못한 분노 때문에 원한으로 가득 차 있었다.

낭심이 적군의 진지로 뛰어들 때 선진에 대한 가슴속의 분노와 원한이 서로 충돌하여 상승작용을 일으켰고 끝내는 원한을 품고 사망했다. 그는 자신의 용맹함을 선진에게 보여주고 싶었던 것 같다. 그는 죽어서 비록 사람들의 영원한 찬양을 받았지만 이는 공허한 명예뿐 그의 마음속의 번뇌를 해결할 수 없었다. 나는 작은 언덕에 불과한데 사람들은 나를 태산이나 화산으로 생각하는 것과 같다. 내가 죽은 후 다른 사람의 이런 생각들이 나에게 무슨 유익이 있겠는가? 군자는 자신의 지위와 위치를 정확하게 파악해야 한다. 다른 사람들이 자신에 대하여 욕을 하거나 칭찬을 하는 것은 그에게 아무 의미가 없다. 만약 죽은 낭심이 다시 살아 돌아올 수만 있다면 그는 자신의 이런 견해를 밝히고 싶을 것이다. 그러므로 우리는 중앙에서 밀려났다고, 요직에서 멀어졌다고, 실세가 아니라 버림 받았다고 흥분할 것이 아니라 스스로의 신분과 직분의 경계선을 지키면서 때를 기다려야 한다. 인내의 열매는 달기 때문이다.

이야기 아홉.
초나라 장군 무외无畏의 죽음

사건배경

기원전 617년, 진(晋)나라 제후와 정(鄭)나라는 초나라 목공(穆公)과 식(息) 땅에서 맹약하고 겨울에 채후(蔡侯)와 함께 궐맥(厥貉)에 진을 치고 송나라를 공격하려 했다.

이에 송나라의 대부 화어사(华御事)가 말했다.

"초나라는 우리나라를 약화시키려 합니다. 이쪽에서 먼저 약하다는 것을 보이십시오. 구태여 초나라로 하여금 우리를 싸움에 끌어들이게 할 필요는 없습니다. 우리는 실제로 싸울 능력이 없습니다. 백성들에게 무슨 죄가 있습니까?"

그래서 송공은 곧 초나라 목공을 맞아들여 노고를 위로하고 그의 명령에 따랐다. 그리고 송공은 그들을 인도하여 맹저(盟诸)에서 사냥을 했다. 그때 송공은 우익(右翼), 정나라 임금은 좌익(左翼)을 맡았고 초나

라의 기사(期思) 그 고을의 장(长) 복수(复遂)가 우사마, 무외(无畏)가
좌사마가 되었다.

초나라 목공은 아침 일찍 횃불을 수레에 실으라고 명령했다. 그러나
송공이 그 명령을 따르지 않았기 때문에 초나라 목공의 신하 무외는
송공의 말몰이꾼을 채찍으로 때리고 책망을 했다. 누군가 무외를 말리
면서 말했다.

"송나라 임금에게 창피를 주어서는 안 됩니다."

무외는 대답했다.

"직책을 맡았으므로 그것을 행할 뿐이다. 어찌 임금의 권세가 강하다
고 해서 두려워할 필요가 있겠는가? 『시경』에 '딱딱하다고 뱉지 않으며
부드럽다고 먹지도 않네(大雅, 蒸民)', '마음에도 없이 따르는 자를 내버
려두지 않으며 옳지 않은 자를 경계하네(大雅, 民劳)' 라고 했다. 이는
강한 자를 피하지 않는 것이다. 어찌 죽음을 두려워하여 직책을 소홀히
하겠는가?

기원전 595년, 초나라 임금은 무외를 제(齐)나라에 사신으로 파견하
면서 '송나라에게서 길을 빌리지 말라'고 명령하고 또 공자풍(公子冯)을
진(晋)나라에 사신으로 파견하면서도 정나라에게 길을 빌리지 않도록
명령했다.

무외는 과거 송나라의 맹저(盟诸)에서 사냥을 할 때(문공 10년) 송나라
사람을 때려 송나라의 미움을 샀다. 그래서 그는 장왕에게 다음과 같이
말했다.

"정나라는 사리에 밝지만 송나라는 어둡습니다. 진(晋)나라로 가는

사자는 해를 당하지 않을 것이지만 저는 반드시 죽게 될 것입니다."

그러자 장왕은 무외에게 대답했다.

"송나라에서 너를 죽인다면 우리가 송나라를 쳐서 너를 위해 복수하겠다."

결국 신무외(申无畏)는 아들 신서(申犀)를 장왕에게 보내어 뒷일을 부탁하고 사신의 길을 떠났다. 그가 송나라에 이르자 송나라 사람들은 예상한 대로 그를 사로잡았다. 이때 송나라의 대부 화어사(华御事)는 무외에게 말했다.

"우리나라를 지나가면서 길을 빌린다는 양해를 구하지도 않은 것은 우리나라를 자신의 영토로 생각하는 것이다. 우리나라를 자기 나라의 영토로 생각하는 것은 우리나라가 멸망했다는 것과 같다. 우리가 초나라의 사자를 죽인다면 초나라가 우리나라를 공격할 것이다. 그렇게 되면 우리는 결국 멸망하게 된다. 이렇게 망하나 저렇게 망하나 망하기는 마찬가지다."

말을 마친 대부 화어사는 무외를 죽여 버렸다. 초나라 장왕은 이 소식을 듣자마자 옷소매를 떨치고 일어나서 신발도 신지 않고 칼도 차지 않은 채 달려 나갔다. 초나라 장왕은 송나라를 그해 가을 9월에 공격했다.

🌸 해 설

명예는 운 좋게 얻을 수 없다. 설사 명예를 운 좋게 얻었다고 해도 위험하기 때문이다. 세상일은 원래 겉으로 보기에는 사실 같아 보이지만 내면은 오히려 그렇지 않은 경우가 많다. 행운으로 얻은 명예나 도적질한 명예는 일시적으로는 사람들을 속일 수 있을지 모르지만 언젠가 다른 사람이 근거를 갖고 그 사실을 추궁하면 원래의 모습이 들어나게 되고 거짓이 드러나게 된다. 이런 거짓 명예를 얻게 되면 그 순간부터 책임이 뒤따르게 된다. 예를 들어 돈을 주고 박사학위를 만들어 취업을 하거나 명예를 누리다가 그것이 밝혀져 망신을 당하는 사람들도 있고, 정부의 요직에 오르기 위하여 소위 국회의 검증을 거치는 과정에서 당사자들이 부정한 수단으로 축재를 한 사실이 폭로되거나 탈세를 하거나 친인척의 비리가 밝혀져 망신을 당하는 사람들을 보게 된다. 그러므로 명예는 운 좋게 얻을 수 없다.

무외는 송나라 맹저(盟諸)에서 사냥을 할 때 자신의 나라인 초나라의 위세를 믿고 송나라 소공의 신하를 때려 소공에게 모욕을 주었다. 무외가 어떻게 그럴 수 있는가? 송나라는 비록 약소국이지만 소공은 한 국가의 임금이다. 초나라는 비록 강대국이지만 무외의 지위는 신하이다. 무외의 행동을 논할 때 초나라라는 강대국으로 송나라라는 약소국을 무시했고, 강한 것으로 약한 것을 모욕했다. 이런 행위는 소인들도 쉽게 할 수 있다. 무외의 신분을 논할 때 비천한 것으로 존귀한 것을 침범했고, 약자가 강자를 공격한 것이다. 이것은 일반 사람들이 매우 하기 어려운 것이다. 누구나 낮은 지위에 있으면서 얻기 힘든 귀한 명예를 얻을 수 있다면 누가 이것을 싫어하겠는가? 이것이 바로 무외가 겉으로 드러난 것을 이용하여 명예를 도적질한 방법이다. 그러므로 높은 사람을 모시고 있는 비서직이나 참모들은 스스로의 처신을 조심해야 하고 자신의 지위를 이용하여 이익과 명예를 추구하지 말며 무엇보다도 겸손하여 적을 만들지 말아야 한다.

어려운 사람을 위하여 돈을 물처럼 쓴 적이 있고 곡식을 무료로 도처에 나누어 주는 사람을 우리는 "의협"이라고 부른다. 적진을 뚫고 들어가 곤경을 타파한 사람을 우리는 "용감하다"고 말한다. 지금 무외는 국토가 사방 6000리나 되는 초나라를 힘입어 서로 우호적인 국가인 송나라 임금을 모욕했다. 그러나 송나라 소공 앞에서는 자신의 신분이 미천하고 힘도 없어서 그를 두려워하거나 걱정하도록 만들지도 못했다. 이런 무외를 소공은 어떻게 생각했겠는가?

섭타(涉佗 : 晉나라의 대부)가 위(卫)나라 영공의 팔을 밀고 당기고 하는데 사람들은 섭타가 정직하다고 알고 있고 그가 진(晉)나라의 위세를 빌리고 있음을 모른다. 강충이 태자의 수레를 빼앗았는데 사람들은 강충(江充 : 조나라 한단 여인, 한 무제의 총애를 받음)이 정직하다고 생각하고 그가 한 무제의 권위를 빌린 것을 모른다. 무외가 송나라 소공의 신하를 모욕한 것을 보고도 사람들은 무외가 정직하다고 생각하고 그가 초나라의 임금의 위세를 빌린 것을 모른다. 무외가 초나라의 위세를 빌린 것은 자신이 유명해 지기 위해서이지 다른 이유는 아무 것도 없다. 만약 아랫사람이 권세를 가지고 윗사람을 이렇게 협박하고도 후환이 없다면, 성실한 것이 간사한 것만 못하고 정직한 것이 부정직한 것만 못하고 용감한 것이 비겁한 것보다 못한 것이다.

무외는 자신이 송나라 사람을 때린 후 사람들이 언제나 그에게 광명 정대하고 정직함을 기대한다는 사실을 몰랐다. 반대로 강직하기로 소문 난 정치인의 비리나 부정부패가 탄로 나면 모든 사람들은 그 정치인에 게서 등을 돌린다. 초나라 장왕은 후에 사신을 파견할 때 무외의 강직함 을 생각하면서 그를 보내면 송나라를 통과하면서 길을 빌릴 필요가 없다고 생각했기 때문에 다른 사람보다 무외를 파견했다. 이런 상황을 이해한 무외는 이전에 자신이 얻은 헛된 명예가 이제 진정한 화근의 원인이 된 것을 알았다. 그는 당황하면서 말했다.

"정나라는 이치에 밝고 송나라는 이치가 밝지 않다. 진(晉)나라로 간 사신은 해를 당하지 않겠지만 나는 죽게 될 것이다."

이런 말을 하는 무외가 정말 가련하다. 과거 송나라 소공의 마부를 책망하던 무외의 당당함은 다 어디로 사라졌는가? 처음에는 송나라 사람을 때리며 "직책을 맡았으니 행하는 것이다."라고 말하더니 지금은 왜 "나는 반드시 죽을 것이다."라고 말하는가? 지난번에는 죽음도 두렵 지 않다고 말하고 이번에는 죽음을 두려워한다고 말한다. 목숨이 걸린 긴박한 상황에서 무외의 본래의 모습이 완전히 노출되었다. 그러므로 명예는 구차하게 얻을 수 있는 것이 아니다. 『좌전』은 외부의 힘을 이용하여 출세하거나 명예를 얻고자 하는 사람들에게 무외의 예를 들어 경고하고 있다.

제IV부 망국亡国편

이야기 하나.
약소국의 심리

🌸 사건배경

기원전 712년, 정(鄭)나라와 식(息) 나라는 약속을 했으나 의견에 차이가 있어 식 나라 임금이 정나라를 공격했다. 그래서 정나라 장공은 식나라를 맞아 국경에서 싸웠다. 식나라 군대는 대패하고 돌아갔다. 사람들은 다음과 같은 이유로 전쟁 전에 이미 식나라가 망할 것을 알았다.

"식나라는 자신의 덕을 헤아리지 않고 능력도 헤아리지 않았다. 친척인 나라와 친하지도 않고 상대와 맺은 약속의 시비도 가리지 않았으며 자신의 죄를 반성하지 않았다. 이런 다섯 가지 잘못을 저지르면서 강대국을 공격했으니 나라가 망하는 것은 당연하다."

🌸 해 설

사람들은 누구나 고생하는 것을 싫어한다. 빈곤에 처한 사람들은 가난함을 싫어하고 재난에 처한 사람들은 치욕을 싫어한다. 세상의 이치가 비천할 때는 고생이 함께 오기를 바라지 않지만 고생은 비천함과 함께 오고 빈궁할 때는 가난함을 원하지 않지만 가난은 그림자처럼 따라서 온다. 환난 중에는 치욕스런 일이 생기기를 원하지 않지만 오히려 치욕스런 일은 꼬리처럼 환란에 따라붙는다. 3D 업종에 종사하기를 싫어하면서 신용불량자가 되면 재난이 직접 몸에 미치게 된다. 이들 양자는 불가분의 관계에 있으며 여기서 억지로 벗어나려고 하면 스스로 더 큰 환난에 빠지게 된다.

사람들은 고생은 비천할 때, 가난은 곤궁할 때, 수치는 환난 중에 있을 때 항상 존재하는 것이라고 생각한다. 그러나 환난을 당하는 사람들은 모두 그런 것을 일상적인 것으로 보지 않는다. 만약 괴로움에 처해도 마음에 동요가 없다면 비록 환경이 비천하여도 마음이 편안할 수 있고, 내가 가난하여 비록 환경은 곤궁하지만 마음은 여유로울 수 있다. 치욕 중에서도 마음의 안정을 얻을 수 있으면, 비록 치욕을 당해도 마음은 편안함을 얻을 수 있다. 이것은 약자가 스스로 위안을 얻으며 살아가는 도리이다.

식국(息国)이라고 불리는 나라는 전국시대에 규모가 가장 작은 나라였다. 그래서 이 나라는 항상 강대국 사이에서 조심스럽게 행동하고 자나 깨나 항상 불안해하며 나라를 잃을 것을 걱정했다. 그러면서 어떻게 다른 나라와 전쟁을 생각할 수 있었을까? 식국과 정나라 간에 논의가 불공평하거나 우애롭지 못할 때 약소국이 참아야만 하는 서러움을 식국이 인내하면 강대국인 정나라가 스스로 식국과 불화할 이유가 없고 식국도 정나라에게 멸망당할 이유가 없다. 지금 식국이 일시적 분노를 참지 못하고 자신이 약소국이란 사실을 잊어버리고 강대국을 공격하여 스스로 멸망하게 되는 지경에 이르렀고 다섯 가지 죄명을 식국 혼자서 뒤집어쓰게 되었다.

정나라와 식나라는 여론이 좋지 못했으나 강대국인 정나라가 약소국 인 식국을 공격한 것이 아니다. 오히려 식국이 정나라를 먼저 공격했다. 이것은 도대체 무슨 이유인가? 원래 약소국의 심리는 타인이 자신을 항상 기만한다고 생각한다. 일종의 자격지심 피해망상이다. 그러므로 억울한 마음이 생기기 쉽다. 이것이 식국이 먼저 군사를 일으켜 정나라 를 공격한 원인이다. 사실 이런 마음은 식국만 그런 것은 아니다. 사람도 곤란한 지경에 처하게 되면 가장 억울할 때가 내가 철썩 같이 믿었던 사람이 나를 속일 때 보다 더한 것은 없다. 사실 여기에는 한 가지 불변의 이치가 있다. 우리가 성공하여 잘 나갈 때 사람들이 공경하고 받드는 것은 나 자신이 아니라 나의 부유함과 권력이다. 그러다가 내가 사업에 실패하여 가난하고 비천하게 되면 나를 공경하던 사람들이 나를 속이고 멸시한다. 그들이 나를 속이고 멸시하는 것은 나 자신이 아니라 나의 비천함이다. 우리는 이런 상황을 어떻게 하면 알 수 있을까? 이것은 비교적 간단하다. 만약 우리가 크게 성공했다가 나중에 비천해 지게 되면 처음에 나를 존경하던 사람들은 즉시 나를 멸시하는 사람으 로 바뀐다. 그렇다면 이전에 나를 공경하던 사람들은 나를 진심으로 공경한 것일까? 만약 내가 먼저 가난하다가 나중에 성공하여 존귀하게 되었다면 이전에 나를 멸시하던 사람들은 즉시 나를 존경하게 될까? 아마 사람들이 겉으로는 변해도 적어도 진심은 그렇지 않을 것이다. 그렇다면 과거에 나를 기만하던 사람은 진짜로 나를 기만한 것인가?

사실 사람들은 성공한 사람의 명성과 권력만을 공경한다. 나는 갑자기 체세포 연구를 한다던 한 과학자의 얼굴이 떠오른다. 그가 얼마나 우리 국민의 존경을 한 몸에 받았었는가? 아니 세계적 존경을 받았었는가? 그러다 한 순간에 얼마나 큰 모욕과 멸시를 받았는가? 그러므로 우리는 존경과 멸시에 대하여 기뻐하거나 미워할 이유가 없다. 나를 멸시하는 사람들도 단지 나의 가난함을 멸시할 뿐이다. 이 때문에 우리가 화를 낼 필요는 없다. 그러므로 식국은 화를 낼 필요가 없다. 내가 가난하던 부자이던 원래는 나 자신일 뿐이다. 우리가 무슨 여유가 있어서 부귀한 사람을 공경하여 그들을 기쁘게 만들고 가난한 사람들을 멸시하여 더욱 고민스럽게 만들겠는가? 강남의 아파트 가격이 천정부지로 뛰어오르다 갑자기 부동산 가격이 폭락을 하여 거품이 되어도 원래 가진 것이 없는 사람들에게는 상관이 없다. 그러므로 약자로써 세상을 살면서 마음의 변화가 없이 누구에게도 의존하지 않고 귀한 곳에도 천한 곳에도 처할 줄 아는 것은 감사한 것이다.

이야기 둘.
등邓 나라의 멸망

🌸 사건배경

기원전 688년, 초나라 문왕이 신(申)나라를 치러 가는 도중에 등(邓)나라를 들렀다. 그러자 등나라 기후(祁侯)는 "문왕은 나의 생질이다."하며 초나라 문왕을 머무르게 하고 대접했다. 이때 추생(雅甥) 담생(聃甥) 양생(养甥) 세 사람이 등 나라 임금에게 초나라 문왕을 죽일 것을 요청했으나 등나라 임금은 허락지 않았다. 그래서 세 사람이 말했다.

"우리 등나라를 망칠 자는 반드시 이 사람입니다. 만약 일찍 문왕을 죽이지 않는다면 후에 임금님은 쓸개를 씹는 괴로움이 있을 것입니다. 그때에야 그를 죽이시렵니까? 도모하시려면 지금이 좋은 기회입니다."

등나라 임금은 말했다.

"내가 생질을 죽인다면 귀신들도 우리가 남긴 제물을 먹지 않을 것이다."

세 사람이 다시 대답했다.

"만일 저희 세 사람의 의견을 좇지 않으신다면 나라가 망하여 종묘에 바치는 제물도 없을 터인데 임금님은 어디에서 남긴 제물을 잡수시겠습니까?"

그러나 등나라 임금은 끝내 세 신하의 말을 따르지 않았다. 초나라 문왕은 신(申) 나라를 정벌하고 돌아오면서 등나라를 공격했다.

노나라 장공 16년에 이르러 초나라는 다시 등나라를 정벌하여 멸망시켰다.

🌸 해 설

나라의 흥망성쇠의 원인은 위정자에게 달린 것이며 그 재앙의 근원이 이웃나라에 있는 것이 아니다. 다른 곳에서 그 원인을 찾는 것은 잘못이다. 이는 마치 과거 한의원들이 사람이 병이 나는 원인을 자연현상에서 찾았던 것과 유사하다. 그들은 음기가 지나치면 손발이 차가워지는 병을 앓게 되고 양기가 지나치면 심장 간장이 상하는 병을 앓게 되며 풍기가 지나치면 팔다리가 마비되는 병에 걸리고 비가 많이 오면 배를 앓게 되고 어두움이 지나치면 미혹함에 빠지고 밝음이 지나치면 마음이 피로해지는 병에 걸린다고 한다. 그러므로 이 여섯 가지 기운을 제거해야만 병이 호전될 수 있다고 했다. 그러나 이렇게 자연의 변화를 탓하는 것은 무능한 의원들이 하는 말이다. 신체를 건강하게 유지하는 것은 개인에게 달린 것이며 질병의 발생원인도 이런 자연 현상에 있는 것이 아니다. 자신의 행동을 단정하게 하고 욕심을 부리지 않고 먹는 음식을 조절하고 복용하는 약을 신중히 조절하면 설사 육기(六气)가 조화를 이루지 않아도 우리 몸에 아무런 영향을 줄 수 없다.

위정자가 덕치를 베풀고 형법을 투명하게 하고 국경선을 튼튼히 하고 군사를 잘 훈련시키면 설사 주변의 국가들이 흉악하더라도 당신의 나라에 대하여 흑심을 가질 수 없다. 등나라의 세 신하는 국가의 존망이 자국의 혼란을 다스리는 데 있음을 알지 못하고 오히려 초나라 임금의 생사에 달려 있다고 믿었다. 그래서 서둘러 문왕을 죽이려고 했다. 이 얼마나 어리석은 생각인가? 임금 한사람을 죽인다고 해서 모든 일이 해결되는 것은 결코 아니다. 설사 그들의 말대로 등나라가 문왕을 살해하면 강대국 초나라가 등나라를 그대로 놓아 둘 것인가? 참으로 어리석다. 이런 위인들이 임금을 보좌하는 참모라니 그 나라가 어찌 망하지 않을 수 있겠는가?

그들은 등나라가 망하게 된 진정한 원인을 모른다. 그 원인이 단지 초나라에게만 있겠는가? 이것은 등나라에게 허점이 있었기 때문이다. 즉 그들이 이웃나라를 적으로 생각했기 때문이다.

진(秦)나라는 육국을 통일한 후에 멸망했고 수(隋)나라는 남북을 통일하고 난 후 멸망했다. 이 나라들이 전국을 통일하지 않았다면 오히려 상당히 오랜 기간 나라를 유지할 수 있었을 것이다. 그러나 세상에는 등나라 임금이 세 신하들의 건의를 듣지 않은 것을 후회하는 사람도 있다. 그 원인은 소인의 심리상태는 책임을 자신에게 돌리는 것이 아니라 타인에게 돌리기 때문이다. 이런 심리상태로 이 사건을 살펴보면 물론 등왕이 아니라 초나라 왕에게 책임을 돌릴 수도 있다. 하(夏)나라 걸(桀) 임금이 남쪽으로 쫓겨난 후 사람들에게 말했다.

"나는 탕(湯)을 하대(夏台)의 감옥에서 죽이지 않은 것을 후회한다."

사실 걸왕이 탕을 살해했더라도 걸왕을 죽일 사람이 어디 탕 한명뿐이었겠는가? 걸왕은 모든 악을 저지른 사람이다. 그가 탕을 죽이지 않은 것은 그가 한 일 중에서 유일하게 잘한 일인데 이것마저 후회하다니 그는 정말로 가련한 사람이다.

모든 위정자들은 재임시절 행한 정책 때문에 공(功)과 과(过)가 있다. 이런 공과 과에 대한 평가는 백성들이 그리고 시간이 판단한다. 그러므로 위정자는 퇴임한 후에 자신이 잘한 것을 자랑하지 말아야 하며 특히 잘못한 것에 대하여 잘했다고 걸왕처럼 강변하지 말아야 한다.

이야기 셋.
강대국을 믿지 말라

🌸 사건배경

기원전 655년, 초나라 영윤(令尹) 자문(子文)이 현(弦)나라를 멸하여 현나라 임금은 황(黃)나라로 도망갔다. 그때 강(江) 황(黃) 도(道) 백(柏) 등의 나라들은 제나라와 우호를 맺고 있었는데 모두가 현나라와 인척 관계에 있었다. 현나라의 임금은 제나라와의 우호관계만을 믿고 초나라를 섬기지도 않고 또 군사적으로 적대 국가에 대한 대비를 하지 않았으므로 망했다.

희공 12년 여름, 초나라 사람들이 황(黃)나라를 멸망시켰다. 황나라 사람들은 제후들이 제나라와 화목을 이루고 있는 것을 믿고 초나라에게 공물을 바치지 않으면서 "초나라 서울 영으로부터 우리나라까지는 900 리나 되니 초나라가 어떻게 우리나라로 쳐들어올 것인가?"하며 호언장 담했으므로 여름에 초나라가 황나라를 멸망시킨 것이다.

🌸 해 설

세상의 큰 근심은 타인을 의지하는 데서 시작된다. 그러므로 스스로 경계하지 않는 것이 가장 무서운 것이다. 큰 수치 또한 타인을 의지하는 데서 생기고 자신을 지키지 못하는 것이 가장 큰 수치이다. 타인에게 의지하면 재난을 당하게 되고 그 결과에 대하여 책망을 받아 마땅하다.

제나라 환공은 중화문화를 존중하기 때문에 오랑캐를 배척했다. 그런데 현과 황 두 나라는 멀리 황량한 변방에 위치하여 중국의 예의범절을 동경하여 스스로 제나라의 속국이 되었다. 그러나 그들은 제나라에 의지하고 초나라를 소홀히 했기 때문에 나중에 차례로 초나라에게 멸망을 당하게 된다. 『좌전』에서는 이 두 나라의 멸망에 대하여 "타인에게 의지하고 스스로를 경계하는 것을 잊었다."라고 하여 그들을 책망하고 있다. 이것은 현과 황 두 나라가 국경을 방비 하지 않은 것을 말한다. 결국은 두 나라가 다 초나라에게 멸망을 당했지만 그들이 제나라를 잘못 믿어서 이런 결과가 생겼다고만 말할 수 있겠는가? 또 초나라는 타국을 멸망의 지경에 이르게 했는데 초나라에는 잘못이 없는가? 제나라와 초나라가 어떻게 멸망한 두 나라를 뒤에서 비웃을 수 있는가? 이것은 지나친 것이며 정말로 부끄러움을 모르는 행동이다.

배를 타고 가는 사람들이 뱃사공에게만 의지하고 경계를 하지 않고 단잠을 자다가 물에 빠졌다. 잠을 잔 사람에게도 물론 잘못은 있지만 뱃사공이 물에 빠진 사람을 책망하는 것은 잘못이다. 이것이 누구 때문에 생긴 사고인가? 어떻게 그가 손님을 욕할 수 있겠는가? 사람을 물에 빠트린 것은 뱃사공이다. 그러므로 현과 황 두 나라를 멸망시킨 것은 초나라가 아니라 제나라이다. 현과 황 두 나라의 멸망을 사람들이 유감이라고 생각하지 않는 것을 우리는 더 걱정한다.

절대 군주였던 주나라가 쇠약해진지 이미 오래되었고 오랑캐들이 횡횡하여도 어느 한 나라도 감히 제지하지 못했다. 오직 제나라 환공만이 이런 쇠약한 국면을 회복하려고 노력했다. 그래서 현과 황 두 나라는 이런 오랑캐의 위협 속에서 과감히 제나라를 섬겼다. 이 시기에 사방의 제후들은 모두 현과 황 두 나라의 화와 복을 가늠하며 제나라 환공을 따를 진퇴의 기준으로 삼았다. 만약 두 나라가 중국에 속국이 된 후 사직의 기초가 안정되고 백성들의 생활이 풍족하게 되면 오랑캐의 위협을 받는 다른 나라들은 부러운 마음이 생겨 중국과 친근하게 될 것이다. 초나라가 아무리 강건하지만 어떤 오랑캐 나라들이 그와 공동으로 합작하여 나쁜 짓을 하려하겠는가? 지금 제나라 환공은 이 두 나라의 멸망을 구경만하면서 구원을 해줄 수 없었다. 약소국들은 중국에 속국이 되어도 행복하지 않았고 오랑캐를 배반하면 즉각 재난이 생겼다. 사람들이 왜 편안한 생활을 버리고 재난을 선택하겠는가? 이는 세상 사람들을 오랑캐에게 복종시키려는 것이 아니고 무엇인가? 제나라 환공이 예의를 제창할 때 주변의 약소국들이 중국의 문물을 쫓아야 할지를 확실하게 결정하지 못했다. 왜냐하면 그들이 중국을 쫓는 것이 화가 될지 복이 될지를 몰랐기 때문이다. 그런데 불행하게도 현과 황 두 나라가 중국에 의지하다 재난을 당했다. 그러므로 이마에 그림을 그리고 몸에 문신을 하는 풍속이 있는 나라들은 이 사건을 가리켜 말했다.

"우리가 처음에 중국을 동경한 것은 의상이 화려하고 음악과 무용이 아름답고 특히 제사하는 도구들이 위엄이 있고 여러 가지 악기들로 연주하는 음악이 화목했기 때문이다. 그래서 우리는 나라의 후환을 없앨 수 있다고 생각했었다. 그런데 현과 황 두 나라의 멸망을 보고 중국은 의지하기가 부족한 나라임을 알았다. 중국의 예악제도는 겉모습만 화려한 허위에 불과하다. 어떻게 그것에 속아서 스스로를 재난 속으로 빠지게 할 수 있겠는가?"

현과 황 두 나라의 멸망은 대단한 것은 아니지만 이 두 나라의 멸망으로 말미암아 주변의 약소국들이 중국을 동경하는 마음을 잃어버리게 된 것은 정말로 큰 손실이다. 중국을 군자에 비한다면 주변 국가는 소인들이다. 소인은 군자의 걱정거리이다. 즉 중국의 걱정거리는 주변 국가이다. 그런데 세상에서 군자라고 불리는 사람들이 소인을 불러 그들을 속인다.

"당신이 국가를 통치하는 방법은 매우 위험하다. 내 방법이 안전하니 너는 옛 것을 버리고 내 방법으로 고쳐라!"

그러면서 사실 소인에게는 아무 것도 해주지 않고 오히려 그들이 살아가는 방법을 빼앗고 그들에게 자신을 보호할 도구도 주지 않는다. 소인들이 아직 인(仁)의 도리를 이해하지도 못했는데 그들을 어리석음 속으로 빠트린다. 그들이 의의 경지에 이르지도 않았는데 그들의 기세를 꺾는다. 결국은 국가가 위태롭게 되고 위험에 빠진다. 이렇게 되면 친구들은 서로 비방하면서 그를 탓한다.

"너 내말을 듣지 않고 편리한 옛 방법을 버리고 통하지도 않는 어리석은 외국의 방법을 쫓다가 이제야 재난이 무엇인지 알겠지? 이전에 너는 우리들을 멸시하고 스스로 강대국에게 의지했다. 너는 아침에 군자의 문으로 들어가 저녁에 군자의 이익을 얻을 수 있을 것 같았다. 그런데 오히려 망하여 어려움과 굴욕을 당했다. 이것은 전통을 지키며 편안히 사는 우리만 못한 것이 아닌가?"

그렇다면 이렇게 보잘 것 없고 변통도 모르는 방법이 정말로 의지할 만한 것인가? 이런 설명은 개가 한 마리 짖으니 동네 개들이 다 따라서 짖는 것과 같다. 이 모든 것이 군자라고 자칭하는 사람들의 잘못이다. 군자라고 자칭하는 사람들은 정말로 믿을 만하지 못하다. 하지만 이런 종류의 사람들을 믿을 수 없다고 하여 인의의 도리를 의심하고 믿을 수 없다고 말할 수는 없다. 장군이 되어 병사를 전멸하게 만든 것은 예로부터 있어 왔고 세상 사람들도 병서의 도리를 실천하는 것이 쉽지 않다는 것을 의심하지 않는다. 의사가 되어서 환자를 사망에 이르게 하는 것도 예로부터 있어왔다. 그러나 세상 사람들은 이 때문에 의학 서적의 내용을 의심하지는 않는다. 또 기독교가 부패하여 빛과 소금의 역할을 다 하지 못한다고 비판을 받고 있지만 하나님의 인간에 대한 사랑이 변한 것은 아니다. 기독교가 부패했다고 성경을 폐기할 수 없으며, 덕치(德治)가 이루어지지 않는다고 사서삼경을 폐기할 수는 없다. 진리가 그 안에 있기 때문이다.

이야기 넷.
적을 경시하여 패배하다

🍀 사건배경

기원전 638년, 노(魯)나라가 수구(須句)를 빼앗아 그 임금을 복귀시켰기 때문에 주(邾)나라가 군대를 일으켜 노나라를 공격했다. 노나라 희공(僖公)은 주나라를 경시하여 전쟁에 대한 아무 준비도 없이 주나라의 공격을 방어하려고 했다. 이에 대하여 장문중(臧文仲)이 말했다.

"모든 나라는 국토의 크기와 상관없이 결코 얕보아서는 안 됩니다. 아군이 방비를 하지 않으면 비록 군대의 숫자가 많더라도 승리를 확신할 수 없습니다. 『시경』에서도 말했습니다.

'전전긍긍하여 깊은 연못에 다다른 듯이 하고 얇은 얼음을 밟는 듯이 해야 한다.'

또 '공경하라! 공경하라! 하늘은 밝게 내려다본다. 천명을 실천함은 쉽지 않도다.'

그래서 선왕의 밝은 덕으로써도 오히려 천명을 행하기가 어렵고 두려웠습니다. 그러니 우리 노나라같이 작은 나라야 더 말할 것이 있겠습니까? 임금님께서는 주(邾)나라가 작다고 말하지 마십시오. 작은 벌에도 독이 있는데 하물며 한 나라야 더 말할 필요가 있겠습니까?"

그러나 희공은 이 진언을 무시했다.

8월 8일, 노나라 희공이 주(邾)나라 군대와 승형(升陘) 지방에서 싸웠으나 노나라 군대가 대패했다. 주(邾)나라 사람들이 노나라 희공의 투구를 빼앗아 주(邾)나라 성문인 어문(魚门)에 걸어 놓았다.

해설

큰 것이 작은 것을 이기고, 강한 것이 약한 것을 이기고, 많은 것이 적은 것을 이기는 것은 당연한 것이다. 노(魯)나라와 주(邾)나라가 전쟁을 하기 전에는 모든 사람들이 다 노나라가 전쟁에서 승리할 것을 의심하지 않았다. 그러나 노나라 희공은 주나라를 경시하여 아무 준비도 하지 않았기 때문에 결국 전투에서 대패하고 말았다. 이것을 두고 노나라가 전쟁에 진 것은 노나라 때문이고 주나라가 전쟁에서 승리한 것은 주나라 때문이라고 말한다. 즉 준비한 것으로 준비가 안 된 것을 상대하여 승리한 것이라는 의미이다.

노나라 희공은 어떤 임금인가? 그는 약소국들의 조공을 받을 때는 교만함과 만족감을 얼굴에 나타내며 자신이 모든 사람들의 위에 있다고 생각했다. 반면에 다른 제후들과 동맹을 맺을 때는 황공한 모습으로 스스로를 낮추며 모든 사람들보다 신분이 낮은 것처럼 행동했다. 이 사람이 희공이다. 어떤 때는 두려움이 없다가 어떤 때는 겁이 많은 것처럼 행동하고, 아침에는 번성함을 자랑하다가 저녁에는 몰락한다. 그는 이처럼 다변하는 사람이다. 하지만 이런 것들이 모두 희공만의 잘못이라고 할 수 없을 지도 모른다. 희공은 당시 처한 환경과 지위에 따라서 그렇게 되었을 뿐이다. 희공이 처한 자리는 노나라 임금이다. 그는 노나라 임금의 지위로 약소국들을 접대했고 존귀한 입장에서 비천한 작은 나라를 보면서 마음속으로 교만하려 하지 않아도 자신도 모르게 교만스러워졌다. 반대로 노나라 임금의 위치에서 제나라 진나라와 같은 대국과 동맹을 맺으면서 약소국의 입장에서 존귀한 강대국을 바라보니 마음속으로 두려워하지 않으려 해도 저절로 두려워하게 되었다. 그래서 강대국의 사신을 보면 존경하게 되고 약소국의 사신을 보면 경시하게 된다. 이것이 바로 희공의 실수이고 결국 약소국과의 전쟁에서 패배를 불러왔다. 이로부터 알 수 있는 것은 강대국을 존경하는 것은 희공이 아니라 노나라이며 약소국을 멸시하는 것도 희공이 아니라 노나라이다. 희공은 자신을 자신으로 생각하지 않고 노나라를 자신으로 생각했다. 그러므로 노나라 보다 강대국이면 상대를 존경했고 약소국이면 상대를 무시했다.

순(舜)은 미천한 지위에서 존귀한 황제가 되었다. 그는 산속에서 살면서도 나무와 돌들, 노루와 산돼지들 때문에 우매하거나 무지하지 않았고 농사를 짓고 사냥을 하는 것을 수치로 여기지 않았다. 순은 나중에 제왕이 되어 화려한 의복과 악기를 연주하면서도 쾌락에 빠지지 않았고 수많은 가축과 재물이 있어도 사치하거나 낭비하지 않았다. 이것은 그가 처한 지위가 비록 변했지만 자기 자신은 변했다고 생각하지 않기 때문이다. 이와 비슷한 예는 현대 중국인에게서도 찾을 수 있다. 중국인들은 어떤 사업으로 크게 성공을 하던 자신이 처음으로 출발한 작고 보잘 것 없는 가게를 절대로 남에게 팔지 않는다. 그것은 미신적인 이유 때문이 아니라 자신이 지금은 성공하여 부와 명예를 누리면서 편안히 잘 살지만 과거 힘들고 어려웠던 시절을 잊지 않기 위하여 처음의 가게를 팔지 않는다고 한다. 이런 사람들은 항상 깨어있어 낭비하거나 사치스런 생활에 쉽게 빠지지 않는다. 그러므로 실패할 가능성이 적다. 당시 희공이 만약 이런 도리를 들었더라면 희공은 자신의 단점을 근본적으로 고칠 수 있었을지도 모른다.

이야기 다섯.
송나라 양공의 용병술

🌸 사건배경

기원전 638년, 초나라 군대가 송나라·위나라에게 공격을 당하고 있는 정나라를 돕기 위해 송나라를 공격했다. 그래서 송나라 양공은 초나라와 싸우려고 했다. 이때 대사마 자어(子魚)가 간곡하게 양공에게 말했다.

"하늘이 오래 전에 이미 상(商, 송나라는 상나라의 후손들이 세운 나라이다)을 멸망시켰습니다. 임금님께서 상나라를 부흥시키려고 하나 이는 하늘의 뜻을 거역하는 것입니다."

그러나 송나라 양공은 듣지 않았다.

그해 겨울 11월 초하루, 송나라 양공은 초나라 군대와 홍수(泓水)가에서 싸우게 되었다. 송나라 군대는 이미 전투 준비를 끝냈지만 초나라 군대는 아직 홍수를 다 건너지 못했다. 그때 대사마가 말했다.

"적군은 많고 아군을 적으니 적이 완전히 강을 다 건너기 전에 격멸하십시오."

그러나 양공은 "안 된다"고 했다. 이윽고 초나라 부대가 홍수를 완전히 건너왔으나 아직 진지를 완성하지 못했을 때에 대사마가 또 공격을 하고자 간언했으나 양공은 또 다시 거절했다. 드디어 송나라는 초나라 군대가 완전히 진을 친 후에 공격했다. 결국 송나라 군대는 대패하고 양공은 팔을 다치고 호위병들도 모두 전사했다. 그래서 송나라 사람들이 모두 양공을 비난하자 양공은 말했다.

"군자란 한 번 전쟁에서 다친 자를 거듭 상하게 하지 아니하고 반백의 노인을 체포하지 않는 법이다. 옛날 전쟁에서는 적군을 험한 곳에서는 괴롭히지 않았다. 과인이 비록 망국의 후손이나 대열을 정비하지 못한 적군에게 진격의 북을 치지는 않았노라."

그러자 자어가 말했다.

"임금님께서는 전쟁을 모르십니다. 강적이 험한 곳에서 대열을 정비하지 못하고 있는 것은 하늘이 우리를 돕는 것입니다. 그렇게 막혔을 때에 길목을 쳐서 진격하는 것이 옳지 않습니까? 그래도 오히려 조심해야 합니다. 지금 강한 자는 모두 우리의 적입니다. 비록 팔구십 세의 노인이라도 죽여야 하는데 어째서 반백의 늙은이라고 봐줄 필요가 있겠습니까? 겁 많은 군사의 부끄러움을 처벌하고 전법을 가르치는 것은 적병을 죽이는 데 목적이 있는 것입니다. 부상을 당하고도 죽지 않았으면 다시 쫓아가서 죽여야 합니다. 만일 부상자를 쫓아가 죽이기를 싫어한다면 처음부터 부상시키지 않는 것이 낫습니다. 또 반백의 늙은이를 체포하는 것을 걱정한다면 적에게 항복하는 편이 낫습니다. 삼군을 들어 전쟁을 하는 것은 국가의 이익을 위해서이며 종이나 북을 치는 것은 그 소리가 병사의 사기를 고무시키기 때문입니다. 국가의 이익을 위해서 싸운다면 험한 곳에 처해 있는 적병을 괴롭혀도 좋고 종이나 북을 쳐서 사기가 고무된다면 적병이 아직 대열을 정리하기 전에 공격하는 것도 좋은 것입니다."

🌸 해 설

통치자가 군대를 사용할 때는 군대의 모든 능력을 다 동원한다. 세상에 성실하고 공경스러운 사람이 일을 소홀히 하는 것을 본적이 없다. 그러므로 적들이 이런 사람을 유혹하여 함정에 빠트리려고 할지라도 방법이 없다. 세상에 성실하고 공경스러운 사람이 탐욕을 부리는 것을 본적이 없다. 그러므로 적들이 이익으로 이런 사람을 유혹하려 할지라도 그를 유혹할 방법이 없다. 세상에 성실하고 공경스러운 사람이 일을 어지럽게 하는 것을 본적이 없다. 적들이 상황을 복잡하고 어지럽게 만들지만 그는 걱정이 없다. 이런 성실함과 공경함을 마음속에 가지고 천하를 통치하면 백성들은 그를 의심하지 않고 어떤 유언비어나 음모도 그를 흔들리게 할 수 없다. 이런 마음으로 적을 방어하고 예비하면 백성들은 게으를 수 없고 적이 간악한 술책으로 그를 해칠 수 없다. 그러므로 백성들이나 부하들의 믿음과 지지를 받지 못하는 위정자는 자신이 성실하고 공경스러운지를 먼저 살펴보아야 한다.

송나라가 과거의 전투에서 승리한 원인은 상대방의 경솔함이나 탐욕, 상대방의 혼란이나 시기 그리고 태만 때문에 승리했다. 성실함과 공경함을 마음에 가지고 있으면 위와 같은 5가지 재난의 피해를 모두 피해갈 수 있다. 설사 용병술을 잘 아는 명장들이 성을 포위하고 공격해도 충분히 방어할 수 있다. 상대는 모든 방법을 동원하여 공격하느라 피곤하지만 우리는 편안하며 상대는 항상 시끄럽지만 우리는 안정되어 있다. 정(靜)으로 동(动)을 제압한 것이다. 전쟁에서 항상 승리하는 방법이 존재하는가? 그런 방법은 없으며 세상에서 가장 군대를 잘 운용하는 사람도 성실하고 공경스러움을 갖춘 사람보다 뛰어난 사람은 없다.

자고로 제왕의 족보에 이름을 올린 사람과 큰 종에 이름을 새긴 공신들도 나중에 죄를 범하여 처벌을 받는 것을 볼 수 있다. 그러므로 송나라 양공(襄公), 진여(陳餘)와 같은 부류의 사람들은 성실한 사람들을 항상 비웃는다. 이것은 무슨 이유 때문일까? 이것은 그들에게는 성실함과 공경함 대신에 이익을 쫓는 마음만 있기 때문이다. 사이비 군자로 나라의 어려운 문제를 처리하고 일시적인 성실함과 공경함으로 백년의 간계를 무마하려한다면 어찌 실패하지 않을 수 있겠는가? 이는 물 한잔으로 땔나무를 가득 실은 마차의 불을 끄려는 것과 같다. 불을 끄지 못하는 것은 당연하다.

동일한 사건을 놓고도 사건의 진행 과정과 결과에 대하여 서로 다른 견해를 갖는 것을 종종 볼 수 있다. 예를 들어 최근의 서울 지역의 아파트 값 상승의 문제에 대하여 정부가 가지고 있는 관점과 일반 시민들이 가지고 있는 관점이 상이하다. 정부는 아파트 값 상승의 과정에 대한 파악도 늦었고 결과에 대한 해석도 제대로 파악하지 못했다. 그 결과 정부는 해당 공무원의 문책성 인사로 국민의 마음을 위로하려 했고 또 새로운 대책을 발표했다. 문제는 그럼에도 불구하고 서울 지역의 아파트 가격과 전국의 토지 가격은 계속 상승한다는 점이다. 지금 정부는 아파트 가격과의 전투에서 송나라 양공과 같은 태도를 견지하고 있다. 아파트나 토지의 가격이 다 오른 후에 한발 늦은 정책을 내어놓고 효과가 나기를 기대한다. 사람들이 잘못된 점을 지적해도 받아들여지지 않는다면 패배만 있을 뿐이다.

이야기 여섯.
맞는 말이 꼭 옳은 것은 아니다

🍀 사건배경

기원전 634년, 기(夔)나라 임금이 초나라의 선조 축융(祝融)과 죽웅(鬻熊)을 제사지내지 않았기 때문에 초나라 사람이 그것을 책망했다. 그래서 기나라 임금이 대답했다.

"우리 선조 웅지(熊摯)는 나쁜 병에 걸려 묘실의 자리를 차지하지 못했고 돌아가신 조상에게 빌었으나 용서를 받지 못하여 초나라를 떠나 스스로 기나라로 도망갔습니다. 그러니 초나라 조상에게 제사를 지낼 필요가 있겠습니까?"

기나라가 초나라 조상을 제사지내지 않으려면 처음부터 하지 말았어야 했다. 중도에 제사를 그만둔 것은 설사 명분이 있다고 하더라고 마음이 변했기 때문이다. 그러므로 가을에 초나라 성득신(成得臣)과 투의신(斗宜申)이 군대를 통솔하고 가서 기나라를 멸하고 기나라 임금을 잡아서 끌고 왔다.

🌸❖ 해 설

군자의 의견을 소인의 입을 빌어 말하게 되면 세상 사람들은 단지 소인의 간사함만을 보게 되고 군자의 광명정대함을 알 수 없다. 반면에 소인의 말을 군자의 입을 빌어 말하게 되면 세상 사람들은 단지 광명정대함만을 보게 되고 소인의 간사함을 보지 못한다. 예를 들어 여기에 나무 한그루가 있다. 나무의 줄기는 변하지 않지만 봄기운이 나무에 미치게 되면 메마른 나무를 무성하게 만든다. 그러나 가을의 기운이 나무에 미치게 되면 무성한 줄기가 메마르게 된다. 기라는 것은 나무의 줄기에 숨어 있다가 줄기 밖으로 나온다. 언어도 이와 같다.

온화한 기질을 몸에 지니면 모든 폭언과 거친 말들이 변하여 온화하게 된다. 분노의 기질을 몸에 가지게 되면 모든 정직한 말과 공평한 언어가 변하여 분노하게 된다. 한 마디의 언어도 변하지 않았으나 표현된 선과 악은 이미 하늘과 땅의 차이가 난다. 무엇이 그것을 이렇게 만들었는가? 기질이 언어를 대신했기 때문이다. 그러므로 군자의 학문은 기질을 언어보다 중시한다.

기나라가 초나라의 질문에 대답한 것은 광명정대한 것이었다. 그런데 그 말이 초나라 사람을 격노하게 만들어 결국 망국의 원인이 된 것은 기질의 분노가 언어의 광명정대함을 이겼기 때문이다. 기나라가 초나라의 선조 축융(祝融)과 죽웅(鬻熊)을 제사지내지 않은 것은 예법에 맞는 것이었다. 예를 들어 위(卫)나라의 조상 강숙(康叔)은 선조 후사(后祀)를 제사지내지 않았고 노나라의 조상 주공은 선조 공유(公刘)를 제사지내지 않았다. 이 때문에 그들이 죄가 있다고 말하는 사람은 없다.

이것은 이미 과거의 유학자들의 정론이었다. 그러나 기나라 사람이 한 말은 맞는 것이었지만 그 말이 꼭 옳은 것은 아니었다. 말만 배우고 기질을 배우지 않으면 설사 말이 예법에 맞고 논리가 광명정대해도 오히려 분노한 기질 때문에 실패하기 쉽고 분쟁을 해결할 수가 없을 뿐만 아니라 재난을 더욱 가속화하게 된다.

우리말에 '아' 다르고 '어' 다르다는 말이 있다. 똑같은 말이라도 말하는 사람의 기질에 따라서 전해지는 사람에게는 다르게 들린다는 말이다. 특히 나라의 중요한 정책을 결정하는 위치에 있는 사람들이나 전문가들은 자신의 언행을 조심해야 한다. 그러므로 맞는 말이라도 상황에 따라서 꼭 옳은 것은 아니며 자기 자신뿐만 아니라 심지어 망국의 화를 자초하기도 한다. 조심할 일이다.

이야기 일곱.
성복城濮의 전투

🍀 사건배경

　기원전 632년, 진나라 군대는 신(莘)의 북쪽 성복(城濮)에 진을 쳤다. 서신(胥臣)은 하군의 부장으로서 진(陳)나라와 채(蔡)나라 군대에 대항했다. 초나라의 자옥(子玉)은 약오씨(若敖氏)의 군대 600명을 거느리고 중군의 대장이 되어 진(晋)나라 군대에 대항했다. 자서(子西)는 좌익의 대장이 되었다.

　서신은 말에 호랑이 가죽을 씌우고 진나라와 채나라 군대를 공격했다. 두 나라 군대가 모두 도망가므로 초나라의 우익이 궤멸되었다. 그러자 진(晋)나라의 호모(狐毛)가 두개의 깃발을 세우고 대장과 부장이 도망가는 체하고 난지(欒枝)는 인부들을 시켜 땔나무를 끌어 먼지를 날리면서 거짓으로 도망갔다. 그래서 초나라 군대는 진(晋)나라 군대를 추격했다.

진(晋)나라 원진(原軫)과 극진(郤軫)이 중군의 친위병을 거느리고 측면에서 초나라 군대를 공격하고 호모와 호언도 상군을 거느리고 자서의 군대를 협공했다. 그래서 초나라의 좌익이 무너지자 초나라 군대는 대패했다.

이 전투가 끝나자 초나라는 패자의 자리를 진(晋)나라에게 넘겨주게 되었다.

🌸 해 설

진(晉)나라 문공은 춘추 오패 중 두 번째로 패권을 잡은 패주이다. 진나라 는 내부적으로 계속 반란이 있었고 패권을 잡을 가능성은 별로 많지 않았다. 그러나 일단 중이[문공]가 왕이 되자 기회가 왔다. 중국 속담에 "큰 운이 오는 것은 산도 막지 못한다."는 말이 있다.

주나라의 내란이 안정된 후 초나라가 연합군과 함께 변심한 송나라 를 공격했다. 그래서 송나라는 진(晉)나라에게 구원을 요청했다. 이것은 진나라를 패주로 추천하는 강렬한 표시였다. 진(晉)나라 문공[重耳]은 결정의 순간 고민을 한다. 이번에 싸울 대상은 방대한 영토를 가진 강대국 초나라이다. 그가 만약 위축된다면 진나라는 앞으로 이류 국가 의 지위에서 안주할 수밖에 없었다. 결국 그는 위기를 기회로 만들기로 하고 치밀한 전략을 세워 출병을 결정한다.

진나라 문공은 우선 연합군으로부터 송나라를 구원하기 위하여 초나 라를 패주로 받들고 있는 조(曹)나라와 위(卫)나라를 정벌하기로 결정하 고 초나라 동쪽의 속국 조나라와 위나라를 공격했다. 두 나라는 원래 모두 제(齊)나라의 속국이었다. 그러나 지금은 초나라의 속국이 되어 있었다. 초나라는 제나라 환공(桓公)이 사망한 후 불과 9년 만에 놀라운 발전을 한 것을 알 수 있다. 문공은 조나라를 정벌하기 위하여 위나라에 게 길을 빌려달라고 요청했지만 위나라가 거절했다. 결국 문공은 황하 남쪽으로 행군하여 먼 길을 돌아 조나라를 먼저 공격하고 돌아오면서 위나라를 정벌했다. 그래서 위나라 성공(成公)은 초나라 수도로 도망을 치고 초나라에서 재기를 하려 했으나 초나라가 이를 거절하고 성왕을 자국에서 몰아내고 오히려 진나라에 변명을 했다. 이런 환경은 이미 주변의 국가들이 진(晉)나라에게 기울었음을 보여준다. 특히 초나라 성왕은 진나라를 두려워했었던 것 같다.

초나라 성왕(成王)은 자옥에게 송나라를 공격하게 하면서 말했다. "진나라 군대를 쫓아가지 말라. 진나라 문공은 외국에서 19년 동안 망명생활을 하다가 왕이 된 사람이다. 그는 온갖 험난한 일과 모든 어려움을 맛보았다. 그래서 백성들의 진심과 허위를 잘 알고 있다. 그가 임금이 된 것은 하늘의 뜻이다. 하늘이 밀어주는 자를 이길 수 없다."

그러나 자옥은 자신이 진나라에게 승리할 자신이 있다고 백분에게 말했다. 이 말을 들은 초나라 성왕은 화가 나서 전투에 나가는 자옥에게 겨우 600명의 군사만 내주었다.

초나라 군대는 산전수전을 다 겪은 진나라 군대의 계략에 말려들어 연전연패한다. 총사령관 자옥은 송나라를 포기하고 서쪽의 진(晉)나라 군대와 주력전을 폈다. 기원전 632년, 두 나라는 성복(城濮)에서 결전을 했다. 이 전투에서 초나라가 대패하고 자옥은 자살을 한다. 역사학자들은 이 전투를 "성복지역(城濮之役)"이라고 부른다. 초나라 성왕은 진나라 문공을 알았다. 그래서 그를 두려워했다. 그러나 사령관 자옥은 진나라에 선진과 같은 장군이 있음을 몰랐다. 그는 공을 세우려는 마음이 앞섰다. 이것을 안 성왕이 경고를 하고 말렸지만 듣지 않았다. 성왕도 잘못이 있다. 명령을 듣지 않는 장군에게 군대를 내어주지 말았어야 했다.

이야기 여덟.

초나라 영윤 자문子文의 예언

🍀 사건배경

기원전 605년, 초나라 사마(司馬) 자량(子良)은 아들 초(椒)를 낳았다. 그러자 자량의 형 자문(子文)이 말했다.

"이 아이는 반드시 죽여야 한다. 이 아이는 곰과 호랑이의 모습에 승냥이와 이리의 목소리를 낸다. 죽이지 않는다면 반드시 우리 약오씨(若敖氏) 집안을 멸망시킬 것이다. 속담에 '이리의 새끼가 산이나 들에서 살면 거친 마음이 되어 사람을 해친다.'고 했다. 이 아이가 바로 이리와 같으니 어찌 기를 수 있겠는가?"

그러나 자량은 그 말을 듣지 않았다. 그래서 자문은 큰 걱정거리라고 생각했다. 자문이 자신의 죽음이 임박하게 되자 가족들을 모아 놓고 유언을 했다.

"초(椒)가 정치를 맡게 되면 재빨리 그를 떠나 내란에 연루되지 않도록 하라. 사람이 죽어 귀신이 되어도 먹을 것을 찾는 법인데 우리 약오씨(若敖氏) 집안의 귀신은 굶게 될 것이다."

영윤(令尹) 자문(子文)이 죽자 그의 아들 투반(斗般)은 영윤이 되고 초(椒)는 사마(司馬)가 되고 위가(苪賈)는 공정(工正)이 되었다. 위가는 투반을 참소하여 죽이고 초(椒)를 영윤(令尹)으로 자신은 사마(司馬)가 되었다. 그러자 초는 위가를 미워하게 되었고 약오씨(若敖氏) 집안의 일족을 이끌고 위가를 요양(轑阳) 땅에 가두었다가 죽여 버렸다. 초는 이후 증야(烝野)의 땅에 거하면서 내란을 일으켜 초나라 장왕(庄王)을 공격하려고 했다. 장왕은 문왕, 성왕, 목왕의 공자들을 인질로 삼았으나 초는 그것을 무시하고 장수(漳水) 가에 진군했다. 결국 장왕은 약오씨와 초나라의 고호(皋浒) 땅에서 전투를 하게 되었다.

전투에서 초가 활로 장왕을 쏘자 그 화살이 끌채의 위를 스치고 왕의 앞쪽에 북이 놓여 있는 대(台)를 뚫고 박혔다. 다시 활을 쏘자 그 화살은 끌채를 스치고 수레의 지붕을 뚫었다. 장왕의 군대는 두려워 후퇴했다. 그러나 장왕은 군중을 돌아다니며 격려했다.

"우리의 선군 문왕께서 식(息)나라를 쳐서 이기셨을 때 세 개의 화살을 얻으셨다. 초가 그중 두개를 훔쳐갔으나 이제 다 사용해버렸으니 걱정할 것이 없다."

장왕은 북을 두드리며 군대를 지휘하여 마침내 약오씨(若敖氏) 집안을 멸망시켰다.

해 설

모든 사물은 순경(順境)에 따라 전개되는데 이것을 역경(逆境)으로 생각해 보아야한다. 왜냐하면 세상의 재난은 역경(逆境)에서는 발생하지 않고 순경(順境)에서 늘 발생하기 때문이다. 예를 들어 날카로운 칼과 창은 적을 쓰러트리지 못할 때도 있지만 눈먼 돈과 보석은 한 나라를 멸망시킬 수 있기 때문이다. 추위와 벌레, 습기 등 나쁜 주변 환경이 사람을 꼭 병들게 하는 것은 아니지만 여색과 유흥은 항상 사람의 마음과 몸을 병들게 한다. 우리는 오랜 경험을 통해 편안하고 좋은 상태에서 항상 재난이 발생하는 것을 알 수 있다.

사물이 나의 뜻에 순응할 때 우리가 긍정적 의미로 그것을 보면, 사물의 좋은 면만 보이고 나쁘거나 위험한 면을 볼 수 없다. 자신의 마음대로 살고 욕망에 따라 방종하면, 사물의 진실을 이해하지도 못하고 사망에 이르게 된다. 그러므로 화려하고 복잡한 곳에서 잠시 빠져나와 밝고 넓은 곳에 눈을 두고 사물이 순경으로 오지만 우리는 역경으로 그것을 관찰해야 한다. 그러나 이것은 훌륭한 잔칫상 앞에서 젓가락을 잠시 멈추거나, 좋은 술을 마시다가 술잔을 엎어 놓는 것처럼 어렵다.

초나라의 공자 투(斗)와 초(椒)는 교만하고 사치스러웠다. 그들이 군대를 이끌고 정나라를 구원하러 갈 때 진(晋)나라 조순(趙盾)은 군대를 후퇴시켜 그들을 두려워하는 것처럼 행동했다. 조순은 투와 초의 뜻에 순종하는 것이 그들에게 피해를 증가시키는 것이라고 생각했기 때문이다. 투와 초는 조순이 정말로 자기를 두려워하는 것으로 여겼을 뿐만 아니라 자신의 강성함을 믿고 자의적으로 상황을 왜곡했다. 투와 초는 이 상황을 역경으로 생각하지 않았기 때문에 재난을 자초했다.

　조순의 계략은 마치 권문세가의 노비가 주인의 힘만 믿고 포악을 부려 집안의 다른 사람들은 그를 일부러 피하는 것과 같다. 노비가 만약 길거리로 나가 처음 보는 사람에게 욕을 하고 다니면 길거리의 사람들은 그와 싸움을 하게 된다. 이 노비의 위세는 단지 집안에서만 통할뿐 거리에서는 통하지 않기 때문이다. 따라서 공자 투와 초의 횡포는 초나라 안에서는 인정되었지만 일단 초나라를 벗어나기만 하면 상황이 낯선 거리의 사람들처럼 변했다. 당시 강대국인 진(晉)나라가 전투에서 그들에게 양보할 리가 없지 않은가? 조순이 전투도 하기 전에 먼저 후퇴를 하여 마치 초나라를 두려워하는 것 같이 보이지만 이것은 잘 따져보면 절대 그렇지 않다. 여기에는 반드시 그렇게 해야만 하는 이유가 있다. 그러면 투와 초는 왜 이렇게 조심하지 않았을까? 그것은 진(晉)나라의 봉지(封地)가 초나라보다 약간 적었기 때문인가? 아니면 진나라의 신하들이 초나라만 못했기 때문인가? 아무리 생각해 보아도 왜 그다지 무모했는지 알 수가 없다. 만약 투와 초가 과거에 조순을 만나 적이 있었다면 그들이 이정도로 비참하게 패하지는 않았을 것이다.

　사람의 마음은 선한 측면에서 보면 우리가 만난 모든 것은 나에게 도움이 되지만 반대로 나쁜 측면에서 보면 우리가 만난 모든 것은 나에게 해가 된다. 예를 들어 똑 같은 비와 이슬이 오동나무에 떨어지면 나무는 잘 성장하여 좋은 재목이 되지만 비와 이슬이 가시나무에 떨어지면 쓸모없는 가시를 만드는 것과 같다. 모든 것이 스스로 같은 재료로 다른 결과를 만든다.

이야기 아홉.
진晉나라와 초楚나라의 전쟁

🍀 사건배경

기원전 597년, 초(楚)나라가 진(晉)나라의 속국인 정(鄭)나라를 정벌하자 진(晉)나라가 정나라를 구원했다. 이때 순림보(荀林父)가 중군의 대장이 되었다. 그가 군대를 이끌고 황하에 이르자 정나라가 이미 초나라에게 항복했다는 소식을 듣고 순림보는 되돌아가려고 부하들에게 말했다.

"정나라를 구하기도 전에 우리 백성들을 피로하게 만든다면 무슨 소용이 있겠는가? 초나라가 돌아간 후에 움직여도 늦지는 않다."

수무자(隨武子)도 말했다.

"좋습니다. 제가 듣기로는 전쟁은 적의 빈틈을 보고 움직이는 것이라고 합니다. 덕(德), 형(刑), 정(政), 사(事), 전(典), 예(礼)의 여섯 가지가 올바로 행해지는 나라는 대적해서는 안 되기 때문에 이런 나라를 정벌하지 않는 것입니다. 초나라 임금이 정나라를 토벌한 것은 정나라가 두 마음을 품고 있었기 때문입니다. 그러나 정나라 임금의 겸손함을 가엾게 여겨 용서했던 것입니다. 배반하면 토벌하고 복종하면 용서하여 덕과 형이 잘 행해지고 있습니다. 배반한 자를 토벌하는 것은 형이요 복종하는 자를 회유하는 것은 덕입니다. 초나라 임금은 이 두 가지를 모두 다 행하고 있습니다. 지난해에는 진(陳)나라를 쳐들어갔고 올해는 정나라를 쳐들어갔습니다. 그런데도 초나라 백성들은 피로하다고 생각하지 않으며 임금을 원망하는 자가 없는 것은 정치가 잘되고 있는 증거입니다."

그들은 돌아가다가 초나라 군대와 만나 일전을 벌여 대패한다.

🌸 해 설

진(晉)나라와 초(楚)나라는 서로 패권을 다투고 있었다.

기원전 601년, 초나라 군대는 진(陳)나라가 진(晉)나라와 화평하였으므로 진(陳)나라를 공격하여 점령하고 초나라와 평화조약을 체결한 후 귀국했다.

기원전 597년, 초나라 왕은 진(晉)나라의 속국인 정(鄭)나라를 공격했다. 초나라는 정나라를 포위한 후 17일간 맹공을 퍼부었다. 정나라는 진(晉)나라의 지지를 받으면서 항복하지 않았다. 마침내 성곽의 일부가 공격으로 무너지고 초나라 군대가 막 성 위로 올라가려 할 때 성안에서 큰 울음소리가 들려와 초나라는 군대를 철수시켰다. 그러나 정나라는 초나라 군대의 철수가 진나라의 지원군이 도착했기 때문이라고 착각을 하고 더욱 열심히 전투에 임했다. 초나라 군대는 평화적인 방법으로는 문제를 해결할 수 없음을 알고 다시 성을 공격하여 마침내 정나라를 함락시켰다.

그러나 초나라는 정나라를 자국으로 합병시키지 않았다. 왜냐하면 정나라를 합병한 후 강대국 진나라와 직접 국경을 접하는 것 보다는 차라리 정나라를 완충지대로 남겨놓는 것이 좋다고 생각했기 때문이다. 그래서 초나라는 정나라와 성 아래서 맹약을 맺고 군대를 철수했다. 이때 진(晉)나라 군대가 막 도착하였기 때문에 초나라 군대는 회군을 하면서 진나라와 전투를 하게 되었다. 두 나라 군대는 하남(河南) 영양(滎陽)에서 결전을 벌여 진(晉)나라 군대가 완전히 패배를 당한다. 도망치던 진나라 병사들은 당황하여 황하로 뛰어들거나 아니면 자국의 배위로 기어 올라와 배가 무게를 이기지 못하여 진나라 전선 30여 척이 침몰을 당했다. 진(晉)나라 총사령관 순림보가 명령을 내렸다.

"배에 기어오르는 모든 병사의 손을 잘라버려라."

순식간에 강물은 핏빛으로 변했고 병사들은 황하에 수장을 당했다.

이 전투는 진나라의 패권을 몰락시키고 초나라의 패권을 확정지었다. 진나라의 속국들이 앞을 다투어 초나라에게 머리를 숙였다. 그러나 송나라, 위나라, 조나라, 노나라는 아직도 그대로 있었다. 잠시 후 두 나라는 뒤로 은밀하게 초나라에게 추파를 던졌다.

세상에서 살면서 잘못된 일을 하지 않았으면 그는 광명정대한 사람이다. 자신의 행위가 잘못 되었으면서 마음이 정직한 사람은 논리적으로 있을 수 없다. 세상에는 겉으로 행동하는 것은 옳지만 속마음은 그렇지 않은 사람이 얼마나 많이 있는가?

적적(赤狄)이 진(晉)나라를 공격하여 회읍(怀邑)을 포위했을 때 그 세력이 매우 강성했다. 진나라 제후는 적적이 강성할 때 그를 공격하려 했으나 순림보는 그가 쇠약해지기를 기다리자고 했다. 순림보의 계략이 맞다!

드디어 적적이 풍서(酆舒)에서 백희(伯姬)를 살해했고 이로 말미암아 그의 죄가 폭로되었다. 진나라 대부는 그의 잔인함을 질타했고 백종(伯宗)이 그의 죄악을 토벌했다. 백종의 책략이 맞다.

사람들은 앞의 사건을 보고 모두 진나라 제후가 옳다고 말했지만 순림보의 말에 따라 실행했다. 사람들은 나중의 사건을 보고 진나라의 대부가 옳다고 모두 말하지만 결국 백종의 말에 따라 실행했다. 비록 그들 두 사람의 계략이 성공하였지만 심술(心术)은 바르지 않았다. 이는 겉으로 행동하는 것과 속마음이 다른 것을 보여준다.

회읍을 포위한 전쟁에서 순림보는 적적이 쇄약해지기를 참고 기다렸다. 이것은 상황으로 볼 때 맞다. 그러나 그는 자신의 계략에 대하여 다음과 같이 말했다.

"적적으로 하여금 백성들을 죽이도록 하여 그의 죄악이 가득 차기를 기다리면 그를 죽여 버릴 수 있다."

이것은 무슨 심보인가? 적적이 풍서에서 백희를 죽인 사건으로 백종은 분노하였고 그의 죄악을 토벌하려고 했다. 이런 행동은 감정과 논리적으로 모두 광명정대하다. 그러나 그는 자신의 계략을 설명할 때 이렇게 말했다.

"상대가 혹시 인의도덕을 지켜 신명과 백성들을 받들고 이로써 자신의 천명(天命)을 영원하게 한다면 어떻게 그들을 정벌할 수 있단 말인가?"

백종은 도대체 무슨 심보인가? 우리는 군자가 누군가 난을 일으키는 것을 두려워한다고 들었지 군자가 다른 사람이 수신제가(修身齐家)함을 두려워한다고는 들은 적이 없다. 지금 순림보는 타인의 죄악을 크게 키우려하고 그들의 죄악이 천하로 확대되지 않을 것을 걱정한다. 또 백종은 타인의 환난을 좋아하고 타인이 환란을 수습하려는 것을 걱정한다. 이것은 그들이 패권을 추구하기 때문이며 그들의 마음속에서 생각하는 것은 잔혹한 것이라고 말할 수 있다. 이것이 바로 우리가 말하는 '행위는 옳지만 그 심술은 부정하다.'는 것이다. 그렇다. 옳고 그름을 따지는 사람들은 겉으로 보이는 상대의 행위만을 판단하며 그들의 속마음은 소홀히 여긴다.

　만약 사람의 마음가짐이 올바르지 않으면 그에게 일어나는 모든 일이 순조롭지 못한 것은 당연하다. 동중서(董仲舒) 공손홍(公孫弘) 두 사람은 『춘추(春秋)』를 동시에 연구하여 한나라 무제(武帝)를 섬긴 사람이다. 그러나 세상 사람들은 모두 동중서를 중시하고 공손홍은 경시한다. 이것은 무슨 이유인가? 그것은 그의 마음이 삐뚤어져서 공손홍이 연구한 『춘추』를 사람들이 도(道)라고 부르기를 원하지 않고 그가 연구한 춘추에까지 영향을 미쳤기 때문이다. 이렇게 마음가짐이 부정한 사람을 요새말로는 겉과 속이 다른 사람이라고 할 수 있을 것 같다. 그들이 정치인이면 선거에 당선되기 위하여 지키지도 못할 공약을 남발한다. 그리고 당선이 된 후에는 온갖 핑계를 대며 공약을 차일피일 미룬다. 이제는 유권자들도 이런 사람을 판단할 줄 안다. 그들에게는 상대를 위하는 일이나 객관적인 사실을 있는 그대로 표현하기 위한 정직하고 순수한 마음이 없다. 이런 사람들은 상대방을 이용하기 위하여 서로 교제하고 상대를 위하는 척한다. 그러다 이용가치가 없어지면 서로에게 등을 돌린다. 그들이 사기꾼이면 객관적인 사실을 왜곡하기 위하여 이익과 명예로 상대방을 유혹하고 압박까지 가한다. 이렇게 되어 결국 사물이나 사실을 있는 그대로 표현하는 것이 점점 불가능해진다. 그러나 동중서는 이런 권력과 재물의 유혹과 압력을 이겨냈고 그래서 사람들은 동중서를 존경했다.

‖제Ⅴ부‖ 예법편

이야기 하나.
동맹식의 예법

🏵️ 사건배경

기원전 716년, 진(陳)나라는 정(鄭)나라와 평화조약을 맺었다. 그래서 12월에 진나라 오보(五父)가 정나라로 가서 동맹식에 참석했다. 오보는 정나라 임금과 동맹식에서 정신없이 멍하니 상대를 바라보고만 있었다. 이런 광경을 본 정나라 대부 설백(泄伯)이 말했다.

"오보는 화를 면지 못할 것이다. 동맹식에서 사람들에게 신뢰를 보이지 않았다."

이번에는 정나라 대부 양좌(良佐)가 진나라로 가서 동맹식에 참석했다. 그는 12월 11일에 진나라 임금과 동맹을 맺었는데 그때 또 이런 광경을 보고 앞으로 진나라가 혼란스러워질 것을 알았다.

🌸 해 설

사람을 관찰하는 방법은 들어 난 것보다는 숨겨진 것을 보고 밝은 것보다는 어두운 것을 보아야 한다. 왜냐하면 들어 난 것과 밝은 것은 사람들이 조심하는 것이고 숨겨진 것과 어두운 것은 사람들이 소홀히 여기는 것이기 때문이다. 사람들이 조심하는 것에 대하여는 교만하고 거리낌이 없는 사람들도 자신을 꾸밀 줄 안다. 그러나 사람들이 소홀히 여기는 것에 대하여는 근엄한 사람이라도 실수가 있을 수 있다.

누구나 다른 사람과 만날 때의 모습은 혼자 편안히 있을 때보다 훨씬 단정하고 엄숙하다. 만약 대통령이 당신을 부른다면 당신은 평상시 집에서 입던 옷차림 그대로 대통령을 만날 수 있겠는가? 손님을 접대할 때의 언어와 행동도 개인적으로 친근한 사람들과 이야기 할 때보다는 근엄하다. 특히 국가의 정상들이 모임을 갖거나 연회에 참석할 때는 외빈을 접대하는 신하들이 대전 아래에 줄지어 서있다. 만약 이런 분위기 속에서 어느 한사람이라도 용모가 단정하지 못하여 실수를 하게 되면 그날 저녁에 이미 전국에 웃음거리가 된다. 매스컴이 발달한 요즈음은 말 한마디만 잘못하여도 순식간에 전 세계인의 입방아에 오르게 된다.

사람의 감정은 다른 사람 보다 자신이 잘난 것을 좋아하고 남에게 굴욕을 당하는 것을 싫어한다. 그러나 짧은 시간에 자신을 다른 사람보다 모든 면에서 뛰어나게 만들 수는 없다. 『좌전』에는 열국의 정상들이 서로 외교적으로 교제하면서 개인적인 감정을 노출시키는 웃지 못할 일들이 연속적으로 기록되어 있다. 이것은 누군가 상대를 속이려

하기 때문에 자신도 모르게 간계를 감추고 왕왕 사람들이 볼 수 있는 곳에서는 선한 일을 하고 사람들이 보지 못하는 곳에서는 사악한 생각을 하기 때문이다. 한의학에서는 간장이 나쁘면 시력이 좋지 않고, 신장이 나쁘면 귀가 들리지 않고, 비장이 나쁘면 음식을 먹을 수 없고, 심장이 나쁘면 말을 할 수 없게 된다고 한다. 보이지 않는 곳에 병이 들면 사람들이 알 수 있는 곳에 그 증상이 나타난다. 즉 외부에 나타나는 현상으로 속사정을 알 수 있다.

그러므로 들어 난 것과 밝은 것, 숨겨진 것과 어두운 것은 본래 한 가지 이치이다. 정치인이나 사회적 지도자들이 국민들에게 존경을 받으려면 자신의 관리를 철저하게 하여 혼자 있을 때 죄를 짓지 말아야 한다. 대중은 보다 엄한 도덕적 잣대로 위정자를 판단한다. 만약 단 하루만의 선행과 경건함으로 자신의 사악함을 가리려 한다면 이것은 손바닥으로 하늘을 가리려는 것이다. 잘못한 것은 결코 대중의 눈을 피할 수 없다. 그런 사람들이 진실로 대중의 존경과 사랑을 받을 수 있겠는가? 이치가 분명한 사람이 그런 사람의 참모라면 장차 어떻게 해야 할 것을 알 것이다. 권면하고 가르쳐도 안 된다면 떠나야한다.

춘추시대의 공(公) 후(侯) 경(卿) 대부(大夫)들은 사람들이 보지 않는 어두운 밀실에서 자신을 수양하려고 노력했다. 특히 군주들의 동맹식이나 연회석에 참석할 때 자신의 감정을 억지로 숨기려 하지만 결국은 숨기지 못할 때가 있다. 제후들이 짐승의 피를 마시며 서로의 신의를 다짐할 때 자신은 진심을 다하는 것처럼 행동하지만 이미 다른 사람들이 자신이 진심을 다하지 않는 다는 것을 알고 있다는 사실을 모른다.

또 외교적 예식을 거행하면서 상대에게 거칠고 임의롭게 대하지만
자신의 행동이 거칠고 임의로운지를 모른다. 오케스트라의 연주를 들으
면서 자신도 모르게 졸지만 자신이 조는 줄도 모른다. 예복을 단정히
하고 음악을 들으면서 겉모습이 매우 장중하고 사람을 접대하는 것이
예절에 맞는다고 스스로 생각하지만 사람들이 이미 배후에서 자신에
대한 의견이 분분함을 알지 못한다. 자신이 항상 완벽하다고 옳다고
생각하기 때문이다.

이야기 둘.
효와 충의 도리

🍀 사건배경

기원전 712년, 노나라 은공이 정나라 장공과 내(郲)에서 만나 허(許) 지방을 정벌하려고 출전을 준비하는 군사들에게 대궁(大宮: 祖廟)에서 무기를 나누어주었다. 그때 대부 공손알(公孫閼)은 정나라 영고숙(穎考叔)과 병거를 차지하기 위하여 서로 다투었다. 마침내 영고숙이 먼저 군대의 지휘봉을 가지고 달아났다. 그래서 공손알은 창을 빼들고 그를 쫓아 갔지만 잡지 못하여 화를 냈다.

그해 가을에 은공은 제나라 희공, 정나라 장공과 같이 허나라를 정벌하여 7월 1일에 허나라의 성벽에 도착했다. 영고숙은 정나라 장공의 군기(軍旗)인 모호(蝥弧)를 들고 성벽으로 제일 먼저 뛰어 올랐다. 이를 본 공손알이 밑에서 영고숙을 향하여 활을 쏘았다. 영고숙은 그 화살을 맞고 떨어져 죽었다. 그러나 대부 하숙영(瑕叔盈)이 다시 장공의 군기인 모호를 들고 성벽으로 올라가 깃발을 휘두르며 "우리 임금님이 올라오셨다."라고 소리를 질렀다.

3일, 정나라 군대가 성벽을 넘어 허나라 성안으로 쳐들어갔다. 결국 허나라 장공은 위(卫)나라로 도망을 갔다.

제나라 회공이 빼앗은 허나라 땅을 노나라 은공에게 양보하자 은공은 말했다.

"당신이 허나라가 불충하다고 해서 당신을 따라 정벌했을 뿐입니다. 허나라가 이미 죄를 인정했으니 당신이 무슨 명령을 내리더라도 과인이 어찌 듣지 않을 수 있겠습니까?"

그리고 그는 허나라 땅을 자신이 갖지 않고 공을 세운 정나라에게 주었다.

🌸 해 설

원기(元气)**가 만물에 존재하듯이 의리**(义理)**는 천하에 존재한다.** 이것은 마치 온화하고 따스한 원기가 만물을 포근하게 감싸면 모든 꽃과 나무들은 종류가 다르지만 화려하게 피어나는 것과 같다. 세상에 존재하는 의리는 부모에 대하여 효도하고 군왕에 대하여 충성하며 형제에 대하여 우애롭고 친구에 대하여 의로우며 조상과 사묘에 대하여 경건하고 군대에게는 엄숙하다. 정나라에서 영고숙(颖考叔)은 효자로 유명했고 말 한마디로 정 장공의 모친을 그리워하는 마음을 성사시켜 주었다. 만약 그가 이런 효도를 더 크게 확대했다면 그의 덕행은 세상에 널리 퍼졌을 것이다. 천하의 모든 의리는 효도를 벗어나는 것이 없기 때문이다. 그런 그가 허나라를 공격하는 전쟁터에서 왜 공손알과 지휘권을 다투다 자신의 목숨을 잃게 되는 처지가 되었을까? 정말로 애석하며 이해하기가 어렵다. 영고숙과 정 장공이 대화를 할 때 그는 성정이 온후하고 얼마나 화목한 분위기였는가? 그런데 그가 공손알과 싸울 때에는 원한이 사무쳐 얼마나 흉악한 분위기였는가? 그의 감정표현은 전후의 차이가 어떻게 이렇게 다를 수 있을까? 정 장공이 그에게 음식을 내릴 때 그는 자신의 모친을 생각했었다. 그러나 나중에 군대의 통솔권을 갖기를 원했을 때 그는 모친을 생각하지 않았다. 맛있는 죽과 고기를 버릴 때 그는 모친을 생각하고 두 손으로 수레를 멈출 때 그는 자신의 모친을 생각하지 않았다. 만약 영고숙이 모친을 받드는 존경심으로 그대로 국가에 대한 존경심을 삼았다면 정나라의 사당에서 공손알과 마차를 다투지는 않았을 것이다. 만약 그가 모친을 받드는 엄숙한 태도로 군대의 엄격한 군기를 만들었다면 그는 군대의 지휘봉을 갖고 큰길로 도망치지 않았을 것이다. 이는 영고숙이 효도의 도리를 타인에게 확대하지 못했기 때문이다. 그러므로 영고숙은 원래는 효자라는 명칭을 얻었으나 최후에는 사람들에게 '용맹함과 원망이 부모를 불안하게 만들었다.'는 비평을 받을 수밖에 없었다. 누군가 이 사건에 대하여 다음과 같이 말했다.

"영고숙이 허나라를 공격할 때 자신의 몸을 돌보지 않고 적의 성곽을 앞서서 올라갔다. 설마 이것이 그의 효도를 넓힌 것이란 말인가?"

영고숙이 지휘권을 다툰 사건은 자신만을 위한 것이지 부모에게 효도하기 위한 것은 아니다. 자신의 신체를 보호하는 것은 부모를 모시는 효도이고 전쟁에서 자신의 몸을 잊는 것은 임금을 받드는 충성심이다. 영고숙의 충(忠)과 효(孝)는 서로 다른 두 가지 도리였다.

증자(曾子)는 적진 앞에서 용감하지 않고 적을 죽이지 못하는 것은 불효라고 생각했다. 이렇게 본다면 영고숙의 용감함은 증자가 말하는 효이다. 그러나 중요한 것은 그는 성곽을 오르다 적의 공격을 받고 죽은 것이 아니라 공손알이 쏜 화살에 맞아 죽었다. 즉 사적인 은원관계 때문에 죽은 것이지 공적인 일 때문에 죽은 것이 아니다.

『좌전』의 저자인 좌구명은 시경을 인용하여 영고숙을 다음과 같이 찬미했다.

"영고숙의 효심은 무궁하다. 항상 같은 연배의 사람들에게 효자가 되도록 한다."

효와 충의 비중을 놓고 보면 영고숙은 어머니를 위하여 단지 맛있는 음식을 포기했을 뿐 자신의 명예 때문에 수레를 포기할 수는 없었다. 그렇다면 그의 효도는 한계가 있는 효도이다. 그는 장공을 감화시킬 수는 있었지만 동년배인 공손알을 감화시킬 수는 없었다. 『좌전』의 말과는 달리 영고숙은 다른 사람들에게 예법을 시행함에 있어서 어떤 때는 한계가 있었다는 의미이다. 나는 지금 나의 욕심 때문에 다른 사람을 불편하게 만들고 있지는 않은가? 공자는 부모님의 마음을 편안하게 해드리는 것이 효도라고 했다. 나는 지금 부모님의 마음을 편안하게 해드리고 있는가? 효(孝)를 이룰 수 없다면 충(忠)도 완성할 수 없다. 부모님의 희생으로 얻어지는 충(忠)은 불효자를 슬프게 한다.

이야기 셋.
진晋나라의 예법이 무너지다

🌸 사건배경

기원전 710년, 진(晋)나라 목후(穆侯)의 부인 강씨(姜氏)가 조(条) 지역의 전쟁 때 태자(太子 : 文侯)를 낳아 이름을 구(仇)라 했고 구의 동생(桓叔)을 천묘(千亩) 지역의 전쟁 때 낳았는데 이름을 성사(成师)라 했다. 그래서 대부 사복(师服)이 이렇게 말했다.

"임금님께서 왕자님의 이름을 짓는 법이 이상하다. 무릇 명분은 정의를 제어하고 정의는 예법을 발생시키며 예법은 정치를 체계화하고 정치는 백성을 바로잡는다. 그러므로 정치가 잘 이루어지면 백성들은 평안하고 정치가 어지러우면 난리가 일어난다. 좋은 배우자를 비(妃)라 하고 나쁜 배우자를 구(仇)라고 하는 것이 옛 사람들이 이름을 짓는 법도이다. 그런데 임금님이 태자를 구(仇)라고 이름 짓고 그 아우를 성사(成师)라고 이름 지었으니 예법에 맞지 않아 변난의 조짐이 보인다."

노나라 혜공(惠公) 24년, 진(晋)나라는 문란해졌다. 그러므로 환숙(桓叔)을 곡옥(曲沃) 지역에다 봉하고 정후(靖候)의 손자 난빈(欒賓)으로 하여금 그를 돕도록 했다. 사복(师服)이 말했다.

"내가 듣건대 국가 건립의 근본은 크고 말단은 작아야 한다. 그러면 나라가 견고하게 설 수 있다. 그러므로 천자는 자식을 제후로 봉하고 제후는 자식을 경(卿), 대부(大夫)로 세우고 경은 분가(分家)를 두고 대부는 소종(小宗)을 두고 사(士)는 잡역(杂役)에 종사하는 자제를 두고 농민이나 상공인도 각각 분가를 둔다. 이는 천자로부터 서민에 이르기까지 모두 차등이 있음을 말한다. 그래야만 백성들은 윗사람을 섬기며 아래에서 위를 넘봄이 없다. 그런데 지금 진나라 목공은 전후(甸候)에 속하면서 제후를 봉하니 예법에 맞지 않고 근본이 이미 약해졌다. 그러니 어찌 이 나라가 오래 지속하기를 바랄 수 있겠는가?"

노나라 혜공 30년, 진나라 대부 반보(潘父)가 소후(昭候)를 죽이고 환숙을 임금으로 세우려다가 성공하지 못했다. 그래서 진나라 사람들은 효후(孝候)를 왕으로 삼았다. 그러나 노나라 혜공 45년에 이르러 곡옥 지방의 장백(庄伯)이 진나라 도읍인 익(翼)을 공격하여 효후를 죽였다. 그래서 익(翼) 지방 사람들은 효후의 동생 악후(鄂候)를 왕으로 세웠다. 악후는 애후(哀候)를 낳았다. 악후가 경정(逕庭) 지방을 공격하자 경정 남쪽 사람들이 곡옥의 군대를 안내해서 악후의 지역인 익(翼)을 공격했다.

🌸 해 설

전통과 예법은 중요하며 쉽게 바뀌지 않는다. 특히 한국이나 중국과 같은 전통적인 종법사회에서 본처가 낳은 자식은 적자이고 첩이 낳은 자식은 서자이다. 태어나서 나이가 많으면 장자(长子)이고 나이가 적으면 차자(次子)이다. 이런 순서는 하늘이 정한 것이며 결코 사람이 만든 것이 아니다. 성인은 국가를 적장자(嫡长子)에게 전수하는 불변의 예법을 제정했다. 서출의 아들들도 이것이 인간이 정한 것이 아니라 하늘의 뜻이라는 것을 알고 있었다. 그러므로 사람들은 이 예법을 준수하고 개정하지 않았다. 이것은 사람을 두려워했기 때문이 아니라 하늘을 두려워했기 때문이다! 예를 들어 미자(微子)는 능력이 있었으나 주(纣) 임금을 대신하지 않았고, 목이(目夷)는 양공(襄公)을 대신하지 않았고, 자서(子西)는 소왕(昭王)을 대신하지 않았다. 서자로서 현명함과 재능이 뛰어난 사람이 만약 종사(宗嗣)를 계승하여 나라를 통치했으면 조상의 사업을 크게 빛낼 수 있었고 무궁무진한 기초를 닦을 수도 있었다. 그러나 그들이 끝내 나서지 않고 2인자로 자처하며 물러난 이유는 개인적 사리사욕으로 말미암아 나중에 끝없는 권력투쟁을 시작하는 잘못을 범할 수 없었기 때문이다.

적자(嫡子) 서자(庶子) 장자(长子) 유자(幼子) 등 이미 태어나면서 결정된 명분은 성현들조차 쉽게 변동시킬 수 없었다. 그런데 진(晋)나라 목공(穆公)은 왜 장자와 차자의 이름을 지을 때 이런 예법을 무시하고 오히려 반대로 이름을 지었을까? 그것은 개인적인 애욕(爱欲) 때문이다. 자녀에 대한 지나칠 정도의 개인적인 편애가 전통적인 대의명분을 무너트렸다. 그러나 이에 대한 대가는 너무도 컸다. 작게는 예법을 무시하여 곡옥의 전투를 초래했고 크게는 나라를 멸망시켰다. 자신이 사랑하던 차자(次子) 성사에게도 나라를 물려주지 못했고 자신에게도 아무런 이익이 되지 못했다. 또 목공이 제후의 신분으로 작위를 하사한 것은 성인들이 경고한 것이다. 그런데 진 목공 때에 이런 예법제도는 무너져 버렸다. 그 결과 나중에 제왕이 된 사람은 인력이 하늘의 뜻을 이길 수 있다는 것을 알게 되었고 서자도 적자의 지위를 탈취할 수 있게 되었다. 나이가 어린 사람이 나이가 많은 사람을 능멸할 수 있고, 세월이 흐름에 따라 왕위를 찬탈하고 권력을 빼앗는 재난은 역사 책 속에서 흔히 볼 수 있게 되었다.

신분이 존귀한 목공과 같은 사람은 적도 없고 재산이 풍부하여 비교할 사람도 없지만 기회를 엿보아 그에게서 부당한 이익을 취하려 하는 사람은 매우 많다. 그러므로 목공이 용맹하고 총명한 사람을 시켜 나라를 지켜도 더욱 용맹하고 총명한 사람을 만나면 그 나라를 빼앗기게 된다. 오로지 하늘의 뜻에 맞게 적에 대해 방어를 해야만 비로소 사람들이 틈을 발견하지 못하여 나라를 지킬 수 있다. 이유 없이 하늘이 정한 명분을 어지럽히면 이는 자신이 의지하는 바를 스스로 파괴하는 것이다.

조선시대 소위 당파 싸움은 임금을 자신의 친척으로 세워 권력을 잡으려는 무리들의 결과이다. 그들에게 예법과 명분, 정의와 정치는 없었다. 단지 외척과 종실들이 관료들과 결탁하여 예법과 명분을 무시하고 원하는 것을 얻기 위한 투쟁뿐 이었다. 그러므로 이런 투쟁의 결과에 복종하는 신하는 없었다. 모든 사람들이 다 진 목공이었고 나라는 어지러워졌고 당파싸움의 악순환은 반복되었다. 이것이 결국 국력의 약화를 가져왔고 끝내는 한일합방이라는 국치(国恥)를 당하게 했다. 이렇게 국력을 소모하는 정치는 누구에게나 무익하다. 지금 우리나라의 정치인들은 국력을 소모하고 있지 않은가 묻고 싶다?

이야기 넷.
예법을 따르는 이유

🌸 사건배경

기원전 694년, 노(魯)나라 환공(桓公: 允)은 부인 강씨와 같이 제(齊)나라로 출국을 했다. 이 소식을 들은 대부 신수(申繻)는 말했다.

"아내는 남편의 집에서 편안히 거하고 남편은 아내의 방에서 편히 지내며 서로 부부의 도를 지키고 문란하게 만들지 말아야 합니다. 그것이 예익가 있다고 하는 것입니다. 이를 어기시면 반드시 후회하게 됩니다."

그러나 환공은 대부 신수의 말을 무시하고 춘추 오패인 제(齊)나라 임금과 낙(添)에서 만나기 위하여 부인 문강(文姜)을 데리고 제나라로 갔다. 제나라 임금(姜诸儿)은 문강의 오빠였다. 그런데 제나라 임금이 환공 몰래 환공의 부인(동생 문강)과 사통을 했다. 노나라 환공은 나중에 이 사실을 알게 되었다. 그는 제나라 임금과 문강의 비행을 들추어내려고 했다. 두려운 문강은 그것을 제나라 임금에게 알렸다. 제나라 임금은 자신의 실수가 탈로날 것이 두려워 환공을 죽이기로 했다. 그는 환공을 전송하면서 공자 팽생(彭生)을 시켜 환공을 수레에 태우는 척하다가 수레 안에서 살해를 했다. 노나라에서는 이 내막을 알았지만 군사력이 미약하여 어찌 하지 못하고 있다가 겨우 제나라에 팽생을 살해할 것을 요구한다.

"우리 임금님이 제나라 임금의 위엄을 두려워하여 제나라로 가서 우호를 맺었다. 우호 의식이 끝났으나 아직 귀국하시지 않으셨다. 이는 누구를 탓할 수도 없고 다른 제후들에게도 소문이 나쁘니 팽생을 죽여 이 치욕을 씻게 해 달라."

결국 제나라 임금은 노나라의 요구대로 팽생을 죽여 희생양으로 만든다. 그러나 사람들은 이미 그 내막을 다 알고 있었다. 죽은 팽생만 억울하게 되었다.

🌸 해 설

세상 사람들은 형체가 있는 도적은 두려워하면서 형체가 없는 도적은 오히려 두려워하지 않는다. 예를 들어 관리들이 사리사욕으로 백성들에게 해를 끼치면 전쟁으로 입은 피해보다 피해가 더 심하고, 예법으로 사람들을 보호하면 높은 담장을 쌓아 사람을 지키는 것보다 낫다. 그런데도 사람들이 가끔 예법을 준수하지 않는 원인은 사리사욕에 눈이 어두워 다른 사람을 이용하려 들기 때문이다. 이런 생각은 구체적인 형체가 없기 때문에 임의로움과 친근함으로 예법을 희롱하는 것이다. 그러나 형체가 있는 도적은 다르다. 도적이 오는 것은 방향이 있어 예방할 수 있다. 형체가 없는 도적은 사람들이 교외로 놀러나가거나 연회의 장소에 존재한다. 서로 이야기하면서 웃는 중에도 보이지 않는 창과 방패가 존재한다. 조용한 안방에도 호랑이가 있고 시골마을에도 도적이 있다. 형체가 없는 도적은 어둡고 혼미한 곳에 숨어있고 한 순간에 피해를 발생시켜 우리가 방비할 틈을 주지 않는다. 성인들이 예법으로 몸의 경계를 삼지 않았다면 인류는 이미 오래 전에 소멸되었다.

왕비의 부모가 사망하면 대신을 그 형제들에게 보내어 위로하는 것이 맞는 예법이다. 고모나 자매가 이미 출가했다가 다시 처가에 돌아오면 형제들은 그녀들과 동석하지 않는다. 이 두 가지 예법을 사람들은 사소한 것이라고 생각한다. 그러나 이 문제는 매우 중요하다. 바로 노나라 환공과 문강이 이런 예법을 제대로 지키지 않았기 때문에 함께 제나라에 갔고 환공은 한 순간에 허망하게도 죽음을 당하게 되었다. 환공이 예법을 포기하자 재난이 갑자기 닥쳐 사망의 지경에 이르게 되었다. 물론 예법에 구속을 받는 것 보다 임의롭게 행동하는 것이 편안하고 호탕해 보인다. 그러나 형체가 없는 도적은 이런 틈을 절대 놓치지 않는다.

지도자는 사리사욕을 도적처럼 생각하여야 하고 예법을 성곽과 같이 여겨야한다. 절대 권력을 소유한 지도자일수록 가족과 친인척의 관리에 철저해야 한다. 우리 주변에서 우리가 예법을 지키지 않기만을 호시탐탐 노리는 무리들은 언제든지 우리를 이용하려하고 이런 사람들은 헤아릴 수도 없이 많기 때문이다. 우리가 약간 게으름을 피우면 즉시 이런 사람들의 수중에 떨어지고 만다. 그러므로 우리가 이 험난한 세상에서 생명을 안전하게 유지할 수 있는 방법은 예법을 고수하는 것이다. 예법에 따라 우리의 몸을 살피는 노력이 도살의 잔혹함을 비켜가고 칼과 도끼가 내 몸에 이름을 방지해 준다. 사람들은 항상 지도자의 처신을 보면서 그가 예법에 구속을 받는 것처럼 보인다. 그러나 그들은 지도자가 이 때문에 항상 가장 안전하다는 것을 모른다.

세상 사람들은 예법의 구속을 싫어하고 구속의 원인을 혐오한다. 이것은 그들이 재난을 한번도 당해보지 않았기 때문이다. 만약 적들에게 성을 포위당하면 적을 방어하는 성루가 아무리 엄밀하여도 사람들은 성을 잃을 것을 두려워한다. 성곽의 외부를 흐르는 강물이 아무리 깊고 험해도 강물이 얕지 않은가 걱정을 한다. 이런 상황에서 적을 방어하는 성루가 너무 튼튼하고 강물이 지나치게 깊고 험하다고 투정을 부리는 사람이 있겠는가? 이렇게 성루를 튼튼하게 만들고 강물을 깊게 흐르게 한 것이 바로 성곽을 지키는 방법이다. 만약 성을 지을 때 이 방법에 소홀했다면 지금 적들에게 포위당한 상황에서 걱정이 현실로 변하게 되었을 것이다.

　오래전 성수대교의 붕괴사건을 회상하면서 사리사욕에 눈이 어두워 법을 지키지 않고 엉터리로 성수대교를 건설했던 사람들이 처음부터 건축에서 정한 법과 규칙에 따라서 성실하게 다리를 만들었었다면 수많은 사람들이 생명을 잃지도 않았을 것이고 건설사 스스로의 피해도 없었을 것이다. 우리가 사는 다양한 현장에서 만약 사람들이 형체가 없는 적을 볼 수만 있다면 하나님께 하루에 감사 기도를 백번을 드려도 마음이 편안하지 못할 것이다. 비록 『곡례(曲礼)』에 삼천종의 예법이 수록되어 있지만 이것도 너무 간단하다고 생각할 것이다. 권력과 재산이 많은 사람에 대한 세상의 유혹이 이렇게 강한데 쾌락에 빠지지 않도록 어떻게 한 순간이라도 방심할 수 있으며 예법에 대한 번거로움과 구속을 귀찮아하겠는가?

이야기 다섯.
의례仪礼의 중요성

🍀 사건배경

기원전 676년, 괵(虢)나라 임금과 진(晉)나라 임금이 주나라 천자를 조회했다. 주나라 천자는 잔치를 베풀어 이들에게 술을 하사하고 동일한 선물을 주라고 신하에게 명령했다. 그 선물은 구슬 다섯 쌍과 말 세 필이었는데 예의에 맞는 일은 아니었다. 천자가 제후에게 물건을 하사할 때 제후의 관직이 같지 않을 경우에는 예물도 차등을 둔다. 그 관직에 상응하지 않는 예물을 제후에게 주어서는 안 된다. 이는 의례에 맞지 않는 것이다.

🌸 해 설

하늘은 명분을 사람에게 준 적이 없다. 단지 명분을 천자에게 위탁하여 그것을 지키도록 했을 뿐이다. 중국의 넓은 토지와 인구, 군대의 강력함 등은 모두 천자가 소유할 수 있으나 단지 명분만은 천자가 소유할 수 없었다. 어떤 집안에서 잘난 아들이 있어 그가 모든 집안의 대소사를 아버지 대신 처리하지만 그가 아버지가 될 수는 없다.

주(周)나라 혜왕(惠王)은 명분을 자신의 소유물로 착각하여 사람들에게 선물을 헤프게 베풀었다. 사람은 만족을 모르는 동물이다. 자신이 후작이면 공작이 되고자 하고 또 자신이 공작이면 임금이 되려고 한다. 혜왕은 진나라 임금에게 이미 공작의 의례(仪礼)를 하사했다. 그런데 수십 년이 지나서 진 문공(文公)은 천자에게 군왕의 장례의식을 요구한다. 이는 문공이 정말로 천자의 의례를 빌리려한 것이다. 만약 주나라 혜왕이 선물을 할 때 신분에 차등을 두어 그에게 자신의 경계선을 넘는 마음을 허락하지 않았다면 어떻게 진 문공이 감히 이런 요구를 할 수 있었겠는가? 상하의 명분을 엄숙히 지키는 것은 윗사람의 존엄을 보호하기 위한 것이다.

우리는 지식인들이 의례에 대하여 토론을 할 때 대단하지도 안은 털끝만한 일을 가지고 늘 격론을 벌이는 것을 보았다. 예를 들어 '천자의 좌석은 5층이고 제후의 좌석은 3층이다.' '천자의 묘당은 9척(尺)이고 제후의 묘당은 7척(尺)이다.'라는 문제는 불과 2층과 2척(尺)의 차이 뿐이다. 일반사람들이 보기에 천자와 제후의 구별은 좌석 높이의 차이에 있는 것이 아니다. 그런데 어째서 지식인들은 이런 사소한 문제를 갖고 토론을 하는가? 바로 명분과 질서 때문이다.

높고 거대한 제방이 마치 구름처럼 산악처럼 둘러쳐 있다. 그 위에 쌓아놓은 한자도 못되는 진흙을 보라! 거대한 제방에 비하면 아무런 영향도 줄 수 없을 것 같다. 그러나 큰비가 내리고 홍수가 나면 제방에 물이 가득 차게 된다. 이 때 만약 한자도 못되는 진흙이 유실되지 않고 안전하다면 그 물가에 있는 사람들은 바로 이 진흙 때문에 두려움과 공포에 떨지 않아도 된다. 이때 모든 생명들의 안전은 바로 높이가 한자에 불과한 진흙에 달려있다. 한 뼘의 진흙이 거대한 재난을 막을 수도 있다. 그러므로 척(尺) 촌(寸)을 따지는 의례(仪礼)가 사람들이 경계선을 넘고자하는 혼란을 발생시킬 수 있는 근원을 저지한다.

모든 사회조직에는 나름대로 정한 직급의 서열과 순서가 있다. 이 서열과 순서가 의례이다. 이 서열과 순서를 잘못 집행하면 불만을 낳게 되고 불만은 배반의 동기가 되고 배반은 분열을 불러온다. 그러면 왜 이런 의례를 무시한 처사가 종종 발견되는가? 이것은 지도자의 권위의식과 개인적인 애증 때문이다. 그러므로 지도자는 명분을 항상 자신의 권위와 애증 위에 놓아야 한다. 그렇지 않으면 지도자의 결정이 백성들에게 받아들여지지 않기 때문에 주변의 사람들이 떠나고 사회가 혼란에 빠지고 사람들이 백안시한다. 낙하산식 인사를 자신의 고유권한이라고 생각하는 지도자들은 이점을 깊게 생각해 보아야 한다.

이야기 여섯.
하늘의 도리天理에 관하여

🏵️ 사건배경

기원전 641년, 송나라 사람이 등(滕)나라 선공(宣公)을 사로잡았다. 그해 여름에 송나라 양공은 주(邾)나라 문공(文公)으로 하여금 증(鄫)나라 임금을 사로잡아 차휴(次睢) 지방의 토지신에게 제물로 바치게 하여 그것으로 동이(東夷) 사람들을 두려워하게 만들어 복종시키려 했다. 그러자 송나라 사마(司馬) 자어(子魚)가 말했다.

"옛날에는 말·소·양·돼지·닭 등 육축을 바꾸어 가며 희생으로 사용했고 작은 제사에는 큰 제물을 사용하지 않았습니다. 그런데 하물며 사람을 제물로 쓸 수야 있겠습니까? 제사란 사람의 행복을 찾기 위한 것으로 백성은 신을 제사지내는 주인입니다. 만약 사람을 희생으로 바친다면 어느 귀신이 그것을 받아들이겠습니까? 제나라 환공은 망한 세 나라를 부흥시켜 제후들을 복종시켰으나 의로운 사람들은

환공을 오히려 박덕하다고 했습니다. 그런데 지금 우리 임금님께서는
제후를 단 한번 규합했을 뿐 등나라와 증나라의 두 임금을 사로잡고
또 그들을 애매한 귀신에게 제물로 바치려고 하십니다. 이렇게 하시면
앞으로 열국의 패자가 되시려고 하는 것이 어렵지 않겠습니까? 차라리
그냥 죽게 놓아두었으면 좋겠습니다."

🌼 해 설

사마자어는 권력의 주인을 백성으로 보았다. 그러므로 백성은 신을 제사지내는 주인이라고 했다. 사마자어는 사람을 제물로 바치는 것에 강하게 반대했다. 수기(修己)를 기본으로 하는 도덕 사회에서 신분과 귀천을 막론하고 마음과 행동에 간격이 없으면 행히는 일이 어진 것이고 온 세상을 다 자신의 몸처럼 생각할 수 있다. 반대로 마음과 행동에 간격이 있으면 행하는 일이 잔혹하다. 마음과 행동에 간격이 있으면 이익에 대하여 관심이 생기고 이런 사람들은 잔인하고 포악할 수밖에 없다.

그러므로 위정자는 외부의 사물과 자신이 마치 흐르는 물처럼 혼연일체가 되어 간격이 없어야 한다. 기쁨이 마음속에서 생기면 외부의 사물과 약속하지 않았으나 저절로 기쁘다. 분노도 마찬가지다. 분노가 마음속에서 생기면 외부의 사물과 우리는 자신도 모르게 따라서 분노한다. 우리는 사랑과 미움·슬픔과 기쁨·고통과 해탈·환락과 근심의 정서를 구별하고 손해와 이익·허와 실·화와 복·안정과 위험·생과 사의 변화를 명백히 해야 한다. 한쪽에서 일어나는 모든 사건들에 대해 이쪽에서 간격이 없이 솔직하게 반응하면 저쪽에서도 알고 어떤 간격도 생기지 않는다.

어떤 임금이 백성들을 매우 사랑했다. 그것은 그가 자신의 생각을 속이거나 기만할 수 없었기 때문이며 누구도 그의 광명정대함을 침범할 수 없었기 때문이다. 임금과 백성은 하나이다. 그러므로 백성을 다치게 했다면 그것은 이미 자신을 상하게 한 것이다. 이런 이치를 안다면 어진 정치를 할 수 있는 방법을 알 수 있다.

사랑하는 마음이 없다면 진정한 깨달음도 없고 깨달음이 없다면 융화도 없다. 음과 양이 융화하지 않으면 사람과 신과의 사이에 간격이 생기고 외부의 사물과 우리가 융화하지 않으면 사물과 나 사이에 간격이 생긴다. 자신만의 편리나 이익을 생각한다면 잡신에게 점이나 보며 아첨하는 굴욕을 주저할 것이 있겠는가? 또 잡신에게 아부하면서 어떻게 다른 사람에게 상처를 주는 것을 긍휼히 여길 수 있겠는가? 허망한 것으로 헛된 것을 의존하고, 거짓된 소문은 거짓을 낳는다. 이렇게 되면 음란하고 요상한 학문이 생겨나며 그 다음에 향기가 올라가 신령한 기운이 사람을 엄습하는 요망한 형상이 나타나고 마지막에는 아비규환의 어지러운 재난이 생겨난다. 이것은 송나라 양공(襄公)처럼 하늘이 그에게 잔인한 성격을 준 것이 아니라 양공의 이기심이 너무 크고 귀신을 매우 두려워했기 때문에 사람을 제물로 바치는 잔인한 지경에 이르게 된 것이다.

악독한 생각은 금이나 돌을 녹일 수 있고 전파속도가 전광석화보다 빠르다. 이것은 칼이나 창으로 사람을 죽이는 것은 아니지만 사실 마음으로 사람을 죽이는 것이다. 비록 사람을 제물로 하여 종묘사직에 제사를 드리는 것은 아니지만 사실은 사람으로 마음속의 귀신에게 제사를 지내는 것이다. 그런 사람들은 송나라 양공과 같은 사람들이다.

천하의 도리는 관통하는 것과 막히는 것 두 가지가 있다. 전자는 우리가 사는 이 세상을 포함하여 음과 양, 사물과 자신 모두 어떤 간격도 보이지 않는다. 그 어느 것도 우리가 사랑을 베풀 대상이 아닌 것이 없다. 후자는 우리가 다른 사람을 사랑하고 사물을 중시 여기는 것을 나의 제1원칙으로 놓아도 여전히 실수나 차이가 생겨 마음과 간격을 만든다. 양자의 융화를 방해하는 것들이 마음속에 생겨나 사람들이 일을 처리하는데 방해가 된다. 소위 천리(天理)를 관통한 사람은 어진 길을 걸어가고 천리가 막힌 사람은 잔인하고 포악한 길을 걸어간다. 그러므로 어진 곳에 마음을 두고자 하면 개인적인 것에 마음을 두지 말고 천리의 관통에 마음을 두고 의심과 잔인함을 제거하여 자신의 마음이 천리에 대하여 막힌 것을 먼저 청소해야한다.

이야기 일곱.
주周나라의 예법과 성풍成風

🌸 사건배경

기원전 639년, 임(任)·숙(宿)·수구(須句)·전유(顓臾) 네 나라는 풍성(風姓)의 나라로서 그들의 조상 태호(太皡)와 제수(濟水)의 신을 제사지내면서 중국을 섬겨 왔다. 그런데 주(邾)나라 사람이 수구(須句)를 멸하므로 수구의 임금이 노나라로 도망쳐 왔다. 그것은 노(魯)나라 희공(僖公)의 어머니 성풍(成風) 때문이었다. 그래서 성풍은 수구의 임금을 위하여 희공에게 말했다.

"신에 대한 제사를 존중하고 작은 나라의 군주를 도와 보호하는 것은 주(周)나라의 예의범절이요 야만족이라도 중국을 침략하는 것은 주나라 조정에게는 화가 됩니다. 만약 수구를 부흥시키면 태호와 제수의 신에게 제사를 지내면서 재난에서 벗어나게 됩니다."

그 이듬해 봄에 노나라가 주(邾)나라를 쳐서 수구 지방을 빼앗고 수구의 임금을 원래 나라로 돌려보낸 것은 예의에 맞는 일이었다.

🌸 해 설

선왕의 은혜가 사람들의 마음속에 깊게 각인되어 시대가 바뀌고 미풍양속이 변해도 모두들 여전히 선왕을 칭송한다. 역대의 학생들과 사대부들이 말하는 것은 선왕의 예교이고, 고향의 어른들이 대를 이어 말하는 것은 선왕의 풍속이고, 일반 백성들이 말하는 것은 선왕의 정치이다. 그러므로 선왕의 예교를 배우고 풍속을 전하며 그 정치를 추억하면서 선왕을 사모하는 것이 그치지 않는 것은 당연하다.

성풍(成风)이 수구(须句)를 도와 줄 것을 요구한 것은 단지 친척이란 사적인 감정에서 출발했다. 이는 인지상정이다. 그러나 그녀가 말한 "신에 대한 제사를 존중하고 작은 나라의 군주를 도와 보호하는 것은 주나라의 예의범절이요 야만족이라도 중국을 침략하는 것은 주나라 조정에게는 화가 됩니다."란 말은 주나라 왕실에게 매우 중요한 의미가 있다.

성풍이 말한 주나라의 예의범절에 관한 내용을 자세히 생각해 보자. 그녀의 말 중 마지막 "주나라 조정에게는 화가 된다."는 말은 매일 전쟁이 벌어지는 춘추시대 동안 아무도 알지 못했다. 단지 성풍 한 사람만 알았던 것 같다. 주나라 평왕(平王)이 수도를 동천한 후 주나라는 천자의 지위에서 열국의 지위로 강등되었고 각 제후들의 정치와 풍속도 달라졌고 모든 사람들은 자신의 의견만을 주장했다. 그래서 진나라 사람은 "하늘의 화가 진(晋)나라에 미쳤다."고 말했다. 진나라 사람이 주나라 왕실의 재난에 대하여 말하는 것을 들어본 적이 없다.

성풍(成风)이 수구(须句)를 도와 줄 것을 요구한 것은 주(邾)나라가 이미 수구를 멸망시켰고 그 피해가 장차 노(魯)나라에도 미칠 것이므로 이는 사실 노나라의 재난이다. 그래서 그녀는 희공(僖公)이 움직여주기를 희망했다. 그런데 지금 그녀는 노나라는 언급하지 않고 오히려 주나라 왕실을 언급했다. 이것은 무슨 이유일까? 성풍의 생각은 근거가 있다. 당시 모든 세상의 일은 다 주나라 왕실과 관련이 있었다. 노나라도 독립된 노나라가 아니라 형식상 주나라 왕실을 받드는 제후국 노나라이다. 수구도 노나라와 같이 독립된 나라 수구가 아니라 주나라 왕실을 받드는 나라 수구이다. 그런데 주(邾)나라가 부도덕하게도 주 왕실의 나라인 수구를 멸망시켰다. 그런데 어째서 같은 주 왕실의 노나라가 서둘러 구원을 하러 가지 않는가? 형제의 나라가 적에게 공격을 당하여 망했는데도 노나라는 움직이지 않았다. 우리는 바로 이런 것들 때문에 주나라 왕실이 번영할 수 있었던 것을 알고 있다. 그러므로 옛날이나 지금이나 뜻이 있는 사람들은 우리 사회가 명분과 정의를 지키는 점이 부족한 것을 탄식한다. 성풍(成风)이 21세기에 살았더라면 한 국가를 대표하는 여성 지도자가 되기에 부족함이 없다.

이야기 여덟.
전통 예법의 타락

🏵 사건배경

　기원전 638년, 주(周)나라 평왕(平王)이 동쪽 낙양으로 도읍을 옮겼을 때, 주나라 대부 신유(辛有)가 이천(伊川) 지방으로 갔다가 거기서 머리를 풀어 헤치고 들에서 제사를 지내는 사람을 발견하고 말했다.

　"앞으로 백년 안에 이 지방은 오랑캐 땅이 될 것이다. 중국의 예의범절이 빨리 사라질 것이다."

　가을에 진(秦) 진(晋) 두 나라가 육혼(陸渾) 땅에 사는 오랑캐들을 이천(伊川) 지방으로 옮겼다.

🌸 해 설

모든 것은 서로 반응하고 영향을 주고 받는다. 역사적으로 비록 몸은 변방 지역에 살지만 사람들은 중국인인 것은 주(周)나라의 선조 공유(公劉)가 빈(豳)이란 나라를 다스린 예가 있다.

몸은 중국에 살지만 외지에서 온 사람들이 있다. 이는 진(晋) 고조(高祖)가 거란의 명령을 받은 것을 말한다. 그러므로 외지에 살면서 중화(中華)를 추구하면 충분히 외국의 풍속을 중화로 바꿀 수 있고 중국에 살면서 외국을 추구하면 중국을 외국의 풍속으로 바꿀 수 있다. 전자의 대표적인 예가 세계 각지에 있는 차이나타운들이고 후자의 대표적인 예가 상해나 북경의 중심지에 있는 외국문화를 선호하는 중국인들이다.

이(伊)와 락(洛) 두 지역의 백성들은 비록 예의범절이 발달한 중화 지역에 살았지만 머리를 풀어헤치고 들판에서 제사를 지내는 것은 그들의 생각이 이미 황량한 변방 지역에 가 있는 것이다. 이것은 그들이 중국에 사는 것이 잘못이지 그들의 풍속이 잘못된 것은 아니다. 물이 모이면 저수지가 되고 먹을 것이 있으면 개미가 모이며 외국의 풍속을 행하면 외국사람이 모여든다. 신유가 백 년 전에 이것을 예측한 것은 특별한 방법이 있어서가 아니라 비어있는 들과 황량한 땅이 중국 전역에 아직도 너무 많았기 때문이다. 육혼이 이곳으로 이주하고 다른 곳으로 가지 않은 것은 그들이 거주할 곳을 선택한 결과인가? 아니다. 이는 풍속과 자연이 감응한 결과이다. 묵묵히 풍속을 행하고 자연스럽게 받아들인 것으로 자신도 억제할 수 없는 것이다.

이렇기 때문에 진(秦) 진(晋) 두 나라는 육혼을 이주시키지 않을 수 없었다. 육혼도 이주한 곳에 거주하지 않을 수 없었다. 사실 육혼이 중국에 살게 된 것은 누구의 잘못도 아니다. 선과 악은 확정된 자리가 있는 것이 아니며 중국과 오랑캐도 확정된 명칭이 있는 것이 아니다. 풍속과 문화가 변하면 바로 오랑캐가 된다. 그들이 머리를 풀어헤치고 들판에서 제사를 드릴 때 그들은 이미 오랑캐가 되었다. 어찌 백년 후에 오랑캐가 된다고 말할 수 있는가? 육혼이 변방으로 이전하기 전에 그들에게는 오랑캐의 마음이 이미 존재했고 육혼이 이주한 후 오랑캐의 외형을 갖춘 것뿐이다. 사람들은 진(秦) 진(晉)이 오랑캐를 이주시킨 때부터 중국의 질서가 어지러워지기 시작했다고 말하지만 사실 이(伊)와 락(洛)이 이미 오랑캐의 풍속으로 바뀐 지 오래 되었음을 모르는 말이다. 외국인들이 많이 거주하는 서울의 특정 지역은 이미 우리나라의 풍속과 문화를 잃어 버린 지 오래된 것과 같다. 사람들이 양가죽과 새 깃털로 옷을 만들고 알아들을 수 없는 이상한 언어로 말을 할 때까지 기다릴 필요가 있는가?

한나라 소무(蘇武)는 19년 동안 모든 박해를 받고 북해에서 양을 치며 살았으나 그의 마음속에 한 순간도 조국을 잊은 적이 없다. 당나라의 폐 세자 승건(承乾)은 몸은 당나라를 떠난 적이 없었으나 이미 완전히 돌궐(突厥)화 했다. 그러므로 세상에서 가장 두려운 것은 사람의 마음속에 무엇이 들어있나 하는 있는 것이다. 북한의 핵폭탄도 그 다음이다.

이야기 아홉.
공자의 예법과 외교

🍀 사건배경

기원전 500년, 노나라 정공(定公)은 제나라와 평화조약을 맺었다. 여름에 정공이 제나라 임금과 축기(祝其)에서 정상회담을 가졌다. 공자(孔子)가 노나라 정공을 도와 따라갔다. 제나라 대부인 이미(犁弥)가 제나라 임금에게 말했다.

"공자는 비록 예절을 아나 용기가 없는 사람입니다. 만일 래(萊) 사람에게 무기를 주어 노나라 임금을 위협하면 우리 생각대로 될 것입니다."

제나라 임금은 그의 말대로 했다. 공자는 정공을 따라 물러나와 말했다.

"군사들로 하여금 래(萊) 사람들을 치게 하십시오. 두 나라 임금께서 우호를 맺는 자리에 오랑캐의 포로가 무기를 들고 문란하게 하다니

이는 제나라 임금의 잘못입니다. 오랑캐는 중화를 문란하게 하지 못하며 포로는 동맹을 맺는 데 간섭하지 못하고 무기는 우호를 맺는 자리에 가까이 있으면 안 됩니다. 이런 것은 천지신명께는 불미스러운 것이고 도덕적으로 의(义)를 욕되게 하는 것이며 사람에게는 예(礼)를 잃는 것입니다."

제나라 임금은 이 소식을 듣고 갑자기 래 사람들을 물러나게 했다. 동맹을 맺을 때 제나라 사람들은 문서에 다음과 같이 기록했다.

"앞으로 제나라 군사가 국경 밖으로 나가 제후를 정벌할 때 노나라는 병거 삼백 승을 내어 제나라를 돕지 않는다면 이 동맹의 서약에 의하여 저주를 받을 것이다."

공자는 노나라 대부를 시켜 대답하도록 했다.

"제나라가 우리에게 문양(汶阳) 땅을 돌려주지 않으면 우리가 당신들의 명을 받들 때도 이 동맹에 의해 제나라는 벌을 받을 것이다."

그래서 나중에 제나라는 점령했던 운 환 귀음의 땅을 노나라에 돌려주었다.

🌸 해 설

춘추시대에 중국역사에 가장 크고 심오한 영향을 준 제후국은 춘추오패가 아니라 산둥 반도의 태산 아래 위치한 노(魯)나라였다. 노나라는 제나라와 국경을 같이 하고 있었고 국경선 근처의 문양(汶阳) 일대 농토를 얻기 위하여 제나라와 끊임없이 충돌했다. 충돌의 결과는 당연히 노나라의 손해였다. 왜냐하면 노나라는 약소국이었기 때문이다.

제나라와 노나라의 임금이 정상회담을 하면서 제나라는 정상회담의 예법을 잘 알지 못했다. 공자는 이런 점을 지적하여 문이 무보다 강함을 증명하였고 노나라가 잃었던 영토를 반환받을 수 있었다. 이것은 약소국의 외교적 승리라고 할 수 있다.

공자는 '예교(礼教)'의 전문가가 되어 명성을 날린다. 그는 삼환(三桓)의 한 명인 중손(仲孙)의 관심을 끌었다. 중손이 임종 때, 그의 두 아들 중손무기와 중손경숙에게 공자에게 가서 이런 지식을 배우라고 유언을 한다. 이것이 계기가 되어 공자는 노나라의 특수 정치 형태인 '삼환정치'와 결합한다.

노나라 삼환의 가장 걸출한 인물로 계손의 가신 양호(阳虎)가 있다. 그는 삼환을 반대하는 대표적 인물로 계손과 다른 이환에게 압박을 가한다. 양호는 나중에 노나라의 재상이 되어 실질적으로 정치를 3년간 책임진다. 그는 겸손한 전문가를 찾았고 직접 공자를 방문하여 재상직을 부탁하지만 공자는 정권의 안전성에 의심을 하여 그의 제안을 수락하지 않았다.

기원전 502년, 계손은 양호를 공격하여 승리하고 양호는 도망갔다.

삼환은 공자가 양호의 제안을 거절한 것에 깊은 인상을 받아 공자를 중도(中都 : 山东 汉上)의 수장으로 임명한다. 이렇게 공자의 정치생애가 시작되었다.

우리는 흔히 선비들이 온유한 것을 유순하다고 하고 중용을 추구하는 정신을 우유부단하다고 표현한다. 그런데 오늘 공자의 언행을 보면 예에 맞지 않는 경우 전쟁도 불사하고 있음을 본다. 그는 정상회담에서 무기를 들고 있는 사람들을 보고 예의에 맞지 않는다고 하면서 그들의 손발을 잘라버리기도 했다. 이렇듯 원칙과 명분은 목숨이나 이익보다 중요하다. 그렇지 않다면 어떻게 약소국인 작은 노나라가 강대국인 제나라와 만나면서 이렇게 당당할 수 있겠는가? 아무리 강대국이라도 잘못한 것이 있으면 명분이 떳떳하지 못하기 때문이다. 우리도 대외관계에서 눈앞의 작은 이익만을 추구하지 말고 나라의 먼 미래를 위하여 명분을 중시해야만 한다.

‖제VI부‖ 교훈편

이야기 하나.
원칙과 약속

🌸 사건배경

기원전 722년, 정(鄭)나라 장공은 동생 공숙단을 도와 반정을 도모한 어머니 강씨를 성영(城潁)이란 곳에 가두어 놓고 맹세했다.

"내가 황천에 가기 전에는 어머니를 다시는 만나지 않겠다."

그러나 시간이 지나자 그는 이렇게 맹세한 것을 후회했다. 이때 영고숙(潁考叔)이란 사람이 영곡(潁谷) 땅의 관리로 있었는데 이런 소식을 듣고 장공에게 올빼미를 선물로 바쳤다.

그는 장공의 마음을 돌리기 위해서 다음과 같이 말했다.

"올빼미는 낮에는 태산도 보지 못하지만 밤만 되면 짐승의 터럭 한 올까지도 분별합니다. 즉 조그만 것은 볼 줄 알아도 큰 것은 보지 못하지요.. 그런데 이 올빼미는 어릴 때 어미가 주는 먹이를 먹고 자라서는 장성하면 그 어미를 쪼아 먹기 때문에 세상에선 불효한 새라고 합니다. 그래서 사람들은 서슴지 않고 이 새를 잡아먹지요."

장공은 아무 말 없이 답례로 영고숙에게 음식을 하사했다. 영고숙은 그 음식을 먹으면서 일부러 고기를 남겨 놓았다. 장공이 그 이유를 묻자 영고숙이 대답했다.

"저에게는 어머님이 계신데 늘 저희들이 먹는 음식만 잡수셨지 이렇게 임금님이 하사하신 좋은 음식을 드신 적이 없습니다. 그래서 이 음식을 어머니께 가져다드리려 합니다."

그러자 장공은 말했다.

"자네는 정말로 효성이 지극하군. 오히려 내가 그대만 못하군."

영고숙이 시치미를 따고 장공에게 물었다.

"어째서 그러신지 감히 여쭈어 보겠습니다."

장공은 그 이유를 말하면서 어머니를 보고 싶지만 임금은 한번 말한 것을 반드시 지켜야 하기 때문에 과거에 맹세한 것을 후회하고 있는 중이라고 설명했다. 이 말을 듣고 영고숙이 대답했다.

"임금님께서는 어째서 걱정을 하십니까? 땅을 파서 황천(黃泉 : 누런 물)이 나오면 지하도를 만들고 거기서 어머니를 만나 보시면 누가 임금님께서 맹세를 어겼다고 말하겠습니까?"

장공은 매우 기뻐하며 그의 말을 따랐다. 장공은 지하도에서 어머니를 만나 뵙고 말했다. "황천 지하도 가운데서 그 즐거움이 흡족하도다."

어머니 강씨도 지하에서 나와서 말했다.

"황천 지하도 밖은 그 즐거움이 넘치는구나."

드디어 모자는 예전과 같은 관계를 회복하고 친해질 수 있었다.

🌸 해 설

원칙과 약속은 지켜져야만 한다. 이것이 무너지면 세상이 어지러워지기 때문이다. 장공은 동생을 편애하는 어머니에게 화가 나서 어머니 강씨를 다시는 살아생전에 보지 않겠다고 맹세를 했다. 그러나 그는 세월이 지나자 곧 후회를 했시만 임금이기에 한번 한 말에 대하여 책임을 져야했다. 지도자의 언행이 가벼우면 그의 말 한 마디에 국가의 운명이 위태롭게 될 수도 있기 때문이다. 그러므로 지도자는 항상 심사숙고한 후에 말하고 행동해야 한다. 만약 국민이 위정자의 가벼운 언행을 걱정하게 된다면 그 나라의 미래는 위험하다고 할 수 있다.

그러나 사람은 항상 한 가지 신분으로만 살수는 없다. 장공도 임금이지만 한 어미의 자식이듯이 다양한 주변 환경을 고려해야만 했다. 그럼에도 장공은 공적인 입장인 임금의 권위와 체면을 개인적인 입장보다 더 중하게 생각하여 어머님의 문제로 항상 근심하던 차에 영고숙을 만나 원칙과 약속을 지키면서 사적인 효행의 문제를 해결했다.

원칙과 약속이 지켜지지 않는 사회는 믿음이 없는 부패한 사회이다. 부패한 사회는 원칙과 약속을 지키지 않는 지도자들에 의하여 만들어진다. 부패한 사회의 지도자들은 장공과는 반대로 자신의 위치를 이용하여 공적인 입장보다는 오히려 사적인 이익추구에 급급한 모습을 보여준다. 그러므로 그들이 말한 원칙과 약속은 변칙과 융통성이란 미명하에 지켜지지 않는다. 수많은 원칙과 약속들이 연속적으로 발표되지만 사람들은 그들의 약속을 더 이상 믿지 않는다. 결국 국가 경제는 어려움에 빠지고, 빈부의 격차가 갈수록 커지고, 서민들의 생활은 더욱 힘들게 된다. 사람들은 부패한 권력층을 더 이상 믿지 않게 되고 배신감을 느끼며 심지어 나라를 떠난다. 그렇지 않으면 백성들이 반란을 일으켜 부패한 사회 권력층에 대항한다. 이런 고난 속에서 마지막으로 백성들은 한 명의 영웅의 탄생을 고대하는 마음을 갖게 된다. 이런 영웅은 시대에 따라서 삐뚤어진 모습으로 보이기도 한다. 과거 전제정치나 군사 독재 정권시절 임꺽정과 일지매, 심지어 정치 깡패 등에 대하여 사람들이 동경했던 것은 바로 이 때문이다. 그들에게는 삐뚤어진 원칙이지만 나름대로의 원칙과 의리가 있었기 때문이다.

이야기 둘.
상하의 명분

🌸 사건배경

기원전 720년, 정나라 무공(武公)과 그의 아들 장공(庄公)이 주(周)나라 천자 평왕(平王)의 신하인 경사(卿士)가 되어 주나라 정치를 돕고 있었다. 그러나 주나라 평왕은 그들을 멀리하고 장차 괵공(虢公)에게 정권을 맡기려 했다. 이것을 안 정나라 장공은 평왕을 원망했다. 평왕은 장공에게 그렇지 않다고 부인하며 서로의 믿음을 위하여 인질을 교환하기로 했다.

결국 주나라 공자 호(狐)는 정나라에 인질이 되었고, 정나라 공자 홀(忽)은 주나라에 인질이 되었다. 나중에 천자인 평왕이 사망하자 주나라 사람들은 괵공에게 정권을 맡기려 했다. 그러자 그해 봄 4월에 정나라 대부 제족(祭足)은 군대를 이끌고 주나라로 쳐들어가서 온(溫) 지방의 보리를 베어 가고 가을에는 또 성주(成周) 땅의 벼를 베어 갔다.

그래서 사람들이 이런 인질 교환에 대하여 다음과 같이 말했다.

"믿음이 진심에서 나온 것이라면 인질을 교환하는 것은 무익하다. 서로가 관용과 공명정대한 마음으로 행동하고 예의로 우호관계를 맺었다면 비록 인질을 교환하지 않았어도 누가 그 사이를 감히 이간질시킬 수 있겠는가? 진실로 서로에 대하여 공명정대한 믿음이 있다면 산골짝의 계곡이나 늪이나 밭둑에서 자라나는 잡초라도 신에게 제물로 바칠 수가 있고 왕에게 선물로 보낼 수도 있다. 임금들이 서로의 신의(信義)를 지키고 예의로써 약속을 이행한다면 어찌 인질을 교환할 필요가 있겠는가?"

🌸 해 설

천자(天子)가 제후(諸侯)를 상대하는 것은 상하관계로 볼 때 제후(諸侯)가 가신(家臣)을 상대하는 것과 같다. 가신으로 노나라의 권력을 잡은 계손씨(季孫氏)는 노나라의 실권자로 임금의 권력을 능가했다. 그러나 사람들은 결코 노계(魯季)를 함께 말하지 않았다. 진씨(陳氏)는 제(齊)나라의 실권자로 제나라 임금의 권력을 능가했다. 그러나 사람들은 제진(齊陳)을 함께 말하지 않았다. 왜냐하면 계손씨와 진씨가 비록 당시의 임금보다 세력이 막강했으나 결국은 각각 노나라와 제나라 임금의 신하였기 때문이다. 어찌 군신(君臣)을 함께 호칭하여 상하의 명분을 혼란스럽게 만들 수 있겠는가?

주나라 왕실이 동쪽 낙읍(洛邑)으로 수도를 이전하면서 동주시대가 개막되었고 당시 정나라 임금은 주나라의 경사(卿士)가 된지 얼마 되지 않았다. 그러므로 두 나라 사이에는 아직 군신간의 명분이 존재했다. 군왕은 신하에 대하여 그가 유능하면 등용하고 유능하지 못하면 등용하지 않으면 된다. 이것은 신하가 항의할 성질의 것도 아니며 두 나라 사이에 아무런 문제가 되지 않는다.

문제는 천자인 주나라 평왕은 원래 정나라 임금을 경사로 등용하지 않으려 했으나 그가 두려워서 그렇게 하지 못했고 또 괵공(虢公)을 경사로 등용하려 했으나 의지가 나약하여 그렇게 하지 못했다. 그리고 거짓말로 자신의 신하인 정나라를 기만했으니 이미 천자의 신분에 스스로 상처를 입힌 것이다. 그러므로 오륜(五倫)의 첫째가 군신유의(君臣有义)인 것을 아무리 강조해도 지나치지 않는다. 천자는 자신이 이런 처지가 될 줄은 생각도 못하다가 결국 스스로 정나라와 인질교환을 하게 되는 지경에 이르고 말았다. 정나라 임금도 자신이 신하라는 신분임을 망각하고 주나라 천자와 대등하게 인질을 교환했다. 두 나라는 인질 교환을 통하여 군신(君臣)의 지위가 동등하여졌고 그들 간에 존비(尊卑)의 명분이 완전히 없어졌다. 인질을 교환하기 이전에는 주 평왕은 천자이고 정 장공은 제후였지만 인질을 교환한 이후에 주 평왕과 정 장공의 지위는 대등하게 되었다.

만약 처음부터 주 평왕이 정나라 장공을 싫어할 때 즉시 그를 축출했으면 정 장공이 설사 전쟁을 일으켜도 그는 주나라의 신하로서 쿠데타를 일으킨 역적에 불과한 것이며 평왕이 설사 전쟁에 패하더라도 천자의 존귀와 위엄은 여전히 존재한다. 그런데 지금은 천자가 임의로 신하와 인질을 교환하여 스스로 일반 제후로 자처한 것이 되어 오히려 천자로 자칭할 수 없는 처지가 되었다. 그러니 앞으로 어느 제후가 평왕을 천자로 생각하겠는가? 만약 훗날 다른 제후가 군사를 일으켜 주나라를 침범해도 제후가 천자를 배반한 것이 아니라 제후가 제후를 공격한 것이다. 그러나 주나라 평왕이 계속 천자로 자처했다면 천자라는 최고의 존귀와 신분을 정 장공이 어떻게 침범할 수 있었겠는가? 결국 주나라 평왕이 열국의 제후로 자처했기 때문에 정 장공이 열국의 제후의 태도로써 교묘하게 주나라 평왕을 상대했다. 천자가 자신의 위엄을 스스로 파괴하지 않았으면 정 장공도 그를 감히 침범하지 못했을 것이다.

물론 이런 비평은 『좌전』 저자의 개인적 관점이지만 춘추전국시대 사대부들의 평론도 이와 같았다. 그러므로 당시 학자들이 주나라 평왕과 정나라 장공간의 사건을 기술하면서 어떤 경중의 분별이 없는 '두 나라[二国]'란 표현을 사용한 것은 전국시대의 사대부들이 천자의 존재를 알지 못한다는 것을 보여준다. 제후와 사대부들이 천자의 존재를 모른 다는 것은 일반 백성들의 관념에서도 주나라 왕실의 존재를 잊었다는 의미이다. 이점이 바로 공자가 세상에서 군신의 상하의 관계가 무너진 것을 걱정한 원인이다. 진정한 상하관계는 겉으로 들어나 보이는 것 보다는 내면적으로 보이지 않는 곳에 존재하기 때문이다.

상하관계는 위와 같이 매우 중요한 것이지만 오늘날 상하의 명분이 무너진 것을 우리는 도처에서 볼 수 있다. 가정에서는 부모와 자녀의 관계가 특히 고3 입시생 자녀를 둔 부모와 자녀의 관계가 매우 비정상적이다. 부모는 자녀를 좋은 대학에 보내기 위하여 자녀의 등하교는 물론이고 수단과 방법을 가리지 않고 자녀를 위하여 희생하고 봉사한다. 이런 환경에서 부모의 권위는 물론 자녀와의 올바른 관계는 존재할 수가 없다. 학교에서도 선생님과 제자의 전통적 관계가 사라진지 이미 오래되었다. 상급학교로의 진학을 위해 성적점수만을 중시하는 환경에서 학생은 학교보다는 학원에서 더 많은 것을 배우기 때문에 진정한 스승의 권위가 흔들리게 되었다. 특히 현대 사회가 개인의 능력과 평가 위주로 바뀌면서 무능한 사람으로 낙인찍힌 가장(家長)이 가정에서 설 자리를 잃었고 직장에서는 동료나 상사에 대한 인간적인 도리와 존경심이 사라졌다. 그러니 이런 관계 속에서 무슨 상하의 명분과 도리를 논할 수 있겠는가? 올바른 사회구조와 인간관계는 상하의 명분을 바로 세우는 것에서 시작한다.

이야기 셋.
선택의 문제

(1) 아버지와 남편 중 누가 더 중요한가?

🍀 사건배경

기원전 697년, 정나라 제중(祭仲)이 멋대로 행동을 했다. 정나라 임금 여공(厲公)이 이를 걱정하여 제중의 사위 옹규(雍叫)에게 장인인 제중을 죽이라고 명령했다. 옹규는 교외로 장인을 초대해서 대접하려고 했다. 이때 옹규의 아내인 옹희가 이 소식을 알고 어머니에게 물었다.

"아버지와 남편 중 누구를 더 사랑해야 합니까?"

어머니가 대답했다.

"다른 사람들은 모두 네 남편이 될 수 있으나 아버지는 한 분뿐이니 어찌 비교할 수 있느냐?"

그래서 그녀는 아버지 제중에게 말했다.

"제 남편 옹규가 저를 버리고 교외에서 아버님을 대접하고자 하니 조심하시라고 알려드립니다."

이 말을 들은 제중은 곧 사위 옹규를 죽여서 그 시체를 주씨 저택 안에 있는 연못에 집어던졌다. 정나라 여공(厲公)은 옹규의 시체를 수레에 싣고 정나라 서울을 떠나면서 말했다.

"계획이 부인에게 발각되었으니 그가 죽은 것은 당연하다."

(2) 임금과 아버지 중 누가 더 중요한가?

🍀 사건배경

기원전 551년, 초나라 관기(觀起)는 영윤 자남(子南)에게 사랑을 받아 비록 지위는 낮지만 말을 수십 필이나 가지고 있었다. 초나라 사람들이 이를 걱정하자 왕은 영윤을 토벌하려고 했다. 그때 자남의 아들 기질(弃疾)이 초나라 왕의 마부로 있었는데 왕은 늘 그를 볼 때마다 울었다. 그래서 한번은 기질이 임금에게 물었다.

"임금님께서 제 앞에서 세 번이나 우셨으니 누구의 죄 때문인지 감히 여쭈어 봅니다."

초나라 왕이 대답했다.

"영윤이 무능한 것은 자네도 아는 바일세. 그래서 나라에서 그를 토벌하려고 하는데 자네는 이대로 있어도 좋겠는가?"

기질이 대답했다.

"어버이가 죽는데도 자식이 그대로 있다면 임금님께서는 그런 신하를 계속 부릴 수 있겠습니까? 그런데 제가 임금님의 말씀을 누설하면 이중으로 죄를 짓게 되니 저로서는 그것도 할 수 없습니다."

이 말을 들은 왕은 드디어 영윤 자남을 조정에서 죽였다. 그때 자남의 신하가 기질에게 말했다.

"사람을 조정으로 보내어 자네 아버님의 시신을 가져오도록 하게."

그 후 3일이 지나 기질이 왕 앞에 가서 아버지의 시체를 거두게 해달라고 청하자 왕은 이를 허락했다. 장례를 마친 후 그의 가신이 "도망치시렵니까?"하니 기질이 대답했다.

"내가 임금과 함께 나의 아버님을 죽였으니 어디로 도망갈 수가 있겠는가?"

그러자 가신은 또 말했다.

"그렇다면 그대로 이런 왕의 신하 노릇을 하겠습니까?"

기질이 대답했다.

"어버이를 버리고 원수를 섬기는 짓을 나는 차마 하지 못하겠다."

기질은 마침내 목을 매어 자살했다.

해 설

군자의 선택은 광명정대해야 한다. 이것으로부터 옹규와 초나라 왕의 위인 됨을 판단할 수 있다. 그들은 진정한 군자가 아니다. 정인군자에게는 옹규나 기질과 같은 사건이 결코 일어날 수 없기 때문이다. 다른 나라를 공격하면서 경륜이 있는 사람에게 가르침을 청하지 않고 공공연히 효자의 면전에서 그의 부친을 살해할 것을 말하는 사람은 미친 사람이 아니면 아무도 없다. 우리가 친한 사람에게 다소 무안을 주려해도 정 때문에 말하기가 곤란한데 하물며 그가 사랑하는 사람을 죽인다는 말을 그 사람 앞에서 할 수 없기 때문이다.

예로부터 군자는 '자신을 인정해 주는 사람을 위해 죽을 수 있다'고 들었으나 군자가 사랑하는 사람을 살해할 계획을 상대에게 알려준다는 말은 들은 적이 없다. 시골에서 서로 말다툼을 하다가도 상대방과 친한 사람이 있는 장소에서는 원래 하려던 말을 참는 것을 볼 수 있다. 하물며 친구간의 관계도 이런데 부자와 부부간의 정이 친구간의 감정에 비교할 수 있겠는가?

일상생활에서 평안할 때에는 진실과 정성이 상대를 충분히 감동시키지 못한다. 그러나 옹희는 코앞에 재난이 닥치자, 자신이 말을 하게 되면 남편이 해를 입고 말을 안 하게 되면 부친이 해를 당하게 되었다. 내 주변이 모두 위험의 구렁텅이로 변했다. 만약 남편이 진실로 군자라면 부인에게 이런 말을 할 수 없다. 당시 정치적 상황이 정말로 장인을 죽일 수밖에 없었다면 최소한 자신은 관여하지 말아야 했다. 그러므로 옹규가 이런 말을 했다면 그는 진정한 군자가 아니다. 초나라 왕이 기질에게 부친을 살해할 계획을 말한 것도 정상이라고 볼 수는 없다. 이 두 가지 상황은 하나를 버리고 하나를 택할 수 있는 것이 아니기 때문이다.

그런데도 사람들은 이 두 가지 사건에 대하여 득실만을 따진다. 이것은 이런 변고를 없애려는 것이 아니라 오히려 이런 변고를 받아들이려하는 것으로 본말이 전도되었다. 사실 '옹규와 기질의 사건'은 군자가 토론해야할 만한 가치가 없다. 그럼에도 불구하고 부부와 부자 부녀라는 혈연관계를 시험하게 하는 이런 사건이 역사적으로 존재했던 것은 인간의 권력과 재물에 대한 무한한 탐욕 때문이다.

이야기 넷.
큰 용기란?

🌸 사건배경

기원전 686년, 여름에 노나라 군대가 제나라 군대와 함께 성(郕) 지방을 포위하자 성 지역 사람들은 제나라 군대에게 항복을 했다. 그래서 노나라 대부 중경보(仲庆父)가 제나라를 정벌할 것을 노나라 장공에게 요청했다. 그러나 장공은 말했다.

"안 된다. 나는 덕이 부족하다. 제나라 군대가 무슨 죄가 있는가? 죄는 나에게 있다. 『하서(夏书)』에서도 말했다. '순(舜)의 유명한 신하 고요(皋陶)는 덕을 베풀기를 힘쓰면 덕이 사람들을 항복시킨다.'고 했다. 잠시 덕을 닦으면서 때를 기다리자."

그러므로 군자는 이런 이유로 노나라 장공을 훌륭하다고 생각했다.

🌸 해 설

용감한 것과 비겁한 것은 동전의 양면과 같다. 사실 이 둘은 어떤 때는 비슷하여 구분하기가 쉽지 않다. 흥분하면 의기가 강해지고 얼듯 보기에는 비겁한 것과 반대되는 것 같지만 사실은 작은 용기이다. 반면에 겸손하고 온화한 태도로 사람을 복종시키는 것은 얼 듯 보기에는 나약한 것 같지만 사실은 큰 용기이다.

적(敵)중에서 가장 크고 무서운 적은 자신의 마음속에 있는 적이다. 분노와 탐욕의 마음이 생기면 혈기가 왕성해져서 체내에서 폭발할 것 같지만 총과 칼 탱크로도 이 마음속의 적을 격파할 수 없다. 자고로 맹분(孟賁) 하육(夏育) 한신(韓新)과 같은 천하의 명장들도 이런 심마(心魔)의 공격에 굴복하지 않은 적이 없다. 그러므로 그들이 이기지 못한 마음의 적을 이길 수 있는 용기를 우리는 큰 용기라고 부를 수 있다.

그러나 이것은 전쟁터에서 피를 흘리고 싸우는 것도 아니며 포로를 잡아 공로를 세우는 것도 아니라 어디에 자랑할 만한 것도 못된다. 마음속의 큰 적을 극복한 사람은 타인에게 무시를 당해도 별로 크게 생각하지 않는다. 그러므로 비겁한 사람이 타인에게 무시를 당했을 때의 상황과 겉으로 보기에는 구별이 가지 않는다. 그러나 세인들은 이런 사람을 모두 비겁자라고 부른다. 이것은 용감한 것과 비겁한 것이 겉으로 보기에 유사하여 구별하기가 어렵기 때문이다.

제나라와 노나라는 함께 출병하여 성(郕) 지역을 함락시켰다. 그런데 제나라가 혼자서 그 공로를 독점했다. 이것은 일반 사람들 같으면 반드시 따지고 드는 문제이다. 왜냐하면 고생은 함께하고 이익을 제나라 혼자 독점했기 때문이다. 그런데 노나라 장공은 이익을 포기하고 그 책임을 자신에게 돌리고 제나라를 원망하지 않았다. 이것은 장공이 용감하기 때문인가? 아니면 비겁하기 때문인가? 우리는 '노나라 장공은 원래 비겁한 사람이었다.'고 평가할 수 있다. 왜냐하면 진정으로 용감한 사람은 다른 사람과 자신을 비교하지 않는다. 또 비겁한 사람도 자신을 다른 사람과 비교하지 않기 때문이다. 그런데 용감한 사람이 자신과 남을 비교하지 않는 것은 비교할 생각이 없기 때문이고 비겁한 사람이 비교하지 않는 것은 비교할 수가 없기 때문이다. 용감한 사람은 논리적으로 자신과 남을 비교할 필요가 없기 때문에 사심을 초월하여 비교하지 않는다. 만약 논리적으로 비교하거나 따져야할 문제에 부딪히게 되면 그는 최대한의 용기를 다하여 비교한다. 그러므로 천하에 어떤 사람도 그를 막을 수 없다.

제나라 양공(襄公)과 노나라 장공은 과거 임금과 어버이를 살해한 원수지간이다. 그러므로 논리적으로 장공은 양공에게 반드시 공로를 따졌어야만 했다. 그러나 그는 오히려 원수에게 고개를 숙이고 명령을 받들었다. 노나라 장공이 제나라가 성 지방을 독식하는 것을 눈뜨고 보면서 따지지 못한 것은 제나라가 강대국임을 두려워하여 따지지 못했을 뿐이다. 장공은 마지막에서도 '자신이 덕이 부족하다.'는 허울 좋은 말로 타인에게 자신을 변명하고 있다. 이 어찌 그의 본심이겠는가? 그러므로 장공이 제나라에게 따지지 않은 것은 용감한 사람의 경우와는 상반된다. 누군가 말했다.

"세상에는 약소국이 강대국을 침범하여 자신의 역량도 모르고 멸망을 자초한 예가 있다. 노나라 장공은 비록 용감한 사람이라고는 할 수 없지만 자신의 역량을 잘 아는 사람이다."

그러나 논리와 원칙을 존중하는 사람들은 자신의 힘을 따지지 않는다. 자신의 임금을 살해하고 어버이를 죽인 불구대천의 원수는 원칙적으로 반드시 처벌해야만 한다. 만약 불행히도 자신이 힘이 부족하여 상대방을 이기지 못하고 원수의 손에 죽음을 당할 지라도 이미 돌아가신 선왕에게 자신을 충분히 설명할 수 있기 때문이다. 무협소설을 보면 어린 아들이 부친을 살해한 원수인 무림의 고수를 만나 하룻강아지 범 무서운 줄 모르고 덤비는 것을 본다. 하지만 상대는 이 어린 아들을 죽이지 않는다. 오히려 나중에 무술을 더 수련하여 다시 자신을 찾아와 부친을 위해 복수를 하라고 말한다. 여기에는 무인의 도(道)가 있다. 상대는 그 아들이 부친을 위해 복수하고자한 용기를 높이 산 것이다. 또한 어린 아들은 부친에 대한 효도를 목숨을 걸고 다한 것이다. 그러므로 이런 행동에 대하여 세인들은 결코 어린 아들을 자신의 역량도 모르는 계란으로 바위치기 식의 바보라고 비웃지 않았다. 이것이야말로 큰 용기이다.

그러나 장공은 어버이를 살해한 원수를 잊고 제나라와 우호관계를 맺었으며 양국이 함께 연합하여 성 지역을 공격했다. 그러다 나중에 성 지방도 얻지 못하고 제나라와 다툼이 생겼다. 제나라와 노나라가 잠시 힘을 합친 것은 이익을 위한 군사행동이지 원수를 갚기 위한 것이 아니다. 그러므로 장공이 이번 전투에 참가하여 자신의 이익을 위하여 다투는 것도 잘못이고 다투지 않는 것도 잘못이다. 이런 잘못은 애초에 장공이 원수의 나라인 제나라와 우호관계를 맺은 것에서 비롯한다. 그는 처음부터 잘못을 했으므로 계속하여 해답을 얻지 못했다.

한일 양국이 국교정상화를 한 이후 교과서 문제, 독도문제, 동해 표기문제, 종군 위안부문제 등에 있어서 양국이 아직까지도 평행선을 긋고 있는 것은 장공이 애초에 실수를 범한 것처럼 국교정상화 당시 이런 문제들에 대하여 우리나라가 명확하게 선을 긋지 못한 데서 비롯한다고 생각하는 사람들이 많다. 마찬가지로 한중 수교에 있어서도 6·25 전쟁 당시 중국의 참전문제와 백두산의 영토 문제 그리고 간도문제 등을 확실하게 규명하지 못한 것 같다. 그러므로 군자는 행동함에 있어 작은 이익을 위하여 잘못을 범해서는 안 되며 서둘러서도 안 되고 처음부터 계획을 세워 주도면밀하게 명분과 실리를 따져서 실천해야만 한다.

이야기 다섯.
지나친 책망

🍀 사건배경

　기원전 656년, 희공 4년 봄에 제나라 임금이 제후들의 군대를 거느리고 채나라를 침략했다. 채나라가 무너지자 제나라는 그 길로 초나라를 공격했다. 초나라 임금이 사신을 시켜 제후들에게 말했다.

　"당신들은 북해에 있고 우리는 남해에 멀리 떨어져 있습니다. 암수가 서로 짝을 지어 유혹하는 말과 소도 영토를 달리면서 다투는 일이 없습니다. 그런데 뜻 밖에 당신네들이 우리나라에 쳐들어오니 무슨 이유입니까?"

　이에 관중(管仲)이 대답했다.

　"옛날에 소강공(召康公)이 우리 선군인 태공(太公)에게 명했습니다. '제후나 구주의 백(伯)이라도 혹 주나라 왕실을 배반하는 자가 있으면 너는 이를 징벌하여 주나라 왕실을 도우라'고 하며 우리 선군에게 영토를 하사하시니 동으로는 바다에 이르고 서로는 황하에 이르며 남으로는 목릉(穆陵)에 이르고 북으로는 무체(无棣)에 이르렀습니다. 그런데 지금 초나라가 주나라에 바칠 포모(풀)를 헌상하지 않아 천자가 제사를 지낼 때에 술을 거르지를 못하고 있습니다. 우리 임금님이 그것을 요구하고 있습니다. 그리고 옛날 주나라 소왕(昭王)이 남쪽으로 순시했다가 돌아오지 못했는데 우리 임금님은 또한 그 이유를 묻는 것입니다."

초나라 사자는 대답했다.

"공물을 바치지 않은 것은 우리 임금님의 죄라 감히 바치지 않겠습니까마는 옛날 소왕이 돌아가지 못한 것은 우리나라와는 관계가 없으니 그 이유를 한수(汉水) 가에다 물어보시오"

그래서 제후의 군대는 공격하여 초나라 형(陘) 지방에 주둔했다.

🌸 해 설

칭찬과 처벌은 모두 적당해야만 효과가 있다. 제나라 군대는 형나라와 위나라를 구원하면서 자신의 세력을 과시하기 위하여 한수(汉水)까지 원정을 했다. 그들은 계속 북진하는 초나라에게 제나라의 위력을 과시하기 위하여 이런 행동을 했다. 그러면서 제나라는 자신을 군자로 초나라를 소인으로 비유하여 꾸짖는다. 이것이 역사적으로 유명한 소릉지회 (召陵之会)이다. 비록 대단하지는 않았으나 초나라의 북진정책이 처음으로 저지를 당한 사건이다.

소인들의 잘못을 과장되게 책망하는 것은 바로 소인들의 잘못을 용서하는 것이다. 왜냐하면 소인들을 탓하면서 그들이 잘못한 내용을 실제보다 과장하거나 추가시키는 것은 바로 소인들에게 빠져나갈 기회를 주기 때문이다. 소인들은 잘못을 저지르게 되면 하루도 마음이 편한 날이 없게 된다. 그러다 어느 날 누군가에 의하여 자신들의 계략이 발각이 되어 숨겨진 비리를 알게 되면 무슨 말로 변명을 할 것인가? 그런데도 소인들이 진심으로 회개하지 않는 원인은 소인들을 처벌하는 사람들의 잘못이다.

소인들의 죄를 처벌하는 사람은 마음속으로 '이번에 소인들의 잘못을 지적하여 확실하게 처벌하지 않으면 소인들로 하여금 죄악감에 빠지게 하기에 부족하다.'고 생각한다. 그래서 사람들은 소인들이 잘못한 것에 다시 다른 죄를 추가하여 그들을 가중 처벌한다. 그런데 소인들은 자신들이 잘못을 벗어날 방법을 찾지 못하여 고민하면서 자신을 책망하는 사람이 한마디라도 실수만 하기를 기다린다. 한마디 실수가 소인으로 하여금 책망을 벗어날 수 있는 기회를 제공해 주기 때문이다. 만약 소인들을 책망하는 사람이 지나치게 모욕적인 행동과 거짓된 언사로 그들을 책망하면 소인들은 충분히 그것을 핑계로 삼아 스스로 위기를 벗어날 수 있는 근거로 삼는다.

소인들의 죄악이 원래는 확실했으나 책망하는 사람이 과장되게 다른 죄목을 첨가하는 바람에 오히려 확실했던 범죄조차도 변하여 거짓 범죄가 된다. 그러므로 소인들은 군자가 그들에게 다른 죄악을 첨가하지 않는 것을 오히려 두려워한다. 무엇 때문에 군자가 소인들을 도와주겠는가? 그러니 소인들은 군자가 한번 실수한 것을 빌어 모든 잘못을 벗어나게 되면 얼마나 행운인가?

제나라 환공과 관중은 초나라가 주나라 천자에게 제사지내는 풀을 3년간 공급하지 않았다고 지적하고 초나라를 공격하면 초나라의 잘못을 정확히 지적하는 것이기 때문에 초나라는 반드시 고개를 숙여서 사죄를 할 수 밖에 없었다. 하지만 사람들이 머리를 지나치게 써서 초나라의 죄가 주나라에 풀을 공급하지 않은 죄만으로는 부족하다고 생각하고 이것과는 상관이 없는 수백 년 전에 소왕이 남쪽을 순시하다가 돌아오지 못한 것을 추궁하면서 초나라의 죄상을 확대하여 지금 자신들의 공격을 정당화하고 자신들이 채나라를 침략하는 사리사욕을 덮어버리려 했다. 소왕은 사망한지 이미 수백 년이 지나 그 사건의 전모가 불확실 하고 이미 그것을 증명할 수 없는 상황이었기 때문에 초나라 사람이 제후들의 책망을 받아들이지 않는 것은 당연하다.

책망은 원래 상대의 잘못을 지적하여 올바른 길로 인도하려는 데

그 목적이 있다. 그러나 제나라가 초나라를 책망한 것은 잘못을 바로잡
으려는 것이 아니라, 초나라의 북진을 저지하고 자신의 위용을 과시하
려는 데 있었다. 즉 책망의 목적이 순수하지 않았다. 그러므로 초나라는
이미 그것을 간파하고 제나라의 요구에 불응한 것이다. 누구나 남을
책망하려면 먼저 자신의 잘못이 없는 가 살펴보아야 한다. 그래야 진실
로 상대를 책망할 수 있고 자신의 권위도 지킬 수 있다.

이야기 여섯.
덕德과 형세

🌸 사건배경

기원전 653년, 주나라 천자인 양왕은 동생에게 공격을 받아 서울 낙읍(洛邑)을 떠나 정나라로 도망가 있었다. 그래서 진(秦)나라 목공은 황하 가에 군대를 주둔시키고 정나라로 도망가 있는 주나라 양왕을 서울로 들여보내려고 했다. 이때 진(晉)나라 호언(狐偃)은 문공에게 말했다.

"제후의 신망을 얻는 데는 천자를 위하여 힘쓰는 것보다 좋은 것이 없습니다. 그렇게 되면 제후들이 믿고 따르며 그것은 또 군신의 대의에 맞는 것입니다. 일찍이 주나라에 충성을 다한 문후(文侯)의 위업을 계승해서 제후 사이에 신의를 넓히기에는 지금이 가장 좋은 기회입니다."

그래서 문공은 복언(卜偃)에게 점을 치게 했다. 복언이 문공에게 말했다.

"길합니다. 황제가 판천(阪泉)에서 싸울 때와 같은 징조가 나타났습니다."

문공은 복언의 말을 듣고 진(秦)나라 군대를 물리치고 스스로 진(晉)나라 군대를 이끌고 동쪽으로 향했다.

3월 20일에 문공은 주나라 양(陽)과 번(樊) 지역에 군대를 주둔시키고 우군을 거느리고 왕자 대(帶)가 지키고 있는 온(溫) 지방을 포위하게 하고 좌군을 거느리고 주나라 천자 양왕을 맞아들였다.

여름 4월에 주나라 양왕은 서울로 들어가 동생 대숙(大叔)을 온 지방에서 체포하여 습성(濕城)에서 죽였다. 다음날 진나라 문공이 양왕에게 조회하니 양왕은 잔치를 베풀고 단술을 내놓고 선물을 하사했다. 진나라 문공이 주나라 천자에게 수례(隨礼)를 청했다. 그러나 천자는 이를 허락하지 않았다. 그러면서 천자가 말했다.

"그것은 천자만이 사용하는 예법이오. 이 세상에 천자가 두 명이 있다면 당신도 역시 싫어할 것입니다."

천자는 문공에게 양(陽)·번(樊)·온(溫)·원(原)·찬모(攢茅)의 땅을 하사했다. 사실은 진나라에게 이 지역을 빼앗긴 것이다. 진나라 문공은 드디어 남양(南陽) 지방으로 영토를 넓히게 되었다.

🌸 해 설

주나라와 진나라의 강약을 논할 때 논자들은 마지막에는 항상 양국의 형세에 관하여 말한다. 이것은 원래 누경(婁敬)이 주장했다. 그는 다음과 같이 말했다.

"주공은 주나라를 건립하고 낙(雒) 지역에 도읍을 정했다. 그는 임금이 덕(德)이 있으면 나라가 쉽게 흥성하고 덕이 없으면 망할 것이라고 생각했다. 따라서 지형이 험악한 지역에서 후손들이 교만하고 사치스러워 백성들을 학대하지 않도록 했다. 주나라 왕실이 쇠약해지자 세상의 제후들은 모두 주나라에 조공을 하지 않았다. 주 왕실도 그들을 제어할 수 없었다. 이는 결코 덕이 모자라서가 아니라 주나라의 형세가 쇠약해졌기 때문이다. 진(秦)나라는 사면이 모두 산과 강으로 둘러싸여있다. 사방의 국경은 모두 견고한 형세이다. 이것을 소위 천부(天府)라고 한다."

주나라와 진나라의 형세를 논할 때는 모두 누경의 말에 근거한다. 그런데 형세는 변한다. 그러므로 누경이 본 것은 주나라가 낙읍으로 동천한 후 평왕 때의 주 왕실의 모습이다. 그는 왜 주나라가 강성했을 때 즉 문(文) 무(武) 성왕(成王) 강왕(康王) 때의 주나라를 보지 않았을까? 누경이 말한 진나라의 형세는 바로 문(文) 무(武) 성왕(成王) 강왕(康王) 때의 주나라 지역이다. 기(岐)와 풍(丰) 두 지역은 주나라 왕실의 옛 도시이다. 그러므로 산에 둘러싸이고 강물이 흐르며 사방의 국경이 견고한 형세는 사실 초기 서주(西周)시대 주나라 왕실의 형세를 가리킨다. 그 당시에 누경이 말하는 진나라는 존재하지도 않았다.

주 평왕이 수도를 낙읍(洛邑)으로 동천한 이후 주나라는 경솔하게도 서쪽의 기(岐)와 풍(丰) 두 지역을 할양하여 진(秦)나라에게 하사했다. 그래서 진나라의 강성함을 만들어 주었다. 그러므로 진나라는 스스로 강성해진 것이 아니라 주나라의 험악한 요새를 얻어서 강성해 졌다. 진나라가 이 지역을 얻은 후 이사를 등용하고 법가사상의 정치를 통하여 제후들 중에서 최고가 되었고 천하를 통일했다. 문(文) 무(武) 성왕(成王) 강왕(康王) 때 진나라는 좋은 덕성을 가지고 있었고 거기에 험한 요새의 지리적 형세가 도와주니 누가 그들을 당할 수 있었겠는가? 그러므로 세상에서 형세가 가장 강성했던 나라는 주나라이다. 또 누경이 주나라의 덕성에 대하여 언급한 것도 잘못이다. 형세와 덕성을 어떻게 둘로 나눌 수 있는가? 누경이 동주 시대의 열국의 상황을 형세론으로 설명하는 것을 보면서 알 수 있는 것은 동일한 정치적 상황이라도 보는 관점과 필요에 따라서 다르게 설명할 수 있다. 이는 소위 권력과 이익을 추구하는 지식인들이 상황논리에 따라서 자신의 견해를 변화시킬 수도 있고 위정자가 자신이 통치하고 싶은 스타일이나 방법에 대하여 지식인을 이용하여 대중을 설득할 수 있다는 것을 말한다. 그러므로 지식인은 몸가짐에 주의하여야 한다.

형세는 사람의 신체와 같고 덕성은 사람의 정신과 같다. 사람은 판단력이 흐려지면 신체를 위험한 곳에 놓는다. 국가도 왕성한 덕성에 의지할 수 없으면 국가를 쉽게 망하는 곳에 놓는다. 나라가 발전하는 것은 지도자의 덕성이 매우 우수하기 때문이다. 문(文) 무(武) 성왕(成王) 강왕(康王)의 덕성은 세상에서 비교할 사람이 없었다. 기주(岐周)와 호풍

(镐丰)의 형세는 세상에서 최고이다. 덕성만을 강조하고 형세를 무시한다면 이 어찌 임금의 도리라고 할 수 있는가? 그러므로 누경의 논점은 잘못되었다.

누경의 견해는 그 자신뿐만 아니라 훗날 주나라 왕실의 자손들에게도 영향을 주었다. 진(晉)나라 문공은 이미 내(帶) 지방의 재난을 평정하고 수장(隧葬)을 할 수 있도록 주나라에 요구했다. 주나라 양왕은 그의 요구를 허락하지 않고 말했다.

"수장(隧葬)은 주나라의 예(礼)이다. 수장으로 주 왕실의 덕을 대신할 수 없다. 만약 진(晉)나라가 천자의 예를 가용(假用)한다면 이 세상에 두 명의 왕이 존재하게 된다. 이것은 그대도 싫어하는 것이다."

이렇게 말하고 양번(阳樊) 온(溫) 원(原) 찬모(欑茅) 지방을 진(晉)나라에 하사했다. 말이 하사이지 실제로는 상납을 했다. 양왕은 다음과 같이 생각했다.

"주나라가 주나라인 것은 덕 때문이지 형세 때문은 아니다. 전장(典章)과 문물제도는 자손들이 대대로 지키는 것으로 추호도 다른 사람들을 용납할 수 없다. 그러므로 우리가 하사한 보잘 것 없는 작은 지역 때문에 애석해할 것도 없으며 특히 강국의 분노를 살 필요도 없다."

그러나 양왕은 한 가지를 몰랐다. '수장(隧葬)'이 주나라 왕실의 법도인 것은 맞지만 천리 밖의 땅도 주나라 왕도가 시행되는 지역이라는 것이다. 양왕은 '수장'이란 의식만을 귀중하게 생각하고 자신은 왕실의 전장(典章)을 지켰다고 생각했다. 그러나 토지를 상대에게 할애해 주어 스스로 쇠약해졌고 왕도(王都) 이외의 지역에서는 이미 주나라의 전장

(典章)이 사라지게 되었다. 이는 명분을 살리고 실리를 포기한 것이다. 이것을 보호하기 위하여 저것을 희생한다. 그러면 왕실의 전장(典章)을 보존하기가 불가능하다. 형세는 몸과 같고 덕성은 정신과 같은 데 그중 하나를 포기하여 손과 발을 잘라버리면 어떻게 온전한 정신을 보존할 수 있겠는가? 구한말 대한 제국의 멸망이 바로 이와 유사한 점이 있다. 왕실을 보존하기 위하여 강대국의 힘을 빌렸고 결국 그 대가로 강대국들에게 국가의 실리를 모두 빼앗기고 말았다.

　진(晋) 문공 역시 주 왕실의 후손이다. 그의 입장에서는 주 왕실은 큰 집이다. 그런데 큰 집이 망해가는 것을 좌시하면서 큰 집에서 또 땅을 빼앗아 자신의 이익을 추구하니 이 어찌 친척이라고 할 수 있겠는가? 요사이 가끔 일어나는 부자지간, 형제지간의 막대한 재산 다툼을 보면 이 세대가 덕성보다는 눈에 보이는 형세에 치중하고 있는 것 같다. 변화하는 형세에 치중하여 설사 막대한 재산을 소유하였다고 하자. 부모에게 이기고 형제들에게 이겨서 막대한 재산을 소유했다고 하자. 그것으로 모든 것이 끝난 것일까? 결코 아니다. 자녀들은 부모의 행동을 보고 본받는다. 자신들은 형세에 치중하면서 자신들의 자녀들에게 덕성을 중시하라고 가르친다면 자녀들이 그 말을 따르겠는가? 나중에 내 자녀가 내가 나의 부모 형제에게 한 것처럼 나를 재산 때문에 고소하지 않는다고 장담할 수 있는가?

이야기 일곱.
양심에 관하여

🌸 사건배경

기원전 641년, 겨울에 양(梁)나라가 멸망했으나 누가 양나라를 침범했는지 가해자를 기록하지 않은 것은 양나라가 스스로 망국의 결과를 초래했기 때문이다.

양나라 임금은 처음부터 토목 공사를 좋아하여 자주 성을 쌓았으나 성이 완성된 후 그곳에 살지를 않았다. 따라서 백성들은 세금과 노역이 무거워 감당할 수가 없었고 불만이 쌓여갔다. 이를 무마하기 위하여 양나라 임금은 "적이 곧 쳐들어올 것이다."라고 거짓말을 했다. 다음에는 성곽 주변에 호를 파면서 "진(秦)나라가 장차 우리나라로 쳐들어올 것이다."라고 했다. 이 말을 들은 백성들은 모두 전쟁이 두려워서 도망가 버렸다. 이 틈을 탄 진나라가 재빨리 양나라를 쳐서 빼앗았다.

🌸 해 설

양(梁)나라 임금은 토목공사와 건축에 미쳐서 백성들을 속이고 계속 성을 지었다. 백성들의 불만이 높아지자 그는 적군이 쳐들어온다고 백성들을 속여서 정국의 안정을 도모하고자 했다. 그가 백성들을 속인 죄는 물론 용서할 수 없지만 우리는 그의 죄에서 천리가 살아있는 것을 본다. 사람들은 모두 임금이 백성을 속인 것이 '거짓말'라고 생각한다. 하지만 나는 이것이 양나라 임금의 양심이라고 생각한다. 사람들은 양심을 논하면서 대개 인의예지신(仁义礼智信)을 말한다. 그렇다. '거짓말'을 양심이라고는 말하지 않는다. 지금도 '거짓말'을 '양심'이라고 말하는 논리는 없다. '거짓말'은 양심은 아니지만 어떤 특별한 이유 때문에 반드시 상대를 속여야한다면 이것은 양심이다. 예를 들어 인간의 생과 사를 다루는 의사들은 항상 환자의 마지막 순간을 어떻게 알릴 것인가에 대하여 고민을 한다. 어떤 경우는 환자를 위해 환자의 가족에게만 사실을 알리고 환자에게는 거짓으로 말하는 경우도 있다. 이것은 양심이다. 양나라 임금이 토목공사를 일으키면서 스스로가 옳다고 생각했겠는가? 아니면 잘못되었다고 생각했겠는가? 만약 옳다고 생각했다면 백성들에게 적군이 왔다고 속일 필요가 없었다. 또한 진나라가 양나라를 공격한다고 속일 필요도 없었다. 그는 계속 성을 짓는 것에 대하여 스스로도 만족하지 못했고 잘못되었다고 생각했기 때문에 백성들이 자신을 따르지 않을 것을 두려워했다. 그래서 허장성세로 적들이 자신을 위협한다고 했다. 이것은 과거 군사독재 정권시절에 부정부패가 폭로되고 정치와 경제가 불안정해지면 위정자들이 북한의 위협이나 간첩단 사건을 이용하여 국민을 기만했던 것과 한 가지이다. 그럼에도 불구하고 양나라 임금이 토목공사를 계속하고 그치지 않은 것은 자신의 사리사욕과 심리적인 불안 때문이었다. 거짓말을 하는 마음이 양심이 아닌 것은 맞다. 이것은 그의 마음이 오히려 정직했기 때문이다.

사람들은 양심이 항상 사람들의 욕망 속에 존재하며 한 순간도 떠난 적이 없다는 것을 안다. 즉 욕망이 생기면 그와 동시에 불만족도 생기게 된다. 만약 성인이 그것을 좋은 쪽으로 인도했다면 거짓말을 할 필요도 없었을 것이다. 양나라 임금은 한 순간의 불만이 마음속에서 생겨서 거짓말을 하게 되었고 스스로 흥했다가 스스로 망했다.

그러므로 우리는 생명과 같이 존재하는 것이 양심인 것을 알 수 있다. 양심에 상처를 줄 수는 있으나 그것을 완전히 없앨 수는 없다. 양심을 위반할 수는 있으나 그것과 멀어질 수는 없다. 우리의 마음속에서 선과 악이 싸움을 하여 양심을 항상 존재하도록 하는 사람은 선한 사람이고 양심이 계속 존재하지 않게 하는 사람은 악인이다. 그러므로 마음의 평화를 구하는 사람은 양심이 생겨나지 않는 것을 염려하지 말고 양심이 계속 존재하지 않는 것을 염려해야 한다.

이야기 여덟.
한 부인의 처신

🍀 사건배경

기원전 638년, 진(晋)나라 태자 어(圉)가 진(秦)나라에 인질로 잡혀 있었으나 부친이 위독하다는 소문을 듣고 자기 나라로 돌아가려고 아내인 영씨(嬴氏)에게 말했다.

"당신도 나와 같이 가겠소?"

부인이 대답했다.

"당신은 진(晋)나라 태자로 저희 아버님의 나라인 진(秦)나라에 오셔서 욕을 보고 있습니다. 그래서 당신이 고국으로 돌아가고자 하는 것은 당연하다고 생각합니다. 그러나 저희 아버지(임금)께서 저로 하여금 당신의 시중을 들게 하여 당신을 이곳에 있게 한 것입니다. 그러므로 제가 당신을 따라가면 아버님의 명을 거역하는 것이 됩니다. 그래서 따라가지 못하겠습니다. 그러나 저는 당신이 도망간다는 말을 입 밖에 내지는 않겠습니다."

그래서 태자 어는 즉시 자기 나라로 도망을 갔다. 나중에 진(秦)나라
는 진(晉)나라를 공격하여 도망친 태자 어를 살해한다.

🌸 해 설

길거리에서 낯선 사람과 계획을 세우는 것보다는 이웃 사람과 같이 계획을 세우는 것이 좋다. 이웃 사람과 함께 계획을 세우는 것 보다는 집안사람과 같이 계획을 세우는 것이 좋다. 이 말은 사랑하는 정도가 작을수록 생각도 소홀하게 되지만 많이 사랑하는 사람에 대하여는 깊이 생각한다는 의미이다. 이것은 이치상 당연하다. 예를 들어, 길을 가다가 갑자기 만난 사람에게 질문을 하면 어떤 사람은 대답도 하지 않는다. 만약 우연히 만난 사람이 집안 식구나 부인이라면 그렇지 않았을 것이다. 집안 식구나 부인은 가정의 안락과 위기, 화와 복이 서로 연결되어 있기 때문이다. 그러므로 서로 의논을 할 때 마음속에 숨기는 것이 없기 때문에 감정이 순수하고 겉으로도 꾸미는 것이 없기 때문에 말에 거짓이 없다. 분명함과 진실함이 합쳐져서 자연스럽게 슬픔과 기쁨, 진실한 이해관계를 만든다. 집안 식구와 부인의 지혜가 반드시 다른 사람들보다 낫다고 볼 수는 없다. 하지만 총명한 사람의 소홀함이 어리석은 사람들이 모여서 최선을 다하는 것보다 낫겠는가? 그러므로 집안 식구나 부인과 함께 일을 도모하면 지혜가 미치지 못하는 곳이 있지만 총명한 사람보다 낫다. 그들은 서로 최선을 다하기 때문이다.

영씨(嬴氏)는 태자 어(圉)와는 서로 사랑하며 동거하는 부부인데 어째서 감정이 마치 낯선 사람 같을까? 태자 어(圉)가 진(秦) 나라를 도망치려고 할 때 왜 그와 심사숙고하지 않고 그의 뜻에 순종하며 즉시 모국으로 돌아가라고 말했을까? 정말 이상하다. 오히려 그녀는 남편과 같이 가지 않고 남편을 떠나보내면서 스스로 절대 비밀을 지킬 것을 약속하여 남편의 의심을 사지 않으려 했다. 그녀는 자신도 피해를 보지 않고 모든 것을 원만하게 성공시킬 수 있는 계략을 선택했다. 그러나 일시적으로 위기를 피하는 것은 비천한 행위이다. 부자(父子)는 원래 일체(一体)이다. 부부(夫婦)도 일체이다. 그러므로 어느 한쪽을 방해하면 다른 쪽이 상처를 받게 된다. 감정이나 의리상 남편을 완전히 보호할 수 없는데 왜 육체적인 안전만을 추구하는가? 이것이 바로 부인 영씨(嬴氏)가 일시적인 안일함을 위하여 선택한 것이지만 결국 진(秦)나라는 진(晉)나라를 습격하여 대자 어를 살해했다.

만약 영씨가 태자 어가 귀국을 하려 할 때 표정을 바꾸어 남편에게 "당신이 우리나라에 머무는 것은 다른 이유가 아니라 진(晉)과 진(秦) 두 나라 간의 우의를 위한 것입니다. 지금 몇 년간의 불편을 견디지 못하여 경솔하게 이 나라를 떠나 버리면 양국의 우의에 무슨 도움이 되겠습니까? 우리 진(秦)나라의 임금님은 국가의 중요한 일로 직접 당신을 접대할 수 없어서 천첩으로 하여금 당신에게 시중을 들도록 한 것입니다. 당신이 지금 다른 생각이 굳건하다면 제 아버님도 더 이상 당신을 보살피지 않을 것입니다. 나는 아버님에게 이 일을 보고하겠습니다."라고 말했다면 태자 어도 부인의 고자질을 두려워하여 더 이상 도망칠 계략을 짜지 못했을 것이다. 부인 영씨가 아버지 진나라 임금의 힘에 의지하면 태자 어도 그녀를 해칠 수 없다. 진나라 임금도 자신의 딸을 위하여 그 남편을 귀국시키려 하지 않았을 것이다. 부자와 부부지간이 이렇게 하면 완전히 보전될 수 있지 않았을까? 영씨가 이와 같이 처신했다면 부친의 희망도 이룰 수 있고, 남편의 재난도

해결하고 자신의 책임도 다한 것으로 스스로의 명예를 보전할 수 있었
다. 영씨가 조금만 더 깊이 생각을 했더라면 아무런 문제가 없었다.

위와 같이 생각이 부족함은 감정이 메마른 데서 온다. 감정이 메마른
것은 상대를 사랑하는 마음과 의리가 깊지 않기 때문이다. 땅이 기름지
지 않으면 풍년을 이룰 수 없고, 구름이 얇으면 제 때에 비가 내리지
않고 종의 두께가 엷으면 울림이 좋은 종소리를 얻을 수 없다. 사람은
감정과 사랑이 깊지 않은 사람과 주도면밀한 계략을 도모할 수 없다.
영씨는 이미 남편과 헤어질 결심을 했다. 그러므로 영씨가 세밀하게
생각할 수 없었던 것에 대하여 진나라를 도망치려 한 태자 어에게도
책임이 있다. 자신과 가장 가까운 부인의 마음조차 확실하게 읽지 못했
기 때문이다.

이야기 아홉.
영嬴의 인물평

🌸 사건배경

　기원전 622년, 진(晉)나라의 양처보(阳处父)가 위나라를 빙문(聘问)하고 돌아가다 영(甯) 지방을 지나게 되었다. 그 지역의 여관 주인인 영(嬴)은 양처보를 동경하여 온(温) 지방까지 따라 갔다가 돌아왔다. 그의 아우가 왜 돌아왔냐고 묻자 영은 다음과 같이 대답했다.

　"양처보의 성품이 강건하기 때문이다. 『상서(尚书)』에는 '침체한 것은 강건한 것으로 이겨내고 고명한 것은 온유한 것으로 이겨낸다.'고 했는데 그 사람은 한결같이 강건하기만 하니 어찌 죽지 않을 수 있겠는가? 하늘은 강덕(剛德)이지만 그래도 때에 따라 추위와 더위의 순서를 거스르지는 않는다. 또 화려하면서 성실하지 않으면 원망이 모이게 되는 법인데 그 사람은 남을 거슬러서 원망을 모으고 있으니 몸을 안전하게 지킬 수가 없을 것이다. 그래서 나는 그를 따라다니더라도

이익을 얻지 못하고 오히려 재난을 당하지나 않을까 염려되어 그를
떠나왔다."

　이때 진(晋)나라에서는 조성자(趙成子 : 상군의 대장), 난정자(欒貞子 :
하군의 대장), 곽백(霍伯 : 중군의 대장) 과 구계(臼季 : 하군의 부장)가 모두
죽었다.

🌸 해 설

가장 좋은 음악은 여러 사람들이 쉽게 좋아하는 천박한 음조가 아니라 세월을 두고 여러 사람들을 감동시키는 여운이다. 가장 좋은 예법은 사람들을 일시적으로 기쁘게 만드는 천박한 방법이 아니라 오히려 타인을 진정으로 변화시키는 심원한 능력이다. 가장 좋은 친구는 수년간 연락도 없고 만나지도 못했다가 다시 만나도 스스럼없이 자연스러운 친구가 진짜친구이다. 여기에는 확실히 어떤 이치가 존재한다. 그리고 세상의 모든 사물의 이치는 그 자체의 도리를 얻기 전에는 분명하게 알 수가 없지만 그 도리를 안 후에는 절대 버릴 수 없다.

과거 공자는 수(洙)와 사(泗) 지역에서 제자들을 가르쳤다. 자공(子貢)이 처음 공자를 만났을 때 그는 자신의 지혜를 믿고 공자에게 오만하게 굴었다. 자로(子路)도 처음 공자를 만났을 때 그는 자신의 힘만 믿고 공자에게 무례하게 굴었다. 공자의 능력으로도 하루 만에 이들을 감동시킬 수는 없었다.

양처보는 과연 어떤 사람이었을까? 영(嬴)은 길거리에서 그를 우연히 만난 후 감동을 받고 뒤도 안돌아 보고 그를 쫓았다. 그가 사람의 마음을 변화시키는 속도는 공자보다 뛰어났었던 것 같다. 양처보가 하루 만에 영으로 하여금 자신을 따르도록 만들었기 때문이다. 공자는 자공과 자로를 처음 만났을 때 그들이 자신을 따르도록 만들지는 못했지만 나중에 자공과 자로로 하여금 종신토록 자신을 따르게 만들었다. 그러나 영은 나중에 양처보를 버리고 돌아왔다. 이런 결과를 놓고 생각해 보면 이들 중 누가 더 뛰어난 인물인가를 독자들은 이미 잘 판단할 수 있을 것이다.

영(贏)의 말을 잘 생각해 보면, 그가 양처보를 쉽게 좋아하고 쉽게 싫어한 이유를 알 수 있다. 그것은 양처보의 강력함이 완전히 외부로 노출되어 있고 내부에는 하나도 남아있지 않았기 때문이다. 그의 웃음소리와 목소리 그의 행동 하나하나에 양처보의 위엄과 권위가 완전히 드러나 있다. 영이 양처보를 처음 보았을 때 이런 좋은 면을 쉽게 발견할 수 있어서 감동하기가 쉬웠다. 그러나 양처보와 가까이서 시간을 갖고 사귀게 되면서 그가 근본이 빈약하고 깊이가 없음을 알게 되었다. 그러므로 진정한 지도자는 외부로 나타나는 위엄과 권위도 중요하지만 자기만의 내면의 깊이와 철학을 갖고 있어야 한다. 사람들은 처음에는 지도자의 권위에 순종하지만 가까이에서 보면서 그 권위가 봄철의 아름다운 꽃과 같이 일시에 피어 많은 사람들을 감동시키지만 가을이 되면 과실을 저장할 수가 없는 것을 알게 된다. 사람들은 꽃의 화려함을 즐기지만 진정한 과일의 맛을 알 수가 없다. 그러므로 외적가치 보다는 내적가치를 중히 여기는 사람은 그에게 남아있을 수가 없었다. 이것이 바로 영이 양처보를 따라갔다가 돌아온 이유이다.

오늘날 많은 젊은이들이 연예인의 화려한 모습과 부, 명예를 동경한다. 특히 한류바람이 불면서 아시아 지역에 한국 연예인들이 그 명성을 날리고 있다. 그들의 웃음소리와 행동 하나하나에 관중들은 열광한다. 그러나 이런 한류 열풍이 지속되려면 일부 연예인들의 인기에 편승하기 보다는 진정으로 한국적인 것 내면의 깊이가 있는 것 사람들의 가치관에 호소할 수 있는 작품들이 나와야 하고 이를 위한 구체적인 계획이 마련되어야 한다. 그렇지 않으면 영이 양처보를 따라 갔다가 돌아온 것처럼 한류는 일시적인 현상일 뿐이다.

▌제Ⅶ부▐ 계략편

이야기 하나.
정나라 장공庄公의 십계

🌸 사건배경

기원전 712년, 정나라 장공은 제나라, 노나라와 함께 허나라를 공격하여 정복했다. 그러나 정나라는 허나라를 자기의 영토로 합병하지 않고 허나라 대부 백리(百里)로 하여금 허나라 임금의 아우 허숙을 받들어 그곳에 살도록 하면서 말했다.

"하늘이 허나라에게 화를 내리시고 귀신도 허나라 임금을 불쾌하게 생각하여 과인의 손을 빌어 치게 했다. 그러나 과인은 지금의 신하들조차도 뒷바라지할 능력이 없다. 그러니 어찌 공로의 대가로 허나라 땅을 요구할 수가 있겠는가? 과인에게도 아우가 있는데 사이가 좋지 않아 외국에서 호구지책을 도모하게 만들었다. 이런 내가 어떻게 허나라를 소유할 수가 있겠는가? 그대는 허숙을 받들어 허나라 국민을 위로하여 주시오. 내 장차 대부 획(获)으로 하여금 그대를 돕게 하리라. 만일

과인이 천수를 누리고 죽은 뒤에 하늘이 예로써 허나라에게 화를 내렸
던 일을 후회한다면 이곳뿐만 아니라 허공은 다시 허나라 전체를 다스
리게 될 것이오. 그때 우리 정나라에서 부탁하는 일이 있으면 옛정을
생각하여 잘 보살펴 주시오 그리고 다른 민족을 끌어 들여 우리 정나라
와 전쟁을 하게 하지 마시오. 과인이 그대를 여기에 거처하게 하는
것은 허나라를 위하는 것일 뿐만 아니라 또한 우리 정나라의 국경을
튼튼하게 하는 일이기도 하오."

그리고 공손획(公孫獲)으로 하여금 허나라 서쪽에 거처하게 하면서
말했다.

"너의 모든 기구와 재물을 허나라에 두지 말고 또 내가 죽거든 급히
그곳을 떠나라. 선왕 무공께서 이곳에 새로 도읍을 정할 때부터 주나라
왕실은 이미 쇠약해졌다. 그래서 주나라 자손의 희성(姬姓)의 제후는
날로 그 질서를 잃어가고 있다. 허나라는 대악(大岳)의 자손이요 하늘이
이미 주나라의 덕을 싫어하시니 내 어찌 허나라와 전쟁을 할 수가
있겠는가?"

🍀 해 설

전통적으로 전쟁의 공로에 따라 이익을 처리하는 것은 당연하다. 제·노·정 삼국이 허나라를 공격할 때 먼저 허나라 성곽에 오른 것은 정나라 대부이다. 제나라와 노나라의 대부는 이런 행동에 한명도 참가하지 않았다. 성곽에 올라 성을 짐령한 군사행동을 한 것도 정나라의 군대이다. 제나라 노나라의 군대는 이 행동에 참가하지 않았다. 그렇다면 허나라를 정복한 공로는 완전히 정나라만의 것이며 허나라가 정나라에 귀속되는 것은 당연하다.

그러나 옛말에 환난을 함께 하기는 쉽고 이익을 함께 하기는 어렵다는 말이 있다. 환난은 모든 사람들이 두려워하는 것이고 이익은 모든 사람들이 추구하는 것이다. 두려운 마음이 있으면 시류(时流)에 따라 서로 합칠 수 있고 이익을 추구하는 마음이 있으면 다툼이 생긴다. 고금을 통해 이런 것 때문에 원래 친근했던 사람들이 소원하게 되고 은인이 변하여 원수가 된 적이 많다. 오늘날 인간관계도 이익의 관계가 아닌 것은 거의 없다. 그러므로 변하지 않는 인간관계란 정말로 어려운 일이다.

사람의 감정은 전쟁 때는 환난을 피하여 뒤로 숨고 승리한 후 이익을 나눌 때는 서로 앞으로 나선다. 자신이 공로를 세우지 못함을 부끄럽게 생각하지 않고 오히려 타인의 공로를 인정하려하지 않는다. 역사적으로 등애(邓艾)와 종회(锺会)가 함께 촉한(蜀汉)을 공격하여 등애가 촉한을 평정하자 종회는 공로를 다투다 등애를 살해했다. 왕준(王浚)과 왕혼(王浑)은 함께 손오를 공격한다. 왕준이 손오를 평정하자 왕혼는 전공을 다투다가 왕준을 탄핵하기 위해 상소를 올렸다. 만약 제나라 노나라의 임금들이 종회, 왕혼과 같았다면 제나라 노나라 정나라 삼국은 재난이 생겼을 것이다.

허나라는 국토가 비록 협소하지만 주나라가 임명한 제후가 통치하는 봉건국가였다. 토끼 한마리가 광야로 도망가면 수백 명이 나서야 그것을 잡을 수 있다. 광야에 금덩어리가 하나 떨어져 있으면 수많은 사람들이 그것을 위하여 다툼을 벌인다. 그런데 한 국가의 이익은 말할 필요가 있겠는가? 지금 허나라를 제나라에 주려고 한다면 제나라가 거절할 수 있는가? 만약 노나라에게 허나라를 준다면 노나라도 마다할 이유가 없고 마지막으로 정나라에게 준다면 이 또한 마찬가지이다. 그러나 제나라와 노나라 임금들은 정나라의 공로를 인정했고 허나라의 땅을 정나라에게 양보했다. 제나라와 노나라의 임금들은 장공의 간사한 인품을 이미 알고 있었기 때문이다.

정나라 장공은 비록 허나라의 땅을 공로에 따라 소유할 수 있었으나 허나라의 종묘제례를 감히 단절시키지 않고 허나라 국토에 여전히 선을 그어놓고 있다. 장공은 어지러운 권력투쟁과 약육강식의 춘추시대에 제후들에게 사양의 미덕을 보여준 것처럼 보인다. 또한 자신의 부덕함의 소치로 동생이 정나라를 떠난 것에 관해서 허숙에게 설명하고 있다. 이런 장공의 일련의 행위는 정말로 위선의 극치를 보는 것 같다. 장공은 자신의 친동생 공숙단을 대의명분을 빌어 살해한 인물이다. 그러므로 공숙단의 아들들은 정나라에서 살 수 없었다. 이런 그가 동생의 아들을 걱정하며 허나라를 소유하지 않는다는 것은 과거 자신의 악행을 가리려는 위선적인 행위이다. 장공이 만약 동생 공숙단의 문제를 언급하지 않았다면 세상 사람들은 장공의 위선적 행위에 완전히 속고 말았을 것이다. (Ⅰ인품편 1. 정나라 장공의 위선 참조)

　누군가 이유도 없이 터무니없는 큰 혜택을 나에게 베푼다면 그것은 다른 목적이 있음을 의심해 보아야 한다.

이야기 둘.

송나라 화보華父 독督의 탐심

🍀 사건배경

  기원전 710년, 송나라 화보(華父) 독(督)이 공보(孔父)의 집을 공격하여 공보를 죽이고 그 아내를 빼앗았다. 송나라 임금 상공(殤公)이 이 사건 때문에 화를 냈으므로 화보 독은 상공도 죽여 버렸다. 공자(孔子)는 화보 독이 임금을 무시하는 마음이 있었기 때문에 후에 이런 악한 행동을 했다고 여겨 공보를 죽이기 전에 먼저 그 임금을 죽인 일을 기록했다.

  노나라 환공이 제후들과 송나라 직(稷)이란 곳에서 만나 송나라의 난을 다스렸다고 경문에 기록한 것은 송나라로부터 뇌물을 받았으므로 화보 독을 정치에 내세우고자 한 것이다.

  송나라 상공이 즉위한 이후 10년 동안 모두 열한 번의 전쟁이 발생하여 백성들은 과중한 세금과 노역을 감당할 수 없었다. 그때 공보는 사마란 관직에 있었고 화보 독은 재상이었다. 화보 독은 백성들이 임금의 명을 감당할 수 없자 말하기를 "사마 공보가 자주 전쟁을 일으킨 것"이라고 했다. 그래서 그는 공보를 죽이고 상공도 죽이고 장공(庄公)을 정나라에서 불러다가 왕위에 앉혔다.

🌸 해 설

송(宋)나라 하남 상구(商丘)에서 정변이 발생했다. 송나라 임금 상공(殤公)과 그의 국방장관 공보는 친구사이였다. 그런데 공보의 부인이 매우 아름다웠다. 어느 날 송나라 재상 화보 독이 그녀를 보고 한 눈에 반해버렸다. 그러나 그녀의 신분이 고귀하여 어쩔 도리가 없었다. 그때 공보의 조카 풍정(馮正)이 정나라에 도망가 있었다. 화보 독은 공보를 죽이고 그의 아내를 차지하기 위하여 계략을 짠다. 그는 사람을 풍정에게 보내어 연락을 했다. 그때 마침 공보는 군대를 훈련시켜 사냥을 갈 준비를 하고 있었다. 화보 독은 공보를 비방하는 유언비어를 만들었다.

"공보가 정나라와 싸워 매번 패배하여 지금 복수를 하러 가려고 한다. 이것은 그의 개인적인 원한일 뿐 송나라 백성들과는 무관하다. 억울하게 백성들만 고생을 한다."

화보 독의 계획적인 선동으로 전쟁에 지친 백성들과 병사들은 화보 독이 도와주기를 원했다. 화보 독은 백성들을 위한다는 명분을 앞세워 병사를 통솔하여 공보를 공격 살해하고 후환이 두려워 임금도 함께 죽여 버렸다. 그런 후 정나라에 망명을 갔던 자신의 조카 풍정을 이용하여 미리 준비해 두었던 장공을 송나라로 맞이하여 왕위에 오르게 하고 자신은 재상이 되었다. 그 후 화보 독은 자연스럽게 공보의 부인을 차지했다. 이 모든 사건이 화보 독이 한 여인을 차지하기 위한 것이었다.

부인의 미모 때문에 남편이 살해당한 일은 공보가 역사상 최초의 사람인 것 같다. 그러나 한 여인 때문에 정변이 일어나고 왕권이 와해되는 일은 이번이 처음이 아니며 앞으로 중국 역사 속에서 계속 발생한다.

지도자는 미녀를 탐하는 욕망이 가져다주는 비극적 충격과 그 함의를 역사적 사건을 통하여 깨달아야 한다.

지혜의 왕 솔로몬도 우리야의 아내 밧세바에게 미혹되어 솔로몬답지 않게 음란한 유혹에 빠진다. 결과적으로 밧세바를 얻지만 그 벌로 자녀가 죽고 이스라엘 백성들이 고통에 시달리게 된다. 이런 비극의 고통을 담당하는 역할은 모두 백성들의 몫이기 때문이다.

이야기 셋.

괵虢나라 첨보詹父의 명분과 도리

🍀 사건배경

기원전 702년, 괵공(虢公)은 주나라 천자에게 자신의 대부 첨보(詹父)를 비방했다. 그러자 첨보는 천자에게 괵공이 자신을 비방한 내용에 대하여 상세히 해명을 하고 오히려 천자를 설득시켜 천자의 군대를 거느리고 괵나라를 정벌했다. 결국 괵공은 첨보를 피하여 우(虞)나라로 도망갔다.

가을에 진(秦)나라 사람은 예(芮) 나라의 임금 만(万)을 예(芮)나라로 돌아가게 했다.

🍀 해 설

사람들이 세상의 이치를 따져보고 명분을 세우는 것은 원하는 것을 명분에 의탁하려고 하기 때문이다. 만사를 명분에 의탁하기를 좋아하는 사람들은 모두 "명분은 법리보다 뛰어나고 도리도 명분보다 못하다."라고 말한다. 만약 이린 사람들이 옳고 그름을 따지는 재판을 하게 되면 그 결과는 차라리 도리를 무시할지언정 명분을 포기하지 않게 된다. 그들이 포기하는 것은 단지 한사람의 도리이고 그들이 세우고자 하는 것은 모든 사람을 위한 명분이기 때문에 안 될 이유도 없다. 그렇다면 도리는 포기하거나 억압하여도 되는가? 절대 안 된다. 사람들은 도리를 억압하고 명분만 세우는 재판의 결과를 받아들이지 않는다. 오늘날 우리 사회에서 유전무죄 무전유죄라는 말이 유행한 적이 있다. 그리고 이 말을 증명하듯이 대기업의 총수들은 죄를 짓고도 감옥에 가지 않았다. 법원의 이런 결정에 대하여 사람들은 불만스러워한다.

괵공(虢公)은 주나라 환왕(桓王)의 면전에서 그의 대부 첨보(詹父)를 비방했다. 첨보는 이유를 들어 이를 해명했기 때문에 주나라 환왕은 그에게 군대를 통솔하여 괵국을 토벌하고 괵공을 축출시켰다. 첨보와 같은 신하의 신분으로 자신의 임금을 축출하는 것은 당연히 유죄이다. 즉 신하의 경계를 넘어선 마음 그 자체가 벌써 죄악이다. 그러므로 사람들은 이 사건에 대한 죄를 다음과 같이 평가했다.

"괵공이 비록 잘못했으나 그는 임금이다. 첨보는 이치가 타당했지만 결국은 신하의 몸이다. 주나라 환왕은 옳고 그른 도리만을 따지고 두 사람의 상하의 명분은 포기했다!"

사람들이 이 사건의 죄를 환왕에게 돌리는 것은 타당하지만 그 이유는 옳지 않다. 도리와 명분은 어느 하나만을 취할 수 있는 것이 아니기 때문이다.

주나라 환왕 이후 몇 세대를 지나 주나라 양왕(襄王) 대에 이르러 진(晋)나라 문공(文公)은 원훤(元咺)의 고발 때문에 위(卫)나라 성공(成公)을 잡아두고 주나라 양왕에게 성공을 살해할 것을 요구했다. 주나라 양왕은 진나라 문공에게 말했다.

"군신 간에 다툴만한 일은 없다. 지금은 원훤의 도리가 맞지만 나는 그의 말을 들을 수 없다. 신하의 간언 때문에 그의 군주를 살해한다면 과연 무슨 죄명을 적용하여야 옳다고 생각하는가?"

양왕의 진정한 의도는 이 말을 들어 과거 주나라 환왕의 잘못을 고치려는 것이다. 소위 '군신 간에는 다툴만한 일이 없다.'라는 말은 군신(君臣)간에 영원한 교훈이 되기에 조금도 부족함이 없다. 또 '원훤의 도리가 맞다.'라는 말은 여전히 세속적 생각을 따르는 것을 피할 수 없는 것이다. 만약 양왕이 말한 원훤의 도리가 결코 틀린 것이 아니라면 양왕이 그의 말을 따르지 못한 원인은 군신의 명분을 어지럽히게 될 것을 두려워했기 때문이다.

그러나 군자는 명분을 말하면서 도리를 언급하고 도리를 말하면서 역시 명분을 언급한다. 누군가 이것을 얻기를 원한다면 두 가지를 모두 다 얻어야하고 잃게 되면 두 가지를 모두 다 잃어야 한다. 명분을 어기면서 도리를 지키는 일은 불가능하다. 예를 들어 아들이 부친의 범죄를 증명하는 것에 대하여 이미 부친의 범죄를 증명하는 것 자체가 잘못이라는 의견이 있다. 그러므로 아들이 증명하려는 내용을 물어볼 필요가 없다. 동생이 형의 손목을 비틀어 음식을 빼앗는 것은 이미 손목을 비틀어 음식을 빼앗는 것이 잘못이라는 의견이 있다. 따라서 동생이 형의 손목을 비트는 이유를 물을 필요가 없다. 신하가 임금을 고발하는 것은 명분상 이미 잘못되었다. 그러므로 신하가 고발한 내용을 물어볼 필요가 없다.

첩보나 원훤이 아직 자신의 임금을 고발하지 않았을 때 그들의 도리는 맞는 것이지만 그들이 임금의 잘못을 일단 고발하게 되면 이미 죄악에 깊이 빠진 것이다. 즉 목표를 벗어난 행위는 죄악이다. 그러므로 첩보가 원래는 맞는 도리를 갖고 있었지만 자신의 임금 괵공을 고발하여 스스로 명분에 맞지 않게 되었다. 원훤의 입장도 첩보와 같다. 주나라 환왕과 양왕이 만약 이런 도리로 그들의 잘못을 바로 잡았다면 이 두 사람은 자신들의 도리 상의 잘못을 확실하게 반성하고 설사 죽어도 여한이 없을 것이다.

다시 생각하여 보아도 군신 간에는 원래 직(直)과 부직(不直)을 비교할 수가 없다. 신하가 주장하는 도리가 맞고 군왕의 도리가 잘못되었다고 할지라도 신하가 군왕에게 그 잘못을 책망할 수는 없다. 신하는 간언을 하여 군왕의 잘못을 지적하고 그를 바른 길로 인도해야하는 책임이 있다. 이 책임을 다하지 못하고 목표를 잃어버리고 군왕의 잘못을 천자에게 고발하는 것은 더 큰 잘못이다. 관직이란 모자는 머리에 쓰라고 있는 것이 아니라 발에 신으라고 있는 것이다. 윗사람이 자신의 올바른 간언을 듣지 않으면 그 모자를 발로 차버리면 그만이지 어찌 모자를 바꾸어 쓰겠는가?

이야기 넷.
신하의 배신과 중립적 태도

🍀 사건배경

기원전 686년, 정나라 여공(厲公)은 역(櫟) 지방에서 정나라로 쳐들어
가 대릉(大陵)에 이르러 대부 부하(傅瑕)를 체포했다. 이에 부하(傅瑕)가
말했다.

"지금 나를 풀어주면 내가 당신을 정나라로 맞이하겠습니다."

여공은 이 말을 굳게 믿고 그를 풀어 주었다.

그해 6월 20일에 부하는 정나라 임금 자의(子儀)와 두 공자를 죽이고
여공을 정나라의 서울로 맞이하여 들였다. 여공은 정나라 서울로 들어
오자마자 부하(傅瑕)를 죽이고 사람을 보내 정나라의 고관인 상대부
원번(原繁)에게 말했다.

"부하는 두 마음을 품었다. 주(周)나라에는 정해진 법률이 있다. 지금
그 법에 따라서 그의 죄를 다스렸다. 나를 맞이하고서 두 마음을 갖지

않는 자를 나는 모두 용서하려고 한다. 그런데 상대부인 당신에 관하여 는 내가 어떻게 처리해야 옳은가? 전에 내가 정나라 서울을 떠날 때도 당신은 나에게 진심어린 말을 하지 않았고 이번에 내가 서울로 돌아왔 을 때에도 과인을 위하여 기뻐하지 않으니 나는 이를 유감으로 생각하오."

원번은 이렇게 대답했다.

"우리 정나라의 선군이신 환공께서 정나라 종묘의 위패를 비밀리에 보관하는 석실을 지키는 대임을 저희 집 조상들에게 명령한 이후로 저희 집 자손들은 대대로 그것에 힘썼습니다. 정나라에 임금이 있는데 다른 사람에게 마음을 돌려 그 어찌 두 마음을 갖겠습니까? 한 나라에 임금이 있을 경우에 나라 안의 모든 백성들은 그 누구라도 임금의 신하가 아닌 사람이 있겠습니까? 신하에게 두 마음이 없는 것이 하늘의 법칙입니다. 자의(子儀)는 정나라 임금으로서 이미 14년 동안 재위하고 있었습니다. 그런데 제가 당신의 복귀를 꾀한다면 그것이야말로 어찌 두 마음이 아니겠습니까? 장공의 아들은 8명이나 되니 만약 이들이 관작으로 뇌물을 삼아 신하에게 두 마음을 갖도록 유혹하여 성공할 수 있다면 당신은 어떻게 하겠습니까? 신은 당신의 명령을 기다리겠습 니다."

이렇게 대답한 원번은 곧 목을 매어 자살했다.

🌸 해 설

부하는 배신자였고 원번은 중립적인 사람이다. 과연 누가 더 큰 죄인인가? 재난은 내부자의 배반에서 생기고 사악함은 중립적인 마음에서 생긴다. 이 두 가지 죄 중 어느 것이 더 큰 죄일까? 우리는 중립적인 죄가 더 크다고 생각한다. 내부자의 배반은 그 죄가 쉽게 드러나지만 중립적인 죄악은 밝히기가 어렵기 때문이다. 신하된 자가 임금을 배반하여 적이 되는 것은 삼척동자도 다 누구의 잘못인지를 안다. 그런 죄인이 일이 성공했다는 이유로 포상을 받을 때 우리는 배반의 유혹을 느낀다. 그러므로 우리는 이런 사람을 처단해야 한다. 누구에게 유혹을 받아 자신의 회사나 부모를 배반하고 성공한 사람이라면 언젠가 또 다시 배반할 지도 모르기 때문이다. 사람들은 자신의 지위가 아직 확고하지 못할 때는 타인의 도움을 받아 일을 성사시킨다. 그리고 자신의 지위가 확실히 공고하게 되었을 때를 기다려 자신에게 도움을 준 사람을 제거하여 장래에 발생할 재앙을 예방한다. 이것이 바로 부하(傳瑕)가 자의를 배반하고 정나라 여공을 받아들인 것이고 최후로 여공의 실수를 피하지 못한 원인이다.

그러나 원번은 자신의 계산에 따라서 주도면밀하게 처신했다. 정나라 장공의 시대로부터 그는 조정에서 중책을 맡아 왔고 중간에 소공(昭公) 자미(子亹) 자의(子儀) 여공(厲公) 등 여러 임금들을 섬기고 정변을 겪으면서 차례로 군주가 바뀌었지만 그는 항상 정치적 중립을 지켰으며 어느 임금에게도 진정한 도움을 주지 않았다. 그는 4명의 군주가 임금으로 취임하는 것을 보았고 실각하는 것도 보았다. 그러므로 그는 군주의 지위를 마치 잠시 머물다가 떠나는 손님처럼 생각했다. 원번은 자신이 섬기던 군주에게 어떤 슬픔이나 기쁨의 감정을 갖고 있지 않았기 때문에 자신은 철저한 계산에 따라 몸을 맞기고 편안하게 천수를 누렸다.

옛날부터 나라에서 월급을 받고 관직 생활을 하는 사람들은 책임이나 문제가 발생하게 되면 대부분 원번처럼 행동한다. 그래서 아무리 훌륭한 장관도 부하 직원들의 이런 중립성을 알아내기란 쉽지 않다.

정나라 여공은 사적인 감정으로 원번을 살해했으므로 광명정대한 것은 아니다. 그러나 하늘은 아마도 이런 여공의 손을 빌어 눈치만 살피며 복지부동하는 원번을 살해한 것이 아닐까? 원번은 죽기 전에 여공에게 다음과 같이 대답했다.

"만약 누군가가 한 나라의 종묘사직을 장악했다면 그 나라의 백성들 중 누가 감히 그의 신하가 되지 않겠습니까?"

만약 원번의 말이 옳다면 임금의 자리를 성공적으로 탈취한 사람이라면 아무런 판단도 비판도 받지 않고 누구나 그를 임금으로 받들어야 한다. 성공한 쿠데타는 처벌할 수 없다는 말이 있듯이 왕위를 훔친 자도 군주이고 하극상의 죄인도 성공만하면 군주이다. 신하된 사람들이 모두 이런 마음을 먹는다면 임금이 된 사람은 어떤 마음을 가져야 하는가? 그러므로 원번의 간악함은 정말로 무섭다.

신하된 사람의 죄악을 논하면서 죄악이 반란에 이르게 되면 토론은 최고조에 달하게 된다. 그러나 그 반란이 성공하면 신하는 공경대부가 되고 실패하면 죽음을 당한다. 이 경우 성공과 실패는 분명하게 반반이고 결과도 확실하게 들어난다. 그러나 중립적인 사람은 어떠한 결과가 발생해도 만족하며 살 수 있다. 국가는 흥망이 있고, 군주는 생사가 있고, 시대(時代)는 치세와 난세가 있고, 백성에게는 안락함과 위험함이 있다. 그런데 중립적인 관료의 관직과 생명은 영원하다. 그러니 누가 감히 관료를 처벌할 수 있겠는가? 원변과 같은 사람의 마음 씀씀이는 두려울 정도이다. 그런데 자신의 안전과 출세를 위하여 능력이 있는 사람들에게 줄을 서며 모든 일에 중립적인 태도를 취하는 원변과 같은 사람이 살해를 당한 것처럼 완벽한 중립적 처신은 없다.

이야기 다섯.
진晋나라 여희骊姬의 음모

🌸 사건배경

기원전 666년, 진(晋)나라 헌공(献公)은 가(贾)나라로부터 부인을 맞이했으나 자식이 없었다. 그래서 아버지 무공의 첩인 제강(齐姜)과 간통하여 진(秦)나라 목공(穆公)의 부인과 태자 신생(申生)을 낳았다. 그리고 또 융(戎)으로부터 두 여자를 아내로 맞았다. 그중에 대융(大戎)의 호희(狐姬)는 중이(重耳 : 晋 文公)를 낳고 소융(小戎)의 여인은 이오(夷五)를 낳았다.

진나라 헌공이 또 여융(骊戎)을 정벌하자 여융의 임금은 여희(骊姬)를 헌공에게 바쳤다. 헌공은 여희를 데리고 돌아와 해제(奚齐)를 낳았고 그녀의 여동생에게서 탁자(卓子)를 낳았다. 헌공은 여희를 특히 총애했다. 여희는 헌공의 사랑을 독차지 하자 자기 아들 해제를 태자로 삼으려고 헌공의 총애를 받는 신하 양오(梁五)와 동관오(东关五)에게 뇌물을 주어 그들로 하여금 헌공에게 말하게 했다.

"곡옥(曲玉)은 나라의 종묘가 있는 곳이고 포(浦)와 이굴(二屈)은 나라의 국경으로 중요한 곳입니다. 이런 곳에 주인이 없으면 안 됩니다. 종묘가 있는 곳에 주인이 없으면 백성들이 왕실의 위엄을 느끼지 못하고 국경 지방에 주인이 없으면 오랑캐들에게 야심을 갖게 하는 것입니다. 오랑캐들이 침략의 야심을 갖고 백성들이 나라의 정치를 업신여기면 이는 나라의 큰 걱정거리가 됩니다. 만약 태자를 곡옥의 주인으로 삼고 중이와 이오를 각각 포와 이굴의 주인으로 삼아 다스리게 한다면 백성들은 왕실의 위엄을 느끼고, 오랑캐들에게 두려움을 갖게 할 수 있고 임금님의 명성을 높이게 되는 것입니다."

여희는 다시 두 사람을 시켜 헌제에게 말했다.

"융적의 땅은 광활한데 우리 진나라가 포와 이굴에 도성을 만든다면 진나라 영토가 넓어져 훌륭하지 않겠습니까?"

그러자 늙은 헌공은 젊고 아름다운 부인의 치마폭을 벗어나지 못하고 이 의견을 받아들여 여름에 태자 신생을 곡옥의 주인으로 삼고 중이를 포에 이오를 이굴에 각각 살게 했다. 그리고 오직 여희와 그녀의 동생이 낳은 아들만 서울인 강(絳)에 살게 했다. 그 후 양오와 동관오는 여희와 함께 여러 공자들을 참소하여 태자 신생을 죽이고 마침내 해제를 태자로 삼았다.

진나라 사위(士芀)가 공자들로 하여금 유씨(游氏)의 가족을 모두 죽이게 하고 취(聚) 지방에 성을 쌓고 공자들을 모두 그곳에 거처하게 했다.

기원전 669년, 겨울에 진나라 임금은 취 지방을 공격하여 공자들을 모두 죽였고 사위는 이듬해 봄에 진나라의 태사공이 되었다.

❀❀ 해 설

진(晉)나라에서 태자 신생(申生)을 죽였다. 도대체 누가 태자를 죽인 것인가? 사람들은 사위(士芳)가 죽였다고 말한다. 태자 신생을 죽인 것은 사실 여희의 음모 때문인데 왜 사위가 신생을 죽였다고 말하는 것일까? 그것은 이 문제의 발난이 사위에서 시작되었고 여희는 나중에 기회를 틈타서 일을 저지른 것에 불과하기 때문이다. 죽은 공자들은 모두 장공과 환공의 친자녀들이다. 그들 중 신분이 고귀한 사람은 말할 것도 없고 다소 신분이 낮은 사람들도 모두 헌공의 종형제들이다. 사위는 헌공의 사악한 생각에 영합하여 더욱 더 교활하게 그들을 사망의 구렁텅이로 밀어 넣고 결국은 헌공이 종형제를 살해하도록 만들었다. 그는 마치 풀을 자르는 것처럼 전혀 측은해 하는 마음도 없이 살육을 저질렀다. 헌공이 황족인 종형제에게 이렇게 잔인했으니 자신의 아들들을 처리할 때도 무슨 차이가 있겠는가? 이것이 바로 여희로 하여금 음모를 세우게 한 원인이다.

백이(伯夷)와 같은 청렴한 사람에게는 뇌물이란 말을 감히 하지 못한다. 비간(比干)과 같은 충신에게는 사적인 아첨은 바라지도 못한다. 여희는 비록 총애를 받았지만 만약 헌공의 잔인하고 난폭한 행동을 늘 접하지 않았다면 어떻게 세 명의 공자를 살해할 마음을 먹을 수 있었겠는가?

사위가 걱정한 것은 신생을 태자로 세울 수 없다는 것이다. 또 포(蒲)와 굴(屈) 지방은 방위력이 미약하여 견고하지 못하므로 언제든지 진나라에 화를 가져다 줄 수 있어 늘 걱정이었다. 이런 걱정은 신하로서 올바른 것이다. 여희의 교언(巧言)은 사위가 이전에 부자들을 참언하는 방법이었다. 포와 굴 지방에 성을 쌓는 일은 이전에 사위가 취읍(聚邑)에서 성을 쌓는 방법을 배운 것이다. 만약 사위가 이전에 이런 일을 하지 않았다면 여희가 이런 일을 어떻게 알 수 있었겠는가? 그러므로 헌공의 잔인한 마음을 촉발시킨 것은 사위이고 여희에게 계책을 알려주어 헌공과 황실을 이간질 시킨 것도 역시 사위이다. 헌공과 황실은 이미 사이가 벌어지기 시작하여 도저히 합쳐질 수 없게 되었다. 도적에게 칼을 주고 살인을 하지 말라고 하는 것은 도리에 맞지 않는다. 그러므로 만일 판사가 이 사건을 심리하게 되어도 사위가 주범이고 여희는 공범이 된다.

그런데 우리는 진(晉)나라 역사의 처음과 끝을 살펴보면서 이런 화근의 발단이 사위가 아니라는 것을 알았다. 진나라 목후(穆侯)는 아들 둘이 있었다. 장자는 문후(文侯)이고 차자는 환숙(桓叔)이다. 동생 환숙은 형님 문후의 자손에 대하여 원수처럼 대했을 뿐만 아니라 문후의 자손을 제거하여 나라를 탈취하려고 했다. 최후의 목적은 결국 자기 자손의 영달을 위한 것이다. 그런데 사실 문후의 자손을 살해하는 것은 결국 나의 자손을 죽이는 것이라는 것을 환숙은 알지 못했다. 우리가 내 아들만을 편애하고 사촌이나 조카들을 살해한다면 나의 아들도 자신의 아들만을 편애하고 자신의 형제를 살해하게 된다.

이상에서 보듯이 환공 장공의 가족들은 헌공이 그들을 살해했다고 말하지만 사실은 장공 환공이 그들을 죽인 것이다. 환공과 장공은 자신의 자녀만을 편애하고 조카와 사촌들을 원수로 여겨 살해했다. 한 가문에서 사람들을 자기편과 원수로 구분하는 것은 편애가 지나친 것이다. 게다가 사적인 마음이 커질수록 정의로운 마음은 더욱 위축된다. 환공과 장공이 문후의 자손을 섬멸할 때 그들은 마음속으로 '이제 큰 화근이 제거되었다. 앞으로 우리 자손들이 무궁무진한 이익을 누리게 될 것이다.'고 생각했다. 그런데 훗날 자신들의 자손을 살해한 사람이 바로 자신의 자손일 줄을 어떻게 상상이나 했겠는가? 헌공이 환숙과 장백의 자손을 살육할 때 '이제 화근이 제거되었다. 신생은 무궁무진한 안락함을 향유하게 될 것이다.'라고 생각했다. 그러나 신생을 죽이게 되는 사람이 바로 자신이라는 것은 생각도 못했다.

편애가 낳은 비극 중에 자신의 사랑하는 아들을 살해하는 것보다 심한 것은 없다. 헌공은 처음에는 태자 신생을 편애했다. 이 때문에 신생을 위하여 환공의 가족을 섬멸하여 미래의 위험을 없애버렸다. 이는 사랑의 최고 표현이라고 할 수 있다. 그러나 오래지 않아 헌공은 여희를 총애하게 되었고 갑자기 해제(奚齊)만을 아끼게 되었다. 그는 신생을 위하여 환공 장공의 친족을 섬멸한 것처럼 해제를 위하여 신생을 살해했다. 헌공이 과거에 신생을 사랑하던 마음은 지금 어디에 있는가? 신생을 사랑하던 마음이 해제에게 옮겨간 것처럼 해제를 사랑하는 마음이 타인에게 옮겨가지 않는다고 말할 수 있는가? 헌제가 신생을 사랑하던 마음을 보존할 수 없었던 것처럼 해제를 사랑하는 마음을 보존할 수 없을 것이다. 그렇다면 이렇게 편애가 심한 사람은 정말로 사랑하는 마음이 있는 것일까? 만약 진심으로 사랑한다면 그 사랑은 옮겨 다니지 않는다.

　기원전 651년, 헌공이 사망하고 11살의 해제(奚齊)가 왕위를 계승한다. 여희의 행위가 이미 귀족들의 공분을 사서 왕이 죽은 지 두 달 만에 대신 이극(里克)이 정변을 일으켜 11살의 어린 왕 해제를 살해한다. 여희는 다시 차자 탁자(卓子)를 왕으로 옹립한다. 다시 두 달 만에 대신 이극이 또 두 번째 정변을 일으켜 탁자와 여희를 모두 살해한다.

　양(梁)나라로 도망을 간 이오(夷吾)가 이런 국내의 소식을 듣고 적(翟)나라로 도망친 형 중이(重耳)가 자신보다 먼저 진(晋)나라로 귀국할 것을 염려하여 진(秦)나라 왕이자 자신의 매부인 영임(嬴任)에게 도움을 청한다. 그는 도움의 대가로 진(晋)나라 성읍 5개를 진(秦)나라에 주기로 한다. 영임은 군대를 파견하여 이오가 무사히 귀국할 수 있게 호송을 한다. 이오는 보좌에 앉은 다음 진(秦)나라와 한 자신의 약속을 지키지 않았다.

　기원전 645년, 진(秦)나라가 진(晋)나라를 공격하여 이오를 체포한다. 다행히 그의 부인이 목숨을 구걸하여 죽지 않고 살아나지만 과거 약속했던 5개의 성 뿐만 아니라 태자 어(圉)를 진나라에 인질로 줄 수밖에 없게 된다.

　진나라 영임은 인질 어를 마치 친자식처럼 돌보며 자신이 가장 사랑하는 딸 회영(懷嬴)을 그에게 부인으로 준다. 그러나 이로부터 5년 뒤인 기원전 638년, 태자 어는 부친의 병이 위급하다는 소식을 듣고 다른 형제들이 자신의 보좌를 차지할 것을 걱정한다. 그는 부인 회영을 버리고 몰래 자신의 나라(晋)로 도망간다. 이런 행동이 진(秦)의 임금 영임을 분노하게 만들었다. 영임은 그들 부자들이 모두 은혜를 원수로 갚는다고 생각했다. 그런데 마침 중이(重耳)가 자국에 망명을 와 있었다. 영임은 딸 부영을 중이에게 주었다. 부영은 본래 중이의 질부(侄妇)인데 중이는 정치적 목적을 위하여 귀중한 명분을 포기하고 그녀와 결혼한다.

기원전 637년, 진(晋)나라는 이오가 사망하고 태자 어가 왕위를 계승했다. 이듬해인 기원전 636년 강대한 신(秦)나라 군대는 중이를 호송하여 황하를 건너 진(晋)나라의 수도를 함락시키고 진(晋)나라 왕 어(圉)를 살해하고 중이를 왕으로 옹립한다. 이 사람이 진(晋)나라 문공(文公)이다. 이때 중이의 나이는 이미 62세로 43살에 망명생활을 시작하여 거의 20년이 흘렀다. 이렇게 힘들게 왕이 됐지만 중이는 겨우 9년간 재위하고 사망한다.

사람들은 권력과 재물을 자신의 자녀들에게 물려주려고 많은 노력을 한다. 그런데 그 권력과 재물을 위하여 헌공처럼 아버지가 아들을 죽이기도 하고 수나라 양제처럼 아들이 아버지를 살해하기도 한다. 이런 일이 왜 생기는가? 이것은 권력과 재물이 자신의 소유라고 생각하기 때문이다. 그러므로 헌공은 아들을 죽이는 죄를 범했고 수나라 양제는 아버지를 죽이는 죄를 범했다. 원래 권력과 재물은 하늘의 것이다. 임금은 단지 하늘을 대신하여 천자라는 명분을 받고 이를 관리하는 사람이었다. 그러므로 요임금은 순에게 이런 권력과 재물을 상징하는 임금의 자리를 선양했다. 그러나 춘추전국시대에 이르러 많은 제후들이 선양의 미덕을 잃고 오직 자신과 국가의 이익만을 추구하면서 권력과 재물 때문에 인륜을 거역하는 죄악을 서슴없이 저질렀다. 무서운 일이다. 요사이도 이런 일들이 사회의 각 부분에서 일어나고 있다. 특히

교회를 자신의 아들에게 물려주는 목사들 때문에 교회가 분열하고
교회의 세습이 매스컴의 조롱거리가 되는 것을 보았다. 이 역시 헌공이
권력과 재물을 자신의 소유물로 생각했던 것처럼 교회를 자신의 소유물
로 생각하는 사람들의 행위가 아닌가? 교회는 하나님의 것이다. 그런
교회의 지도자는 정말로 헌공이나 여희처럼 세상의 이치를 모르는
사람들이다. 슬픈 일이다.

(Ⅲ처신편 6. 진나라 대부 이극의 중립 참조)

이야기 여섯.
제齊나라 환공桓公의 흑심

✿ 사건배경

기원전 660년, 민공 2년 겨울 적(狄) 사람이 위나라 기현(淇縣)을 공격했다. 위나라 의공(懿公)은 학을 좋아했다. 그가 좋아하는 학들 중에는 대부가 타고 다니는 수레를 타고 다니는 학도 있었다. 지금 적(狄) 사람들과 전쟁을 하게 된 위나라 사람들은 모두 의공에게 말했다.

"학으로 하여금 싸우게 하는 것이 좋겠습니다. 학은 대부의 녹과 지위를 받고 있는데 우리가 어째서 싸워야 합니까?"

위나라가 적 사람들과 전쟁도 하기 전에 위나라 의공은 이미 백성의 마음을 잃었다. 그러므로 위나라 군대는 형택(熒澤)에서 적의 군인들과 싸웠으나 대패했고 결국 위나라는 망하고 말았다.

위나라가 적(狄)에게 격파되자 송나라 환공은 위나라의 낙후인(落後印)을 황하 가에서 맞이하여 밤에 황하를 건넜다. 위나라는 남은 백성

730명과 공(共)과 등(滕) 지역의 백성을 합하여 5000명이 되었다. 환공은 대공(戴公)을 위나라 임금으로 세워 조읍(曹邑)에 임시로 거처하게 했다. 그래서 허나라 목부인은 '재치(載馳)'라는 시를 지어 위나라의 멸망을 슬퍼했다.

제나라 임금은 공자 무휴(无亏)로 하여금 병거 300승과 군사 3000명을 거느리고 가서 위나라의 후손 대공이 묵고 있는 조읍(曹邑)을 지키게 했다. 2년 후에 제후들이 초구에 성을 쌓아서 거기에서 위(卫)나라를 부흥시켰다.

🌸 해 설

왕도(王道)를 행하는 사람이 진정으로 걱정하는 것이 바로 패업(霸業)을 창업하려는 사람이 좋아하는 것이다. 왕도를 행하는 사람은 유명해 지는 것을 걱정하지만 패업을 창업하려는 사람은 오히려 유명해 지는 것을 좋아한다. 공로를 세울 수 있기 때문이다.

공로는 재난을 극복했기 때문에 세워지고 명성은 공로 때문에 생겨난다. 그러나 공로와 명성이 어찌 성인이 원래 추구하는 것이겠는가? 그러므로 큰 가뭄이 들어 백성들이 구름을 학수고대하는 것은 상나라 탕임금의 영광이 아니라 오히려 그의 불행이지만 패업을 만들려고 하는 이의 야심은 이와는 반대로 기회이다. 왕도를 행하는 사람은 세상에 전쟁이 생길 것을 걱정하지만 패업을 완성하려는 사람은 오히려 세상에 전쟁이 없을까봐 두려워한다. 전쟁이 생기지 않으면 큰 공을 세울 기회가 없고 공이 크지 않으면 큰 명예도 얻을 수 없기 때문이다. 그러므로 자신의 명예를 높이기 위하여 먼저 큰 공을 세워야만 한다. 또 공을 크게 하기 위하여 반드시 전쟁을 먼저 만들어야 한다.

북적(北狄)은 노나라 민공(閔公) 원년(기원전 656년)에 형(邢)나라를 멸망시켰다. 그 후 2년이 지나서 제나라는 비로소 형나라 난민들을 이의(夷仪)라는 지방으로 이주시켜 살도록 만들었다.

위나라 의공은 임금으로써 정치에 최선을 다하지 않았고 국민에 대한 책임을 다하지 못했다. 북적은 노나라 민공 2년에 위나라 의공을 죽이고 위나라를 멸망시켰다. 이로부터 2년이 지난 후에야 제나라는 비로소 위나라의 난민을 구하여 초구(楚邱)라는 지방에 살도록 했다.

제나라 환공은 이 두 나라를 불쌍하게 생각했지만 2년이 지난 후에 그들을 도왔다. 이것은 무엇 때문인가? 제나라 임금은 마음속으로 생각을 했다.

"형나라와 위나라가 이제 막 전쟁의 고통을 겪기 시작할 때 내가 즉시 나가 북적을 물리치게 되면 제후들 사이에 재난을 구제한 것에 불과하다는 말을 듣게 된다. 이것은 이웃 나라를 불쌍히 여긴 일반적인 행동에 불과하다. 이런 행동은 별로 특이하다고 할 수 없다. 다시 말해서 일이 해결된 후에 그 소문이 별로 오래가지 못하고 나에 대한 은혜도 깊게 생각하지 않는다. 이렇게 되면 어떻게 내가 바라는 덕망을 얻고 패업을 완성할 수 있단 말인가? 만약 두 나라로 하여금 먼저 좀더 주리고 목마르게 한 후 식량과 물을 제공하여 주면 그 음식과 물은 더욱 맛이 있을 것이다. 지금 나는 두 나라의 전쟁이 더욱 심해져 종묘사직이 무너져 버리기를 기다린다. 대부분의 도시들이 이미 전쟁으로 황무지가 되고 적들이 양민을 잔인하게 학살하여 백성들이 이리저리 흩어지게 된 후 천천히 수습을 하면 된다. 이렇게 그들의 어려움이 목에까지 찾을 때 그 궁핍함과 위기를 구해주고 편안히 거주할 땅과 식물을 제공하여 살게 하면 형나라와 위나라의 임금에게는 본래 잃어버렸던 나라를 다시 찾게 된 것이고 백성들에게는 본래 집이 없었다가 갑자기 집이 생기게 된다. 이런 깊은 은혜와 큰 도움은 바다보다 깊다."

그러므로 두 나라를 구원한 환공의 공로는 춘추오패 가운데 첫째가 되었다. 만약 재난이 처음 발생했을 때 그 재난을 손쉽게 해결해 버렸으면 그의 명성은 이렇게 대단하지 못했을 것이다. 그는 자신의 목적을 위하여 형나라와 위나라의 재난을 철저히 이용했다.

만약 제나라 환공이 진정으로 왕도를 실천하는 어진 임금이었다면 두 나라의 재난을 보고 즉시 구했다. 그렇게 하지 않으면 하루도 편안히 잠을 잘 수 없기 때문이다. 지금 제나라 환공은 개인적인 명성만을 생각하면서 편안히 앉아서 두 나라 국민들의 고통을 2년 동안이나 즐겼다. 이것은 다른 사람의 고통을 이용하여 자신의 은혜를 보다 명확하게 하려는 것이다. 이는 수만 명의 생명을 이용하여 자신의 명성을 높이려는 것이다. 이런 악한 마음은 도대체 어디에서 유래하는가? 일반적으로 한 어린아이가 우물가에서 놀다가 실수로 막 우물에 빠지게 되었을 때 누구나 아무 생각도 없이 그 아이의 생명을 구하게 된다. 그런데 제 환공은 이 어린아이의 위급함을 보고도 지금 아이를 구하는 것 보다 아이가 우물에 빠진 후에 구해내는 것이 자신의 명성을 더 높이고 아이의 부모가 자신에게 더 깊이 감사해할 것을 생각하여 아이가 우물 속에 빠지는 것을 보면서 기다리고 있다. 이런 사람에게는 인도(仁道)는 없고 패도(霸道)만 있다.

환공과 같은 사람은 남의 불행을 나의 행복과 기회로 생각하는 사람이다. 이런 사람들은 한 치 앞도 내다보지 못하는 사람들이다. 다시 말해서 자신이 불행해지면 아무도 그를 도와줄 사람이 없다는 것을 모른다. 이런 사람에게는 아부하는 친구와 부하만 있을 뿐이다.

이야기 일곱.
진晉나라 양공襄公의 흑심

🏵 사건배경

　기원전 626년, 진(晉)나라 문공(文公) 말년에 제후들이 진나라에서 조회(朝会)한 일이 있었다. 이 때 위(卫)나라 성공(成公)은 조회에 참석하지 않고 대부 공달(孔达)에게 명하여 정(郑)나라를 공격하도록 시켜 면자(縣訾)와 광(匡)지방을 치게 했다.

　진(晉)나라 양공(襄公)은 문공의 소상(小祥)을 마치자 제후들에게 알리고 위(卫)나라를 침략하여 남양(南阳)지방에 이르렀다. 이때 진나라의 대부 선저거(先且居)가 양공에게 말했다.

　"다른 사람이 저지른 잘못을 똑 같이 범하는 것은 화를 부르는 것입니다. 임금님께서는 온(温)지방에 계신 천자를 만나 보십시오. 제가 종군(从军)하겠습니다."

　그래서 양공은 온 지방에 계신 천자를 만났다. 한편 대부 선저거와

서신(胥臣)은 위나라를 공격했다.

그해 오월, 진나라 군대가 척(戚)지방을 포위하고 유월에는 그곳을 점령하고 손소자(孫昭子)를 사로잡았다. 위나라 사람들이 위급한 상황을 진(陳) 나라에 알리자 진 공공(共公)은 다음과 같이 말할 뿐이었다.

"위나라가 다시 한번 진나라를 친다면 그때 우리가 화해의 말을 해 주겠소"

그래서 위(卫)나라 공달(孔达)은 군대를 거느리고 진(晋)나라를 쳤는데 이에 대하여 군자는 다음과 같이 평했다.

"위나라가 한 일은 과거의 예법에는 맞는 것이었지만 오늘날에는 맞지 않는다. 옛날에는 위나라가 진나라에 구원을 청한 것처럼 멀리 있는 나라에도 구원의 손길을 뻗쳤지만 오늘날은 불가능하다."

해 설

누군가 다른 사람 때문에 잘못을 하면 군자는 그 사람을 탓하지 않는다.
마찬 가지로 누군가 다른 사람 때문에 선한 일을 하면 군자는 그 사람을
칭찬하지 않는다. 다른 사람 때문에 잘못한 것은 마치 모모(嫫母 : 전설상
의 추녀)가 거울을 보고 못생긴 것을 느끼는 것과 같다. 원래 거울 자체가
못생긴 것은 아니기 때문이다. 다른 사람이 선한 일을 한 것은 마치
나무가 태산이나 화산을 빌어 크고 높게 자라는 것과 같다. 원래 나무
자체는 높고 크지 않기 때문이며 선한 일을 하는 것은 전적으로 자신을
위한 것이지 다른 사람을 위한 것이 아니기 때문이다.

진(晋) 양공이 제후의 지위를 계승하고 즉시 온(溫) 지방으로 가서
주나라 천자를 만난 것을 사람들은 모두 그가 주나라를 존중한 것이라
고 칭찬한다. 그러나 양왕이 주나라 천자를 배알한 이유를 생각해 보면
원래 위(卫)나라를 토벌하려는 생각에서 제후들과의 진(晋)나라의 회합
에 가지 않은 것이었다. 그러므로 자신이 주나라 천자를 배알한 것을
이용하여 위나라를 책망하려는 목적이 있었다. 즉 주나라 왕실을 존중
하는 것처럼 보이는 행위가 진나라 양공의 본심은 아니었다. 사람의
행동은 이렇게 겉으로 드러난 모습 보다는 숨겨진 목적이 있는 경우가
많다. 특히 친절을 가장한 행위가 그렇다. 진정한 선행은 왼손이 한
일을 오른손이 알지 못하게 한다. 그런데 자신의 선행을 굳이 선전한다
면 그 선행은 순수하지 못한 것이며 다른 목적이 있는 것이다.

신하는 임금에 대하여 마치 아들이 어버이에게 하는 것처럼 해야
한다. 만약 아들이 다른 사람의 잘못 때문에 어버이를 책망한다면 아들

과 어버이의 관계는 잘못된 것이다. 신하가 임금의 정책에 대한 실패를 책망하고 나서 그 임금을 배알한다면 군신의 관계가 이미 무너진 것이다. 아들이 어버이를 존경하는 것은 혈육이기 때문이다. 다른 사람과는 아무 관계가 없다. 신하가 임금을 배알하는 것은 자신의 임금이기 때문이며 다른 나라의 제후들과는 아무런 상관이 없다. 만약 진 양공이 주나라 왕실을 존경하여 매년 봄과 가을 두 번씩 주나라 천자를 배알했다면 역사책에 계속 기록되었을 것이다. 그러나 이것은 아들이 아침에 어버이에게 문안인사를 올리는 것처럼 일상적인 일이다. 그런데 양왕은 이제 막 천자를 만나고 나서 자신은 주나라에 예의를 다했지만 다른 제후들은 예의가 없다고 건방지게 떠들었다. 이것은 그가 천자를 배알한 진정한 목적은 다른 사람의 무도함을 증명하고 자신을 높이려는 것이었기 때문이다. 그러므로 그의 이런 행동은 위나라 대부 공달의 공격을 자초하고 말았다.

세상에는 이런 이상한 사람도 있다. 어느 날 자신의 아버지에게 절을 올리고 난후에 길을 가다가 아무나 붙잡고 손가락질을 하면서 말한다.

"나는 아버지에게 절을 올렸는데 너는 왜 나에게 인사를 하지 않는가?"

이러면 세상 사람들이 모두 그를 미친놈이라고 비웃는다. 진나라 양공이 위나라를 책망한 것은 바로 이 미친놈과 비슷한 상황이다.

자신에게 잘못이 없어야 다른 사람을 책망할 수 있다. 이것은『대학(大学)』에서 말한 도리이다. 진나라 양공이 주나라 천자를 배알하고 나서 위나라를 책망한 것은 마치 이『대학』의 도리에 합당한 것 같지만 이것은 대학의 진정한 도리를 오히려 훼손하고 있다.『대학』의 도리는 자신에게 잘못이 없다면 다른 사람을 책망하라는 것이 결코 아니다. 그것은 공부를 하는 사람이 다른 사람을 책망하려고 할 때 먼저 자신에게 잘못이 있는 것은 아닌지 살펴보라는 일종의 경계이다. 그러므로 자신의 잘못이 없음을 근거로 하여 타인을 책망하라는 것은 결코 아니다.『대학』의 목적은 타인의 잘못을 책망하는 것이 아니라 자신의 잘못을 다스리려는 데 있다. 그러므로 모든 글은 전체의 의미를 생각해야지 한 문장 한 단어를 가지고 변명을 하거나 자신에게 유리하게 해석하는 것은 문장 전체의 대의를 그르치는 일이므로 삼가해야한다.

이야기 여덟.
송나라 탕의저荡意诸의 처신법

🌸 사건배경

기원전 619년, 가을에 주(周)나라 천자인 양왕(襄王)이 붕어(崩御)했다. 송나라 양공(襄公)의 부인은 주나라 양왕의 누이였다. 그러나 송나라 소공(昭公)은 부인을 예우하지 않았다. 그래서 부인은 대씨(戴氏) 가문에 의지하여 양공의 손자인 공숙(孔叔), 공손종리(公孫鍾離)와 대사마(大司马) 공자앙(公子卬)을 죽였다. 이들은 모두 소공과 한패였기 때문이다. 이때 대사마 공자앙은 부절(符节)을 손에 쥔 채로 죽었기 때문에 경문에는 '그 대부와 사마'라고 관직명을 쓴 것이다.

사성(司城) 직의 탕의저(荡意诸)는 노나라로 도망쳤는데 그는 부절을 창고지기에게 돌려주고 나왔었다. 송나라 문공은 탕의저를 그의 관직에 따라 맞아들이고 그의 부하들도 모두 옛 관직에 복귀시켰다. 경문에 역시 '송나라의 사성(司城)'이라고 관명을 쓴 것은 모두 그 사람을 귀하게 여겼기 때문이다.

기원전 611년, 송나라의 공자 포(鮑)는 백성들에게 은혜를 베풀었다. 송나라에 흉년이 들자 그는 자신의 곡식을 백성들에게 빌려주고 나이 일흔 이상의 노인에게는 먹을 것을 보내 주었고 때로는 귀한 음식까지도 보내 주었다. 또 매일 육경(六卿)의 문에 드나들면서 우의를 도모했고 나라의 재목이 될 만한 인물들을 모두 섬겼으며 환공(桓公)의 친척들을 모두 돌보아 주었다. 공자 포는 미남이었기 때문에 조모인 양공부인까지도 그에게 연정을 품었으나 그는 그것을 들어주지 않았다.

송나라 소공(昭公)은 법도를 지키지 않았기 때문에 백성들은 선행을 베푸는 공자 포를 받들고 양공부인 왕희(王姬)의 후원을 받아 그를 임금으로 세우려고 했다. 이때 화원(华元)은 우사(右师), 공손우(公孙友)는 좌사(左师), 화우(华耦)는 사마(司马), 탕의저(荡意诸)는 사성(司城), 공자 조(朝)는 사구(司徒)였다. 처음에 사성(司城) 탕(荡)이 죽었을 때 공손수(公孙寿)는 사성(司城)의 관직을 사퇴하고 자기의 아들 탕의저가 사성직을 맡을 수 있도록 간청했다. 얼마 후 공손수는 사람들에게 말했다.

"임금이 무도한데 내가 관직생활을 계속하면 나의 측근들에게 재난이 미칠까 두렵다. 그런데 관직을 버린다면 친족이 보호를 받을 수가 없게 된다. 자식이 나의 관직을 대신한다면 나는 잠시 나의 생명을 연장할 수가 있다. 비록 아들은 잃을지라도 친족을 보호할 수 있다."

이런 일이 있은 후 양공부인은 소공을 맹저(孟诸)의 사냥터로 유인하여 죽이려고 했다. 그러나 소공은 그것을 알아차리고 나라의 보물을 모두 챙겨서 사냥하러 갔다. 사성 탕의저가 소공에게 말했다.

"왜 다른 제후에게 가지 않으십니까?"

소공은 탕의저에게 말했다.

"나는 다른 대부(大夫)들에게 대접을 잘 하지 못하여 그것이 나의 조모(祖母)와 백성들에게까지 미쳤네. 제후 중 누가 나를 받아주겠는가? 또 이미 한 나라의 임금이었다가 다른 사람의 신하가 되느니 차라리 죽는 것이 낫다."

소공은 가져온 보물들을 좌우의 신하들에게 다 나누어 주고 그들을 떠나게 했다. 부인은 사람을 시켜 사성 탕의저에게 '송공에게서 떠나라'고 전했다. 그러나 탕의저는 다음처럼 대답했다.

"그의 신하이면서 곤경에 빠진 임금으로부터 달아나 버린다면 그의 뒤를 이은 임금을 어떻게 섬길 수 있겠는가?"

그해 겨울 11월에 송나라 소공이 맹저에서 사냥을 할 때 양공의 부인이 공읍(公邑)의 대부들에게 명령하여 소공을 죽였다. 탕의저도 임금과 함께 사냥터에서 죽음을 당했다.

✿ 해 설

사람을 접대하는 데는 관대하고 후덕해야 하고 타인을 비평하는 데는 상세하고 분명해야 한다. 타인을 비평하는 것은 항상 다른 이의 단점을 빌어 스스로의 단점을 고치려는 것이고 타인의 과실을 빌어 스스로의 과실을 고치려는 것이다. 이것은 자신을 중시하는 행위이고 타인을 위하는 것이 아니다. 다른 사람들의 고하를 논하는 것은 내 생각의 깊이를 시험하는 것이다. 그러므로 타인에 대한 비판이 비판으로 끝나서는 안 된다.

내가 사람들과 말[言語]과 선물을 주고받는 것을 살펴보면 공적 혹은 사적 관계에 대한 나의 마음 상태를 점검할 수 있다. 만약 언어가 간략하여 자세하지 않다면 그것은 마음속에 감추어둔 것이 있어 명확하지 않은 것이다. 공자가 자공을 '인물을 평가하는 것을 좋아한다'라고 풍자했는데 공자도 『춘추(春秋)』를 지으면서 '선과 악에 대하여 논했으니 스스로 자공을 풍자한 말을 잊은 것은 아닐까? 이것을 통하여 우리는 사람을 접대하는 것과 비평하는 것은 각기 체재가 있음을 알 수 있다.

송나라 양공의 부인이 변란을 주도하여 탕의저는 처음에는 노나라로 도망을 갔지만 끝내는 죽임을 당하고 말았다. 이것은 마치 큰 홍수가 나서 물이 하늘에까지 닿았지만 물속의 지주산(砥柱山: 황하 강에 있는 산 이름)은 이동하지 않은 것과 같다. 즉 정해진 이치이다. 이런 일이 일어날 때는 소인배들과 간신들이 농간을 부린다. 그들은 양공부인의 처소에 수시로 왕래하며 공자 포의 집에서도 계속 뇌물을 받았다. 그런데 나는 그것보다도 소공의 신하들이 임금의 선물을 받은 후 각자

사방으로 흩어진 것을 보면서 '그렇다면 소공과 신하들의 관계는 어떤 상태였을까?'하는 의문이 든다.

탕의저는 소공을 배반한 사람들과 관계가 좋았던 것 같다. 왜냐하면 그들이 소공을 죽이기 전에 탕의저에게 도망칠 기회를 주었기 때문이다. 그럼 탕의저는 어떻게 이런 소인들과 친할 수 있었을까? 그리고 주나라 왕실의 사람들과는 왜 이토록 심한 원한을 만들었을까? 이것은 그가 소인배들을 후히 접대하고 군자를 각박하게 대했기 때문이다. 『좌전』은 결론을 내리는 방법으로 먼저 탕의저의 충성심을 칭찬하고 나중에 그의 잘못을 책망했다. 칭찬이 변하여 책망이 된 것이 비평의 요지이다. 우리는 탕의저의 과실에 대한 세인들의 평가를 보면서 향후 이것을 자신의 경계로 삼아야 한다.

탕의저가 부절을 버리고 노나라로 도망간 것은 논리상 맞는 것이고 탕의저가 소공을 따라 사냥을 가서 사망한 것도 신하의 도리에 맞는다. 그러나 탕의저는 왕족이었고 관직은 사성이었다. 그런데도 그는 소공이 임금의 도리를 지키지 못하는 것을 좌시했고, 양공부인의 원한이 쌓이는 것과 정권을 찬탈하려는 공자 포의 음흉한 계략을 알면서도 삼자를 잘 조화시키지 못했다. 결국 복잡한 권력과 은원관계에서 문제가 폭발했다. 이 과정에서 탕의저는 임금에게 목숨을 건 진언을 한 적도 없고, 동료와 친척들에게 화해를 위한 노력을 한 적도 없고, 아래 사람들에게 용기를 갖고 난세를 정리하도록 명령하지도 않았다. 그가 왜 아무런 행동도 하지 않았을까? 반란의 징조가 태동하고 임금을 시해할 계획이 완성되어 모든 사람들이 이런 것을 다 아는데 탕의저 혼자서 몰랐을리는 없다. 그가 주저하면서 이런 현실에서 몸을 빼지 못한 것은 그의 부친이 말한 '관직을 사직하면 가족이 보호를 받지 못한다.'는 사실 때문이다. 그래서 그는 구차하게 월급을 받으면서 불안하게 하루하루를 지냈다. 그는 마음속으로 임금을 시해하는 정변이 생기지 않으면 일신의 굴욕을 참으면서 가족을 보호하려 했고, 정변이 발생하면 자신의 생명을 버려 치욕을 씻으려 했던 것 같다. 그런데 그는 군자는 굴욕을 받으면서 불편한 마음으로 단 하루도 살 수 없다는 사실을 몰랐다. 군자는 과거의 잘못을 속죄하기 위하여 다음에 어떻게 할 것인가를 예상하지도 않고 부끄러운 짓을 하지도 않는다.

이야기 아홉.
노魯나라 계손씨季孫氏의 권력 찬탈

🍀 사건배경

기원전 609년, 거(莒)나라의 기공(紀公)은 태자 복(仆)과 계타(季他)를 낳았다. 그는 계타를 편애하여 태자 복을 내쫓았으며 나라 안에서 무례한 짓을 수도 없이 저질렀다. 그래서 복은 백성들의 힘을 빌려 부친 기공(紀公)을 시해하고 거나라의 보물을 훔쳐서 노나라로 도망친 후 그것들을 노나라 선공(宣公)에게 바쳤다. 선공은 그에게 고을을 내주도록 명령했다.

"오늘 안에 복에게 고을을 반드시 하사하라."

그러나 계문자(季文子)는 사구(司寇)에게 명하여 그를 국경 밖으로 쫓아내면서 말했다.

"오늘 안에 그를 국경 밖으로 꼭 쫓아내라."

노나라 선공이 이 사실을 알고 계문자에게 그 까닭을 묻자 계문자는 태사(太史) 극(克)에게 다음과 같이 대답하게 했다.

"선대부 장문중이 저에게 임금을 섬기는 예를 가르쳐 주었기 때문에 저는 그것을 받들어 노나라의 정사를 잘 도모하고 감히 어기거나 잊어 버리지 못했습니다. 그의 가르침은 '자기의 임금에게 예를 다하는 사람을 보면 그 사람을 효성스러운 자식이 부모를 봉양하는 것처럼 섬기고 자신의 임금에게 무례한 행동을 하는 사람을 보면 매가 참새를 잡듯이 그 사람을 죽여라.'는 것이었습니다. 또 선군 주공(周公)께서는『주례(周禮)』를 지으셨습니다. 그 책에 '사람이 지켜야할 법칙 즉 덕으로써 일을 처리하며, 일로써 공적을 헤아리고, 공적으로써 백성을 먹여 기른다.'고 했습니다. 또『서명(誓命)』에는 '지켜야할 법칙을 깨뜨리는 자를 적(賊)이라고 하고, 그 도적을 감추어 주는 자를 장(藏)이라 하며, 재물을 훔치는 자를 도(盜)라 하고, 나라의 보물을 훔치는 자를 간(奸)이라 했습니다. 장(藏) 즉 적(賊)을 감추어 주는 죄를 범하고 간악한 사람이 훔쳐 온 보물을 탐내는 것을 대흉덕(大凶德)이라 합니다. 이상의 것에 대해서는 정해진 형벌이 있어 용서가 없다.'고 했습니다.

지금 거나라의 태자 복의 행동을 보면 그에게는 본받을 만한 것이 없습니다. 효경(孝敬)을 본받자니 임금인 아버지를 죽였고 충신(忠信)을 본받자니 나라의 보물을 훔쳤습니다. 그의 사람됨은 도적이며 그가 헌상한 보물은 간악한 사람의 물건입니다. 그런 사람을 보호하고 그 보물을 이롭다고 생각하는 것은 장(藏)이라는 죄명을 스스로 범하는 것이며 이런 방법으로 백성들을 가르친다면 백성들은 혼란에 빠져 본받을 것이 없게 됩니다. 그는 임금님에게 무례를 범한 자입니다. 그래서 그를 쫓아 버린 것입니다."

🌸 해 설

이 사건에서 명분만 보면 계손씨의 주장이 맞다. 그러나 계손씨가 이런 명분을 이용하여 노나라 정권을 장악하려는 음모를 꾸민다는 사실을 당시 사람들은 알지 못했다. 계문자가 거나라의 태자 복을 내어 쫓는 것을 보면서 계손씨의 간사함과 노나라의 불행을 본다. 정권은 군주가 장악해야 한다. 다른 사람의 신하가 된 사람이 어떻게 하루아침에 빈손으로 정권을 탈취할 수 있겠는가? 우선 정권 탈취의 과정을 살펴보면 정권을 탈취할 기회가 있어야 하고 그 다음 이런 기회를 이용할 수 있어야 한다. 그리고 반드시 명분이 있어야 한다. 그 다음 이 명분을 이용하고 실천할 방법이 있어야 한다. 이런 것들이 모두 갖추어진 뒤에야 정권을 탈취할 수 있다.

사극의 주장을 하나하나 분석해 보면 그가 태자 복의 죄상을 비판한 말은 사실은 노나라 선공을 풍자한 말이다. 그는 다음과 같이 말했다. "선대부 장문중이 계손행보(季孫行父)에게 임금을 섬기는 예를 가르쳐 주었기 때문에 계손행보는 그것을 받들어 노나라의 정사를 잘 도모하고 감히 어기거나 잊어버리지 못했습니다. 그의 가르침은 자기의 임금에게 예를 다하는 사람을 보면 그 사람을 효성스러운 자식이 부모를 봉양하는 것처럼 섬기고 자신의 임금에게 무례한 자를 보면 그를 매가 참새를 잡듯이 죽이라고 했습니다."

그런데 이전에 양중(襄仲)이 노나라 선공을 왕위에 올리기 위하여 노나라 태자 악(惡)을 살해했었다. 군주에게 이보다 더 큰 무례는 없다. 그러나 계손행보는 이런 상황을 보고도 못 본 척 했다. 그가 장문중의 가르침을 과연 기억하고 있었을까? 사극은 거나라가 비록 약소국이지만 거나라 태자를 한 마리 연약하고 가련한 참새에 비유하고 있다. 정말 망령된 말이 이 정도라면 더 할 말이 없다. 노나라 선공도 임금을 시해한 죄악을 저지르고 왕위를 찬탈했다. 그러므로 노나라 선공과 거나라 태자 복은 같은 죄를 범했다. 선공은 사극의 말을 들으면서 등에 식은땀을 흘리지 않을 수 없었을 것이고 사극은 암암리에 선공의 약점을 잡고 늘어지며 임금을 협박했다. 사극은 표면상으로는 계문자의 공로를 크게 칭찬하면서 선공을 협박하고 기만했다. 이렇듯 협박과 기만으로 얻은 권력은 똑 같은 방법으로 남에게 빼앗기게 된다. 그러므로 명분을 짓밟는 짓은 해서는 안 된다.

노나라 선공(宣公)이 왕위를 찬탈한 초기에는 신하들도 다 돌아오지 않았고 백성들도 그를 신임하지 않았다. 그의 정권이 아직 정상궤도에 오르지 못했기 때문이다. 이것은 계손씨에게는 정권을 찬탈할 천재일우의 좋은 기회였다. 계손씨는 거나라 태자 복의 사건으로부터 명분을 빌려 암암리에 계략을 세워 누구도 모르게 노나라의 정권을 자신의 수중에 장악했다. 당시 노나라 사람들은 이것을 깨닫지 못했다. 그러므로 계손씨가 더욱 무섭고 대단한 것이다.

거나라 태자 복은 아버지 부왕을 살해하고 나라의 보물을 훔쳐서 노나라로 도망을 왔다. 노나라 선공은 명분보다는 이익을 위하여 그를 받아들였을 뿐 아니라 그에게 봉지도 하사했다. 그런데 계문자는 악인을 제거한다는 명분을 내세워 군주의 명령을 임의로 변경시켰고 사구(司寇)로 하여금 복을 노나라 국경 밖으로 내쫓도록 명령했다. 그는 이 사건을 이용하여 선공을 시험해 보았다.

"임금이 만약 이 사건 때문에 나에게 화를 내면 어쩌지? 그러면 나는 당연히 임금에게 충성하기 위한 것으로 사건을 매듭짓고 분노를 그놈에게 퍼붓자. 만약 군주가 내 말을 따르면? 그러면 노나라의 대권은 지금부터 내 것이다. 나는 물러나도 명예에 손상이 없고 나가면 대권을 잡는다. 이번 기회에 군주의 명령을 거역하거나 순종할 수도 있지만 나에게는 둘 다 전혀 손해가 없다."

예로부터 정권을 도적질 하는 사람은 실패를 두려워하고 성공만을 간절히 바란다. 왜냐하면 성공하면 큰 행복을 누릴 수 있지만 실패하면 재난이 기다리고 있기 때문이다. 그런데 계문자처럼 이렇게 교묘하게 계산을 한 사람은 아직 없었다. 설사 정권 탈취 계획이 실패한다고 할지라도 그는 직언으로 간언을 했다는 미명을 얻을 수 있기 때문이다. 그가 사용한 계책은 누구보다도 뛰어나다.

군주는 그의 직언을 기뻐했고 사람들은 그의 충성심을 찬양했다. 그러나 임금의 권위가 떨어졌고 국가의 운명이 이미 암담해진 사실을 아무도 알지 못했다. 한순간에 나라의 모든 사람들이 계손씨에게 다 속았다. 수천 년이 지난 오늘날 이 사건을 읽는 사람들은 거나라 태자 복을 축출한 것이 계문자의 미덕이라고 생각한다. 그리고 이 사건이 바로 계문자가 정권을 찬탈하려는 음모의 시작이라고는 전혀 생각하지 않는다. 삼국시대의 역사를 보면 죽은 제갈량(諸葛亮)이 살아있는 사마의(司馬懿)를 달아나도록 만들었다. 그러므로 계문자가 남겨 놓은 이런 계책이 오늘날에도 누군가에 의하여 이용당할 지도 모른다.

편저 **이경규**

    대만대학교 중문학 박사
    삼국지 고사성어연구, 중국인의 감정표현법(번역), 중국사회의 구조(번역) 등 다수
    2001-2004 교육방송 중국어강좌 집필 및 강의
    현재 강원대학교 중문과 교수

고전의 지혜

초판인쇄 2007년 9월 5일 | 초판발행 2007년 9월 13일
편저 이성규 | 빌행 제이앤씨 | **등록** 제7-220호

132-040
서울시 도봉구 창동 624-1 현대홈시티 102-1206
TEL (02)992-3253 | FAX (02)991-1285
e-mail, jncbook@hanmail.net | URL http://www.jncbook.co.kr

·저자 및 출판사의 허락없이 이 책의 일부 또는 전부를 무단복제·전재·발췌할 수 없습니다.
·잘못된 책은 바꿔 드립니다.

ⓒ 이경규 2007 All rights reserved. Printed in KOREA

ISBN 978-89-5668-541-0 93720 | 정 가 21,000원